LA LECTURA EN CATALÀ PER A INFANTS I ADOLESCENTS.
HISTÒRIA, INVESTIGACIÓ I POLÍTIQUES

LA LECTURA EN CATALÀ PER A INFANTS I ADOLESCENTS. HISTÒRIA, INVESTIGACIÓ I POLÍTIQUES

GEMMA LLUCH

INSTITUT INTERUNIVERSITARI DE FILOLOGIA VALENCIANA
PUBLICACIONS DE L'ABADIA DE MONTSERRAT
VALÈNCIA/BARCELONA, 2013

«Biblioteca Sanchis Guarner»
DIRECTOR FUNDADOR: MANUEL SANCHIS GUARNER»
DIRECTOR DE LA COL·LECCIÓ: ANTONI FERRANDO I FRANCÉS

Primera edició, març de 2013
© Gemma Lluch, 2013
La propietat d'aquesta edició és de l'Institut Interuniversitari de Filologia
Valenciana i de Publicacions de l'Abadia de Montserrat
Ausiàs Marc, 92-98 - 08013 Barcelona
ISBN 978-84-9883-582-3
Dipòsit legal: B. 29546-2012
Imprès a Gràfiques 92, S.A. – Can Sucarrats, 91 – 08191 Rubí

ÍNDEX

Pròleg per Vicent Simbor 11
Benvolgut lector 17

I. Història de la lectura per a infants i adolescents en català 23
1. Els principis de la lectura per a infants 28
1.1 La inexistència d'una literatura per a infants 28
1.2 Una lectura didàctica i moralista 32
1.3 El segle XVIII: un canvi d'orientació 38
2. La consolidació lectora a Europa 48
2.1 La societat del segle XIX 49
2.2 El circuit de lectura 52
2.3 Els relats populars que esdevingueren clàssics juvenils 56
2.4 Les lectures per a infants al llarg del segle XIX 73
2.5 Els llibres escrits per a un públic infantil en català 87
3. La literatura per a infants i joves des de 1900 fins a 1959 89
3.1 La societat, l'educació, la lectura i els infants 92
3.2 El circuit literari en els primers trenta anys 103
3.3 Des de 1930 a l'acabament de la guerra d'Espanya 125
3.4 La llarga postguerra 131
4. Els autors que marquen lectures: Riba, Folch i Torres i Anglada 133
4.1 La lectura elitista i la popular: Carles Riba i
Josep Maria Folch i Torres 133
4.2 La lectura política: El més petit de tots 152
5. La dècada dels seixanta: transició i consolidació 160
5.1 Una generació sense llibres, una literatura sense futur 161

5.2 La creació d'un circuit cultural de lectura 166
5.3 Descripció de la producció de llibres 175
5.4 Una col·lecció paradigmàtica: Els grumets de La Galera 180
6. La lectura en català al País Valencià 187
6.1 Els antecedents 188
6.2 El període de les voluntats: de 1939 a 1970 190
6.3 Les primeres obres: de 1970 a 1982 191
6.4 Una data clau: 1983 193
6.5 De 1984 fins a la fi de segle 195

II. La investigació de la lectura 199
7. La investigació sobre les pràctiques de lectures 203
7.1 Els actors 206
7.2 L'objecte 210
7.3 Els objectius 211
7.4 Les dades 215
7.5 Els assoliments i indicadors 217
7.6 Els mètodes 220
7.7 Les tècniques 227
7.8 Les fases de la investigació 237
7.9 La comunicació de resultats 241
8. L'estudi d'un cas «Municipi lector» 242
8.1 Procés de la investigació 243
8.2 El rol de l'investigador 246
8.3 Les dades i l'avaluació del projecte 247
8.4 Les etapes de la investigació 247
8.5 L'avaluació de resultats: els assoliments 250

III. Les polítiques de lectura 259
9. La lectura en la documentació legislativa 264
9.1 La lectura en cultura 265
9.2 La lectura en educació 271
9.3 La lectura en la documentació del País Valencià 275
9.4 Una nova concepció legislativa de la lectura 278
10. Les polítiques escolars i públiques 280
10.1 El Pla de Lectura de Centre 281
10.2 Les polítiques de lectura 286

Referències bibliogràfiques 295
Índex d'autors, obres i matèries 305

Dedicatòria:

*A **Vicent Simbor**, **Ferran Carbó**, **Ramon Rosselló** i **Carme Gregori**, companys del grup d'investigació de Literatura Contemporània del Departament de Filologia Catalana de la Universitat de València, on la lectura i la literatura per a infants i joves sempre han tingut un lloc.*

*A **Manel J. Romero**, perquè des de l'Associació d'Editors del País Valencià han creat un pont a fi que el treball de la universitat arribe a la societat, transformant la investigació en activitats i propostes per als valencians.*

*A **Jesús Martín-Barbero**, mestre que m'ha fet veure el món de la lectura des d'un altre punt de vista i em va alliberar d'aquella mirada elitista. A **Pablo Andrade**, company d'investigació, que em va obrir la mirada cap a l'antropologia cultural: un món ple de descobertes i que amplia el món de la filologia.*

*Als **estudiants** de l'assignatura Cultura i Literatura per a Infants i Joves en Català, del Grau de Filologia Catalana i dels màsters oficials d'Assessorament Lingüístic i Cultura Literària i de Lectura y Comprensión de Textos, perquè em retornen la mirada en forma de nous interrogants.*

Pròleg

Des de fa més de 4000 anys abans de la nostra era, en què hem datat les primeres troballes de textos escrits, fins als nostres dies, l'escriptura, i, és clar, la lectura, ha sigut un factor clau en l'evolució de diversos pobles i determinant en la pervivència històrica dels seus fets i de la seua cultura. La història de la Humanitat, si més no en l'anomenat primer món, es podria entendre en certa manera com la història del procés de creixement progressiu de l'alfabetització i de la democratització del llibre. Des dels reduïts nuclis de lletrats fins a la socialització de l'escriptura i la lectura actuals hi ha, entremig, mil·lennis de lents avanços.

Només en els darrers segles, gràcies a les transcendentals descobertes científiques i a la millora de les condicions de vida, s'ha accelerat aquesta cursa antiga i alentitzada. La invenció de la impremta en el segle XV va representar una gran revolució, de conseqüències extraordinàries, car ha permès posar a l'abast de la societat una quantitat abans inimaginable de llibres i a un preu gradualment més accessible, ben lluny de l'enorme cost del llibre manuscrit anterior. Paral·lelament es va aconseguint l'ampliació del públic lector: l'escolarització de capes cada vegada més àmplies de la societat va augmentar l'alfabetització fins a fer-la absoluta en el món occidental durant el segle passat. Gemma Lluch ens recorda precisament com l'any 1910 encara sols la meitat de la població (el 50'19 %) del País

Valencià sabia llegir i escriure. Només fa unes poques dècades que a l'Estat Espanyol s'ha assolit la plena alfabetització.

El segle XIX va obrir les portes d'una etapa revolucionària en la història del llibre i de la lectura –com en tants altres àmbits de la nostra societat– que el segle XX i el que portem del XXI no han fet més que acréixer. Max Roy, al *Dictionnaire du littéraire*, ha sintetitzat en termes justs la transcendència d'aquesta revolució encetada en el segle XIX: fins a la fi del segle XVIII, la major part dels lectors compta només amb un nombre limitat de llibres, que rellegeix, mentre que el segle XIX aporta la mutació revolucionària de disposar d'una gran quantitat de llibres, amb el benefici de facilitar-los una lectura cada vegada nova, gràcies a la industrialització de la impremta, l'extensió de l'ensenyament i l'augment de la xarxa de biblioteques. La conseqüència de tals transformacions arriba fins a nosaltres, car la lectura, reservada fins aleshores als petits nuclis de lletrats i de les classes dominants, s'integra a partir d'ara en una cultura democràtica que s'estén a poc a poc a les classes populars. Aquest públic ampli i nou és el receptor de l'edició de diaris i de llibres a baix preu, de l'emergència de les revistes i del gran *boom* de la literatura seriada, com ara el fulletó o la novel·la policíaca.

El període final del segle passat i els anys transcorreguts del nostre segle ens han aportat una nova revolució en els mitjans comunicatius. D'una banda, hi ha la competència dels poderosos mitjans audiovisuals, convertits en un canal paral·lel al text escrit, tant per a la transmissió del saber com per a la distracció en els moments de lleure; de l'altra, la irrupció de la informàtica, Internet i el text electrònic, que necessàriament han de repercutir en la fesomia de la nova lectura que s'obri pas.

Els mitjans audiovisuals, cal dir-ho, són ja un repte –i una amenaça?– per al predomini o la simple supervivència de la lectura del text escrit. I de manera molt especial entre els infants i els joves. Diverses enquestes han encès el llum d'alarma: els joves no llegeixen llibres! Unes altres investigacions ressalten que els joves sí que llegeixen, però uns altres textos, molts dels quals relacionats amb les possibilitats comunicatives d'Internet. Siga com siga, el crit d'alerta ja ha sonat. La socialització de la lectura, que ha costat a la Humanitat tants esforços durant tants segles, es troba ara en una cruïlla històrica que sembla decisiva.

L'alarma, però, ha vingut acompanyada de la corresponent resposta: a nous temps, noves estratègies per salvaguardar la lectura. Aquests nous mitjans sorgits coetàniament han de ser compatibles amb la lectura. És cert que poden disputar l'espai d'oci i de formació a la lectura, però també ho és que poden ser posats al seu costat per afavorir amb nova espenta la inquietud lectora en els infants i joves del nostre temps. Breu: el magnífic potencial dels nous mitjans pot ajudar decisivament a arrelar i difondre la lectura, si els responsables (polítics, professors, editors, mediadors culturals, pares) saben aprofitar-los dins d'uns programes exigents i alhora factibles.

En el nostre ben particular cas, no acaben ací els desafiaments a la pervivència de la lectura en català, car mai no es pot oblidar la precarietat social i legal que ha arrossegat i arrossega el català, sempre condemnat a disputar els usuaris al castellà, llengua legalment blindada i socialment protegida per la pròpia força intrínseca.

El present llibre de la professora Lluch és la seua resposta, meditada al llarg d'anys d'investigació, als reptes assenyalats per a la potenciació de la lectura dels nostres infants i joves en els temps que corren: una proposta coherent i d'àmplies mires per incentivar la lectura, que lliura a la societat i molt especialment a aquells qui, com acabem d'esmentar, hi tenen un grau major de responsabilitat. L'estudi és estructurat en tres parts ben definides: la història de la literatura infantil i juvenil catalana; l'exposició d'una proposta metodològica per a la investigació de la lectura; i l'aplicació pràctica del programa de lectura.

El repàs històric de la producció literària infantil i juvenil catalana és presentat per l'autora, amb bon criteri, com a imprescindible per poder plantejar un programa de foment de la lectura, ja que «aporta les dades i el context per investigar en el present i poder fer prospectives de futur». No és, tanmateix, una mera síntesi dels estudis coneguts al respecte. No. Lluch, proveïda dels adequats coneixements d'anàlisi narratològica i sociològica, pot matisar i renovar la percepció que en teníem. Des de l'anàlisi de la informació paratextual fins a l'estudi del context social en què van aparèixer les obres, passant per la investigació dels components del relat, els trets més rellevants de les obres més significatives de la nostra literatura infantil i juvenil són convenientment descoberts. De manera singular m'agradaria cridar l'atenció sobre les aportacions fetes a la coneixença de la literatura infantil i juvenil publicada durant el primer terç del segle xx. També és d'agrair la referència específica a l'evolució de la literatura infantil i juvenil del País Valencià, una atenció singularitzada comprensible, tenint en compte la feblesa endèmica de la literatura valenciana contemporània fins a l'últim terç del segle xx, per fer visibles una sèrie d'autors i obres, la majoria dels quals ocupen un lloc subaltern en les històries generals de la literatura catalana.

En la segona part, l'autora presenta la seua opció programàtica i metodològica per al foment de la lectura: el programa de la lectoescriptura i el mètode de la investigació acció. La lectoescriptura es fonamenta en la concepció bàsica de l'estreta unió de lectura i escriptura per a l'objectiu comú de la reeixida elaboració i interpretació de textos. El punt neuràlgic és la convicció que la capacitat d'entendre un text i de saber confeccionar-ne resulta indispensable perquè els xiquets i els joves puguen desenvolupar-se de manera crítica i autònoma en la societat, és a dir, puguen ser vertaderament lliures i alhora sentir-se socialment integrats i participatius. La investigació sobre les experiències de lectoescriptura es basa en la col·laboració d'un analista actiu, la labor del qual no s'atura en l'anàlisi freda des de fora de la pràctica sinó que participa de manera directa amb el suggeriment de diverses propostes de millora.

L'autora clou aquesta part dedicada a la investigació de la lectura amb l'estudi d'un cas concret, en què ella mateixa va participar com a investigadora: «Municipi lector. Programa de motivació a la lectura», realitzat al Bruc (Catalunya). A més a més de comprovar el funcionament pràctic del programa de lectoescriptura i el paper actiu de la investigadora, em sembla digne de destacar com l'objectiu d'aconseguir un major nivell de lectura en els infants i joves del municipi i, en conseqüència, formar ciutadans més compromesos i responsables, va acompanyat de la descoberta de la implicació dels familiars dels nens, fins a transformar-los, a ells també, no sols en agents, sinó en nous lectors. El programa ha complert amb escreix el seu objectiu i ha implicat tot el poble. La lectura ha guanyat la batalla gràcies a un bon programa i a un múltiple esforç coordinat. L'experiència real avala l'aplicabilitat de la teoria exposada.

El desenvolupament detallat del programa de lectura i de la metodologia descrita que l'acompanya, que ocupa la tercera part, es concreta en la planificació minuciosa d'un pla lector adreçat a un centre educatiu i en un pla lector global per al País Valencià. Aquest segon, d'una gran ambició, no és, tanmateix, fruit del voluntarisme idealista. L'autora es val de l'experiència adquirida en plans semblants d'altres països, en què ella ha participat. Els guanys de la promoció de la lectura són difícils de rebatre: revertir el procés d'exclusió del sistema educatiu en qualsevol segment d'edat, acostar-se a unes altres pràctiques culturals com l'art, el cine o la cançó, dominar les diverses tecnologies actuals, entendre i accedir a la informàtica i al món del coneixement virtual, ajudar al consum crític de la informació periodística i de l'oferta cultural. En resum: dotar els ciutadans dels recursos necessaris per no sentir-se exclosos de l'entorn social i permetre'ls interactuar autònomament.

Per als professionals dels estudis literaris és reconfortant comprovar com en aquest temps de canvis vertiginosos, en principi no tots favorables a la difusió del llibre, una tasca ben feta, amb el programa i la metodologia adequats, pot incentivar la lectura, fidelitzar antics lectors i guanyar-ne de nous. És clar que en última instància l'objectiu no és acontentar-se amb l'augment del consum de llibres sinó amb les saludables repercussions individuals i comunitàries que té l'aprenentatge correcte de la lectura. I aquest sols és factible amb la pràctica assídua, en molts casos fruit de l'adient estímul que un bon programa pot exercir sobre els infants i els joves.

La professora Lluch és conscient que l'estímul aïllat del professor no basta. Cal un programa "total", que implique la comunitat sencera, des dels responsables polítics als pares. I el primer pas en la correcta direcció és la necessària sensibilitat dels primers, que han d'assumir que la lectura no és un simple passatemps sinó un factor clau en la cohesió i dinamisme socials i, per tant, hi han de dedicar l'ajuda econòmica necessària per a l'idoni desenvolupament dels programes dissenyats. L'autora ha complert el seu deure posant a disposició de la societat uns programes assajats amb èxit. L'aplicació, però, correspon a tots els responsables polítics i cívics implicats.

El llibre que el lector té a les mans mostra una vegada més el lligam estret de la Universitat amb l'entorn social. Interessa, és clar, al món universitari, als estudiosos del fet literari, tant per la primera part, dedicada a la història de la literatura infantil i juvenil, com per les dues restants, encarregades de mostrar una via pràctica d'incidència en la societat. Però també polítics, professors de d'educació inicial, de primària, d'ESO i de batxillerat, editors, mediadors culturals i pares, tots aquells membres de la comunitat susceptibles de jugar algun paper, haurien de llegir-lo. Açò, tanmateix, ja no és responsabilitat de l'autora.

Com a membre del Grup de Literatura Catalana Contemporània de la Universitat de València, al qual pertany també la professora Lluch, em plau de presentar en públic aquest estudi científicament solvent i socialment oportú de la «nostra» especialista en literatura infantil i juvenil. Ara és el torn dels lectors, i en especial de «determinats lectors».

VICENT SIMBOR ROIG
Universitat de València

Benvolgut lector

> *Cada moment de la vida d'un individu és producte de tots els anteriors i condiciona tots els següents. En un cert sentit, la nostra vivència del present, aquesta realitat esmunyedissa que no encertem a fixar de manera exacta, conté tot el passat i prefigura en germen allò que esdevindrà el futur. Passat, present i futur són els tres termes de la temporalitat viscuda; els tres moviments de la percepció humana del pas del temps o durada, inscrita en el llenguatge i en les formes de comunicació i de sociabilitat.*
> (Ferrando i Nicolás 2005: 21)

Si ha llegit atentament la citació, entendrà el perquè dels continguts que organitzen aquest llibre. Volem analitzar la lectura: la d'avui i la de demà perquè, com diuen Ferrando i Nicolás, cada moment de la vida d'un individu és producte dels anteriors i condiciona tots els següents. Per això, aquest estudi està format per tres parts. En la primera part, revisem estudis, analitzem dades i llibres, interpretem un escenari de lectura on els actors (l'autor, el lector, la família o el docent) són peces claus. En la segona, descrivim un model d'anàlisi per investigar pràctiques de lectura que després apliquem a una experiència concreta que avaluem com a model de bones pràctiques. I la tercera, la presentem en forma d'accions, és a dir, de polítiques que si es dugueren a terme poden crear l'escenari cultural que volem en un futur pròxim abans però analitzem la documentació que legisla la lectura.

Més detalladament, iniciem aquest estudi amb una revisió de la història de la lectura en el context polític, cultural i sociolingüístic de l'àmbit català: l'educació, els llibres, la literatura infantil, els autors i editors, els il·lustradors i sobretot els lectors infantils són els temes que estan presents en cada període analitzat. Aquesta línia d'investigació la vaig iniciar amb la tesi doctoral que em va dirigir Vicent Salvador i que va merèixer el Premi Extraordinari de la meua universitat. Des d'aleshores ençà, l'he ampliada amb estudis d'obres, autors o períodes que he realitzat amb la xarxa *Teoria, història i ús educatiu de la literatura infantil i juvenil* dirigida per Teresa Colomer (UAB) i que va gestar els estudis *La literatura infantil i juvenil catalana: un segle de canvis* (Colomer 2002) i *El patrimoni de la imaginació: Llibres d'ahir per a lectors d'avui* (Baró 2007), i amb el treball desenvolupat en les assignatures de *Cultura del llibre i de la imatge per adolescents* al *Màster en Assessorament Lingüístic i Cultura Literària*, les classes de l'assignatura *Cultura i Literatura per a Infants i Joves en llengua catalana* del Grau de Filologia Catalana o els postgrau *Diploma en Cultura, Lectura i Literatura per a Infants i Joves*.

Massa sovint «fer memòria històrica» s'ha convertit més en un eslògan que en una realitat i és fonamental saber d'on venim, quin és el nostre passat com a lectors per analitzar el present i projectar el futur. Per això, era necessari dedicar la primera part d'aquest llibre a la lectura per a infants i joves en català, amb una revisió històrica que ajude a conèixer què llegíem, qui llegia, com i quan. Aquesta mirada històrica la finalitzem en la dècada dels seixanta perquè després, la selecció captiva a través de la recomanació de llibres a l'escola dibuixa un panorama diferent que reclamava un altre llibre.

En la dècada dels setanta, el català entra en l'ensenyament i s'instaura la recomanació de llibres de lectura en tots els nivells educatius. Com manifesta Castellet: «La recomanació a les escoles és determinant i, sobretot a partir de 1981, la venda de llibres es multiplica. [...] Aquest fet és determinant per a autors como Calders, Pedrolo, Mercè Rodoreda i impulsa la venda de Salvador Espriu» (Vila-Sanjuan 2003: 258). Hem de pensar que la presència del català a l'escola era una oportunitat de «refer el públic de la literatura en català» (Guillamon 2010: 19) i fins i tot una editorial com Quaderns Crema, que naix amb aquesta finalitat el 1979, incorpora als seus catàlegs obres mestres de la narrativa breu susceptibles d'incorporar-se a la lectura escolar.

Paral·lelament, el panorama editorial del segle XX i principi del XXI dibuixa un mapa diferent a conseqüència de l'èxit de vendes de la saga protagonitzada per Harry Potter. Els llibres protagonitzats per aquest personatge inauguren el fenomen de la venda massiva de llibres a través de l'anomenada compra per impuls, la lectura es deslocalitza de l'escola per passar al mercat i es deslliura de la tutela del docent per passar a la del màrqueting. Però aquests dos fenòmens, la venda i lectura de llibres per recomanació escolar o l'aparició de best-sellers per a adolescents, són tema per a un altre llibre, les primeres anàlisis del qual es poden trobar a Lluch (2003, 2007 i 2010).

Benvolgut lector, hem volgut avançar i arribar al present per parlar de la investigació de la lectura. És una forma d'interpretar el present: investigar les pràctiques de lectura que una escola, un barri, un municipi o un estat posen en marxa. El capítol 7 proposa un protocol sobre el paper dels actors, els mètodes i les tècniques, les fases de la investigació, els objectius i els objectes de la investigació en lectura que van molt més enllà del nombre de llibres llegits o de les hores de lectura. Aquesta part es completa amb l'anàlisi exhaustiva d'un cas: el *Projecte Municipi Lector*, una experiència de lectura global duta a terme en un petit municipi proper a Barcelona. L'estudi d'un cas de promoció de la lectura mostra de manera concreta com les propostes descrites en els capítols anteriors s'utilitzen per investigar com una experiència de lectura cohesiona les relacions socials d'un municipi.

El treball que aportem en aquest apartat naix del projecte d'investigació «Lecto-escrituras y desarrollo en la sociedad de la información», realitzat des del CERLALC-Unesco i l'AECID durant els anys 2007-2010. L'equip estava dirigit per Jesús Martín-Barbero, coordinat per mi i per Roxana Morduchowicz i format per Pablo Andrade, Patricia Correa, Alma Martínez i Anderson Tibau. Els països participants van ser Argentina, Brasil, Xile, Colòmbia, Mèxic, Espanya i Portugal. El projecte prenia individualitat perquè entenia que una experiència de lectura i escriptura no és un procés aïllat, sinó un àmbit de comunicació en el qual es provoquen canvis culturals.

Aquesta és una de les funcions de la investigació: analitzar de quina manera una pràctica de lectura pot transformar-se en una experiència de vida. L'aparell metodològic que descrivim i la posada en pràctica en la investigació d'un cas concret volen presentar una metodologia d'anàlisi útil per sistematitzar-ne la descripció, l'anàlisi i l'avaluació.

Benvolgut lector, els resultats de la investigació que proposem en la segona part tenen un objectiu primordial: el disseny de noves accions de promoció de la lectura i la millora de les que funcionen. Per tant, els resultats d'aquest tipus d'investigació també es dirigeixen als polítics perquè parlar de polítiques de lectura dirigides als ciutadans no és parlar només d'alfabetització, és parlar de la creació d'espais i mitjans en els quals puguen contar la seua història. Cal recordar, com diu Jesús Martín Barbero (2011a), que pensar els temps en les polítiques no és el mateix que pensar-los en les cultures: les polítiques culturals només donen resultats si acaben inserides en les memòries i en les experiències socials de les comunitats i de les persones. Les polítiques de lectura han de ser reconegudes com a part fonamental del benestar social i de la qualitat de la vida col·lectiva. És necessari repensar el sentit d'aquestes cultures com a motor de cohesió i com a forma de participació en la vida social d'una comunitat.

Els resultats també s'adrecen als gestors culturals i als mediadors (siguen bibliotecaris, docents o promotors de lectura) perquè el treball guiat per mètodes científics permet transformar una activitat de lectura en una experiència de vida amb les dades que quantifiquen i qualifiquen els avanços dels actors o avaluen els assoliments de les accions.

Aquests són els continguts de la tercera part. D'una manera concreta, descriu un protocol per dissenyar un pla lector al centre educatiu que permeta transformar un grapat d'activitats disseminades de promoció d'un autor o un llibre en un veritable projecte de política lectora o cultural en la petita societat que representa un centre escolar on el protagonisme el prenen els estudiants, els docents i les famílies. Prèviament, hem analitzat el context, els documents que legislen sobre lectura per conèixer quin sentit donen al terme, amb quins altres el relacionen, quines finalitats tenen les accions relacionades, etc.

Hem volgut finalitzar el llibre amb una proposta concreta per a un cas concret: des del coneixement del nostre passat analitzat en la primera part d'aquest llibre, a partir de l'aparell metodològic descrit a la segona part, proposem unes línies polítiques per fer del País Valencià una comunitat lectora.

Com en els casos anteriors, aquesta tercera part també té molts deutes. En primer lloc, l'Associació d'Editors del País Valencià, que permet transformar les investigacions en activitats i accions concretes i, en segon lloc, la Fundació Bromera de Foment de la Lectura, que va impulsar el document que ha servit com a base del capítol 11. Hem defensat sempre, en documents i accions concretes, la col·laboració entre la universitat i les entitats socials, més encara en el món de les humanitats que històricament han estat allunyades del món de l'acció. Aquesta part vol ser una mostra de resultats d'un projecte d'investigació transformat en una proposta d'acció concreta.

I volem finalitzar aquestes línies introductòries recordant les paraules de Castellanos (2004: 8) quan diu que en aquest país tenim moltes coses pendents, una de les quals és l'estudi de l'evolució de la lectura en català. Nosaltres hi afegiríem l'estudi dels casos concrets d'entorns públics de lectura i escriptura i els espais de comunicació que es creen. Aquestes pàgines voldrien ser una peça d'aquest futur estudi, que parle no només de la història sinó també de la investigació sobre la lectura i del seu futur a partir de propostes de polítiques que poden materialitzar-se des del coneixement del passat i del present.

GEMMA LLUCH
Universitat de València

I. Història de la lectura per a infants i adolescents en català

La literatura per a infants és una producció jove: els primers documents n'apareixen lentament durant el segle XVIII i al llarg del XIX es consolida a Europa. Anteriorment, el llibre infantil és sobretot un llibre d'instrucció adreçat al fill del noble o del rei i escrit per l'instructor. El segle XIX significa un canvi d'aquesta situació, però un canvi lent perquè majoritàriament el lector d'aquests llibres formava part del mercat laboral massa prompte per poder rebre una instrucció que li permetera l'accés a la lectura. Una dada significativa és el 1841, perquè Anglaterra hi publica una de les primeres lleis europees que limitava la jornada del treball infantil a la fàbrica.

Òbviament, l'avanç més notable del XIX va ser la instauració de l'ensenyament obligatori en la major part dels països d'Europa i, conseqüentment, la necessitat de produir unes lectures per a una part de la població que accedia al món de la lletra. És el segle on s'escriuen clàssics com l'*Struwwelpeter* de Heinrich Hoffmann (1845), el *Cuore* d'Edmundo de Amicis (1886) o *Alice's Adventures in Wonderland* de Lewis Carroll (1865). Són llibres pensats i editats específicament per a un públic infantil la lectura dels quals es manté a bona part d'Europa durant molt de temps; per exemple, a les poques escoles valencianes que funcionaven a principis de segle XX, com recorda Josep Lluís Bausset (Vallés 2000: 26), «El primer llibre que vaig llegir, mentre vaig anar a escola, va ser *Corazón* d'Edmondo de Amicis». I més enllà d'aquestes obres, el segle XIX crea uns relats que esdevingueren els clàssics de la literatura per a infants, com *Voyage au centre de la Terre* de Jules Verne, *Treasure Island* de R. L. Stevenson o *Moby Dick* de Herman Melville.

La lectura per a infants en català és més tardana. La Ley de Instrucción Pública impulsada per Claudio Moyano instaura el 1857 l'ensenyament obligatori dels 6 als 10 anys i fixa les matèries obligatòries que calia estudiar: principis de religió i moral, lectura, escriptura, aritmètica i la gramàtica castellana, l'única que podia ensenyar-se a les escoles i «A partir d'aquesta data proliferen les notícies referides a la coerció exercida des de l'escola en contra del català, no ja en l'ús formal oral i escrit, sinó fins i tot en l'ús oral espontani, dins i fora de l'escola. L'estat no sols fa circular textos jurídics i funcionals en l'àmbit educatiu, sinó que hi imposa un material escolar abocat a la castellanització total de l'escola» (Ferrando 2005: 324).

Per tant, no és d'estranyar que —segons l'estudi realitzat per Rovira i Ribé (1972)— els llibres publicats durant el segle XIX només arriben a 42, la majoria són llibres religiosos, petites obres de teatre i llibres de lectura. Així doncs, hem d'esperar fins a l'inici del segle XX per poder parlar de l'inici de la literatura per a infants en català, un segle que a la resta d'Europa ja és de maduresa. La producció durant el segle XX és força irregular.

De 1900 a 1917 es publiquen 292 llibres de creació; entre 1918 i 1930, 666; des de 1931 a 1939, la xifra descendeix a 100 títols i el període de 1940 a 1960 només s'editen 17 títols.

Si ens centrem en l'edició de novel·les i contes, abans de 1900 no es publica cap llibre que poguera considerar-se narrativa per a infants en català. Després, en el segle XX, cal diferenciar un primer període, de 1900 a 1930, molt fèrtil per la quantitat de textos editats (2.019 llibres, dels quals 958 són contes o novel·les escrites per autors catalans) i per la qualitat i la varietat: es publiquen rondalles, cançons, teatre o poesia. I sobretot és en aquests anys quan es publica la narrativa de Josep Maria Folch i Torres i de Carles Riba o l'edició en català de les grans obres europees del segle anterior traduïdes per Carles Riba, Josep Carner o Marià Manent.

Al següent període, de 1930 a 1939, hi ha un notable descens de la producció de llibres de creació enfront d'un augment del llibre escolar. Finalment, els anys des de l'acabament de la guerra d'Espanya fins al 1960 estan marcats per la quasi absència de lectures per a infants. La guerra va significar la interrupció de tot el que s'havia fet i no és fins al 1946 que comencen a editar-se els primers llibres i majoritàriament són reedicions. L'estudi fet per Núria Ventura (1970) comptabilitza la publicació d'un total de 159 llibres.

A partir de 1962 el panorama canvia perquè es publica el primer número de la revista infantil *Cavall Fort*; un any després, el 1963, l'editorial La Galera inicia la seua producció: va ser l'inici —o la continuació— d'una literatura que ara està plenament consolidada.

Aquest panorama l'analitzem en profunditat al llarg de la primera part. La divisió per capítols correspon als principals períodes dels llibres per a infants i joves en els quals estudiem la lectura en català en el context polític, social, cultural, educatiu i lector de cada moment històric. Hem optat per iniciar-los amb un resum dels aspectes que particularitzen cada període i d'analitzar-ne les obres clau per, d'una manera concreta, revisar el lector model que proposen, la temàtica, estructura narrativa, l'estil o les relacions intertextuals d'aquelles obres que els estudis han proposat com les més representatives.

Com hem comentat en la introducció, acabem la història de la literatura en finalitzar la dècada dels seixanta perquè els setanta inicien dos fenòmens nous en la lectura per a infants en català: la publicació del primer best seller, *Mecanoscrit del segon origen* de Manuel de Pedrolo, editat el 1974 a Edicions 62. Castellet recorda aquest fet de la manera següent (Vila-Sanjuan 2003: 258): «Lo leí y le sugerí publicarlo en una colección para adolescentes que teníamos entonces. El Trapezi. Estuvo de acuerdo» i el llibre es transforma en el de més èxit de l'editorial. L'altre fenomen és la recomanació del llibre en l'escola que crea un circuit de lectura singular i diferenciat de l'adult.

Hem optat per dedicar el darrer capítol integrament a la lectura per a infants en català al País Valencià perquè la història del català a l'escola com a llengua de lectura reclama una orientació i una periodització diferents. La lectura per als infants en català comença a tenir repercussió després d'aprovar-se la Llei d'Ús i Ensenyament del Valencià; abans, l'alfabetització en català es reduïa a unes poques escoles, majoritàriament cooperatives de pares i mestres, i algunes accions voluntaristes a l'escola pública. Sense un lector, difícilment podia existir un mercat del llibre potent; per això, aquest capítol estén el treball fins a finals de segle, perquè mantenir el mateix criteri de periodització que en la resta d'aquesta primera part no permetia analitzar el període més interessant de la lectura en català al País Valencià.[1]

1. ELS PRINCIPIS DE LA LECTURA PER A INFANTS

Abans del segle XIX, majoritàriament l'educació es planifica en funció de la professió o l'ofici triats pel nucli familiar de l'infant i la lectura és un aprenentatge gaudit per minories. Cap a finals del segle XVIII, l'aprenentatge de la lectura i l'escriptura comença a estendre's gràcies a l'escola dominical. El moment clau és la revolució francesa perquè parla d'una escola nacional, científica i laica tot i que no acaba de formalitzar-se en la societat. Alhora, autors com Jean-Jacques Rousseau i John Locke plantegen un model educatiu idoni per als joves.

Els llibres són objectes de luxe cars i inaccessibles per a la major part de la societat. Tot i que la impremta permet un major accés al llibre i la lectura, com assenyala Escarpit (1968: 22), el llibre imprès, suport i vehicle de la gran literatura europea dels segles XVI, XVII i XVIII només era llegit per una classe social, la resta de la població, quan no eren analfabets, llegia o escoltava gasetilles, cobles o calendaris.

El llibre adreçat a un públic infantil s'escriu majoritàriament en llatí i el contingut prioritari són consells o instruccions que tenen l'objectiu de contribuir a l'educació del fill d'un noble o un rei i l'autor és el mateix instructor que s'encarrega de l'educació del lector. Els possibles textos que circulaven durant el final del període estudiat i en l'àmbit català són en castellà, llengua que només coneixien uns pocs membres d'una classe determinada que tenien accés a l'ensenyament, oral i escrit, en castellà a partir del Decret de Nova Planta.

1.1 La inexistència d'una literatura per a infants

Durant una llarga època de la humanitat, l'educació es realitza al si de la llar i la responsabilitat de dur a terme aquesta tasca es mantenia a la

---

1. Aquesta línia de recerca va quallar en el projecte d'investigació «Llibre i lectura infantil en el context valencià: 1930-1983» de la Generalitat Valenciana GV2006-001.

família. En ambients de classes altes, la figura de les dides és fonamental durant els primers anys de vida dels nens; elles els alimentaven, però també eren les responsables de la primera educació: els ensenyaven a parlar, a caminar, les primeres normes higièniques i de convivència.

Més tard, la mare i el pare eren els responsables de la formació moral i intel·lectual. La instrucció pròpiament dita no començava fins als 7 anys i l'encarregat acostumava a ser un familiar o un treballador de la casa. Ara bé, hem d'entendre que, en aquest moment, instruir un infant és, sobretot, ensenyar-li quines són les normes de la societat en la qual s'integrarà ràpidament o ensenyar-li les tècniques de l'ofici al qual es dedicarà.

L'educació consistia bàsicament en l'aprenentatge de la lectura i el llatí. En les classes més humils la manera d'educar els fills era molt diferent. Des de petits comparteixen les obligacions dels germans majors i aviat s'incorporen al món laboral; així, les petites feien de criades a les cases veïnes i els petits ajudaven els pares en el treball. A partir dels catorze, es comprometen en matrimoni. És a partir del segle XV que saber escriure i llegir va començar a convertir-se en un bon camí per al triomf en la vida, en determinants cercles socials. En conseqüència, augmentaren el nombre d'escoles i de mestres elementals no dependents de l'Església i aparegueren universitats noves que tampoc no en depenien i que formaven els alumnes per a la vida laica.

1.1.1 L'aparició de la impremta

L'aparició de la impremta a mitjan segle XV inicia un sistema que permet la reproducció ràpida i barata dels textos i que obre una via d'accés llargament desitjada al pensament escrit, alhora que es transforma en un instrument que facilita l'activitat burocràtica i ritual de l'Església. Hi ha un nou públic per al llibre imprès, es busca una clientela al marge de les institucions i persones religioses, entre laics i particulars, i se n'abarateixen els preus.

Ara bé, com diu Chartier (1993: 25), enfront de la perspectiva que imputa amb massa rapidesa a una sola innovació tècnica (la invenció de la impremta) les transformacions culturals que han de relacionar-se bé amb les mutacions de les formes del llibre, bé amb els desplaçaments de les formes de llegir, cal afirmar la pertinença i la necessitat d'un enfocament de llarga durada que insisteix en les continuïtats en les quals s'inscriu la *print culture*. Aquest enfocament permetrà comprendre les llargues dependències del llibre imprès en relació al manuscrit i també la progressiva emancipació.

A més de parlar d'uns canvis de costums en relació al llibre, és important recordar que la incorporació d'aquests canvis es feia a una velocitat diferent segons la classe social i les diferències s'accentuen en parlar de les transformacions que afecten els infants. Segons càlculs estimatius d'Hipólito Escolar (1988: 364) més de 10.000 títols degueren imprimir-se durant el segle xv, amb un nombre tres vegades superior d'edicions que poden arribar a la xifra de 10 milions d'exemplars per a 100 milions d'europeus. A més a més, Escolar destaca que en aquests moments un 90% de la població no els podia llegir o bé perquè no tenia accés a la cultura o bé perquè no disposaven de diners per comprar-los. D'aquests llibres, unes tres quartes parts estaven editats en llatí i només un deu per cent foren escrits en alemany i francès, en castellà un u per cent, però l'estudi no en facilita dades dels editats en català.

Sobre aquest període, Joan Fuster (1992: 13) recorda que: «Durant centúries, 'saber llegir' havia estat una oportunitat de clercs, de monjos, i, a la llarga, de capellans i de professionals dels codis, de la terapèutica, de l'astrologia o l'alquímia. Entre nosaltres, quan s'enceta el quatrecents, fra Antoni Canals acusa el canvi: els 'hòmens de paratge', diu, 'lligen molt', i pensa que 'tots els llibres seran adés vulgaritzats', o sigui, traduïts al vernacle». El contingut prioritari dels llibres editats era religiós, preferentment, bíblies, comentaris bíblics, missals, devocionaris, llibres de resos de laics o els sermonaris i confessionals que eren necessaris per a la tasca pastoral dels sacerdots. Un altre bloc eren obres erudites, clàssiques, medievals i contemporànies, en definitiva, els llibres que s'estudiaven a les universitats. Els textos en llengües vulgars eren majoritàriament traduccions d'obres piadoses i també textos clàssics i medievals. En aquest context, València esdevé aviat un focus editorial, però de llibre en castellà i popularista com romanços, cançons, endevinalles i jocs.

1.1.2 Llibres per a un públic infantil

Lògicament, durant aquest llarg primer període el material que consignen les històries com a literatura infantil és de l'estil del llibre escrit a Espanya el 1293, *Libro de castigos o documentos que dio a su hijo el rey de Castilla Don Sancho IV*, un text expositiu amb l'objectiu d'educar moralment el lector. Durant tota aquesta època no hi ha una literatura específica adreçada al jovent, sinó que els infants compartien lectures amb els adults: «entre las cuales figuraban *Los milagros de Ntra. Sra. de Berceo*; *Las Cántigas de Alfonso el Sabio*; *La historia del Cid*, de Bernardo del Carpio; *Los siete Infantes de Lara*; *El llibre de les bèsties* de Ramon Llull; *El conde Lucanor*, de Don Juan Manuel; el *Exemplario contra los engaños y peligros del mundo* o *Calila e Dimma*; y otros títulos del momento» (Bortolussi 1985: 32).

Escarpit (1968: 16) cita l'exemple de Montaigne quan parla de les lectures de joventut i diu que la primera afició que va sentir pels llibres li va venir pel plaer de les faules de les *Metamorfosis* d'Ovidi perquè al voltant dels set o vuit anys eludia qualsevol altre plaer per tal de llegir-les... Recorda que aquest llibre fou el més senzill que havia conegut i el més adequat a la seua edat. Però no totes les lectures eres ben rebudes, com mostra la crítica del mateix autor a les novel·les de cavalleries com els Lancelots du Lac, els Amadís o els Huons de Bordeaux llegits pels infants i que qualifica com «eixa farda de llibres amb els quals es divereix la infantesa». L'*Amadís de Gaula* publicat el 1508 és ràpidament traduït al francès i era habitual difondre relats orals sobre la joventut dels herois de les cançons de gesta i que posteriorment donaran pas a les anomenades infanteses, és a dir, a les noves narracions que recreaven la infantesa dels herois de les novel·les de cavalleries més populars.

Ara bé, la lectura dels pocs infants que hi podien tenir accés eren textos escrits com les *Fables (1668) de La Fontaine*, que per a Locke eren històries pròpies per alegrar i distraure els infants, i la llarga llista de versions i traduccions que aquest text emblemàtic va produir i que Genette descriu com a gènere hipertextual i paròdic. També els bestiaris, primers llibres il·lustrats que apareixen al segle XII i que presenten, com la faula, una al·legoria moral només que de forma més rústica. Els *exempla*, narracions, contes i faules de tots els orígens, tant europeus com orientals, acompanyats d'una moralitat religiosa. O les històries religioses, que foren de lectura obligada.

El mateix passa amb la Bíblia, que durant molts segles esdevingué un llibre de lectura, també infantil, que incloïa narracions d'aventures, història, poesia i, és clar, religió. Lectures, en definitiva, que tenien com a finalitat la formació d'hàbits morals i comportaments polits adients per al lloc que, en un futur pròxim, els pertocava en la societat. Per tant, les lectures adreçades als infants d'una classe privilegiada eren principalment didàctiques i llibres d'instrucció; textos expositius, didàctics o informatius com el llibre d'Honorius d'Autun *Elucidarium*, de lectura fàcil, format per preguntes i respostes entre un professor i el seu alumne, una forma molt utilitzada en aquest tipus de llibre.

1.2 Una lectura didàctica i moralista

En l'estudi realitzat per Gélis (1985: 315) s'apunta que durant el segle XVI apareix i durant el XVII madura una nova relació amb els fills basada en una voluntat de preservar-ne la vida. Aquesta afirmació no significa que anteriorment els pares acceptaren la mort d'un ser estimat; però la concepció de la vida, del cicle vital, era diferent i els pares no tenien un altre recurs que engendrar un nou fill per perpetuar l'estirp. Per tant, aquest manifest rebuig de la malaltia del nen constitueix un altre aspecte de la nova concepció de la vida i del temps. S'estableixen unes noves relacions amb els pares en les quals l'afectivitat cap al fill es demostra públicament i Gélis assenyala que una conseqüència d'aquesta nova relació va ser un nou infant més despert i més madur.

Lògicament, aquesta nova relació dels pares amb els infants genera opinions enfrontades i alguns moralistes, Locke entre ells, denuncien aquesta nova manera d'educar perquè degenera fàcilment en indulgència excessiva. Gélis (1985: 324) assenyala que tal vegada cal veure en aquesta actitud repressiva, enfront d'una educació privada en la qual es concedeix massa importància a l'afectivitat, una de les raons per les quals l'església i l'estat es fan càrrec del sistema educatiu.

Aquest pas progressiu d'allò que és privat a allò que és públic coincideix amb la voluntat del poder polític i religiós de controlar el conjunt de la societat. I les noves estructures educatives, en particular les dels col·legis, compten ràpidament amb l'adhesió dels pares. Gélis afirma que els pares ràpidament es convencen que el seu fill està sempre a mercè d'instints primaris que és necessari contenir i que és important sotmetre els seus desigs al govern de la raó. Portar-lo a l'escola és, per tant, sostraure'l de la naturalesa.

Així, doncs, s'efectua un canvi de l'educació pública comunitària i oberta, destinada a integrar el nen en la col·lectivitat perquè adopte els interessos i els sistemes de representació de l'estirp, a una educació pública de tipus escolar, destinada també a integrar-lo i, alhora, a facilitar-ne el desenvolupament de les capacitats.

Aquestes escoles, diferents segons la classe social a la qual anaven destinades, a poc a poc comencen a generalitzar-se. Unes vegades se'n feia càrrec l'estat a través de les lleis, com a Anglaterra, on el 1601 fou aprovada la *Llei de pobres*, per la qual es creaven les escoles de caritat des de les quals l'estat es fa càrrec de l'educació elemental dels fills dels pobres. En alguns casos, l'escola només era una escola dominical perquè els petits, com a obra de mà barata que treballava durant tota la setmana, el diumenge anaren a l'escola per aprendre a llegir i escriure amb l'única finalitat de conèixer la *Bíblia* i ajudar en els serveis religiosos. En uns altres, la responsabilitat educativa era de l'Església que, a través de les nombroses congregacions religioses fundà institucions escolars dedicades a l'ensenyament i l'educació dels pobres, en nom de la caritat cristiana. L'Església i l'estat, i les poques escoles del moment, difonen models ideològics infantils que vingueren a reforçar l'emergència del nen com a individu en la societat occidental.

1.2.1 El llibre

Cap a finals d'aquest període, el nombre de lectors i compradors de llibres creix i l'interès per la lectura és més variat. Continuen sent abundants les edicions en llatí, però les llengües vernacles guanyen terreny. La majoria dels llibres no van adreçats als homes de l'Església i de la noblesa, ni a professors o estudiants, sinó que el ventall de lectors s'amplia a professionals del dret i la medicina, a comerciants, industrials o caps de tallers que se'n senten atrets pels continguts, cada vegada més orientats a proporcionar informació moderna o entreteniment, i a les dones, unes lectores que guanyen importància.

Aquesta tendència augmenta i a finals del segle XVII apareix un nou públic capaç només de llegir escrits en llengües vernacles i forma un mercat de fulletó, pamflets de caràcter polèmic o simplement informatius i, alhora, llibres impresos de forma descurada, amb paper dolent i barats que buscaven arribar a aquest públic nou amb menys recursos econòmics i amb inferior preparació intel·lectual. Són llibres o petites publicacions per a la lectura i l'entreteniment personal.

En l'àmbit de llengua catalana, com indica Fuster (1992: 22-23):

> Aquest període és el d'una profunda dimissió lingüística d'abast col·lectiu que afecta l'*autor* tant com els *lectors*. La crisi no era de la literatura, sinó de la societat que previsiblement havia de mantenir-la. [I afegeix més endavant]. En gran part, el protagonista del problema era –i ho és encara– la indústria. Les impremtes catalanes del XVI, del XVII, del XVIII hagueren de dedicar-se a la manufactura castellana: *Celestinas*, *Quijotes*, *Lazarillos*, i una pila immensa de 'cancioneros', 'comedias', novel·les d'aventures, devocionaris, algun breu exercicis eròtic, especulacions místiques. Això es venia: era objecte d'exportació i –ai– de consum interior. L'editor' català de la 'Decadència' no podia –literalment, 'no podia'– prendre en consideració l'idioma dels seus llibres si no era des d'un càlcul honestament crematístic. Publicà en llatí tant com la demanda li feia veure que era una operació rendible. Ho feu en castellà per la mateixa motivació. Publicà, també, en català: no deixé mai de publicar en català, ni a València ni a Barcelona, ni a cap altre centre de tipografia regular, a l'àmbit català. L''editor' sabia el seu ofici: el seu negoci.

La pèrdua de la Guerra de Successió i l'abolició dels règims autonòmics van comportar la introducció del castellà com a llengua oficial i l'escola és un centre de difusió del castellà i, a menys lectors catalans, menys lectura i per tant menys llibres.

1.2.2 Llibres per a un públic infantil

Gràcies als nous avantatges que creava la impremta, s'escrigueren i difongueren una sèrie de llibres en els quals es proposava dos models d'infantesa: un que presentava el model d'un infant místic, a semblança d'una suposada infantesa de Crist. Aquest model exalta les virtuts dels que tenen una fe capaç de fer-los suportar els pitjors turments corporals; és el model de la santedat infantil. Com a conseqüència, al llarg de tot el segle XVII, es desenvolupa a França tot un corrent de devoció a la infantesa de Crist, acompanyat de tota una producció de textos. Textos que foren llegits en les escoles dependents de congregacions religioses.

Alhora, es difon un model laic d'infant excepcional, en l'extrem oposat a l'anterior: l'infant prodigi. En el XVII, llibres i retrats donen a conèixer aquestes figures, com el publicat el 1613, *De la civilité morale des enfants par Claude Hardy, parisien âgé de neuf ans*, una traducció d'un tractat d'Erasme.

Els dos models són representatius del canvi en la concepció de la infantesa: ara l'infant passa a convertir-se en objecte de doctrines pedagògiques i processos educatius destinats a modelar el seu caràcter segons els preceptes ètics de l'època, per integrar-lo en un sistema de valors creat pels adults: «En lo que se refiere a la concepción didáctico-moralizadora poco cambió. Mas lo que sí puede considerarse una innovación es la preocupación por la adaptación del lenguaje al nivel infantil» (Bortolussi 1985: 22).

Al segle XVII, apareixen les primeres narracions específiques ja dirigides a un públic infantil més ampli, amb l'objectiu clar d'adquirir coneixements o l'ensenyament de la urbanitat i la bona conducta. Però, tot i tenir predomini la norma moralitzadora, el dret d'aquest –el d'una elit– a les lectures que significaren alguna mena d'entreteniment quedava reconegut.

Dins d'aquesta línia educativa podem destacar l'obra citada anteriorment *Fables* de La Fontaine, que aparegué en 1668, destinada al jove Delfí i el pròleg de la qual especificava clarament «Je vais t'entretenir de moindres aventures». El mateix autor defineix la seua obra com a «tout parle en mon ouvrage et même les poissons. Je me sers d'animaux pour instruire les hommes». Aquesta definició apareix en el pròleg del primer llibre, però el concepte s'amplia ja en el segon en el qual diu: «Jusque'ici... J'ai fait parler le loup et répondre l'agneau. J'ai passé plus avant; les arbres et les plantes. Sont devenus chez moi criatures parlantes». A partir del llibre IV incorpora ja personatges humans. Va publicar sis llibres de les faules durant el 1668; cinc més el 1678 i el dotzè el 1694 i van ser traduïdes a les principals llengües d'Europa i recomanades com a llibre de lectura constant, alhora que creava un model força reproduït.

Una altra obra cabdal és l'*Orbis Pictus* de Johann Amos Comenius, considerat per molts com el primer llibre il·lustrat per a infants, tot i que només es tractava d'unes unitats inconnexes entre si que prescindeixen de la seqüenciació i la composició d'aquest i són imatges que actuen com a signes amb la finalitat d'ensenyar vocabulari (Duran 2007: 88-89). Va ser publicat a Alemanya el 1658 i era un manual d'aprenentatge de la llengua alemanya i llatina, una mena de vocabulari on, al costat de la paraula en llatí i alemany, apareixia un dibuix que ajudava a llegir-la. La il·lustració inclosa al llibre no és més que una eina pedagògica que, com diu l'autor al pròleg, pot estimular l'infant intel·ligent i li ofereix un mitjà per aprendre a llegir més fàcilment.

Aquest mètode d'ensenyament del llatí com a llengua viva utilitzava un vocabulari de cent setanta-cinc imatges amb una graduació dels temes tractats. Fou un llibre amb molt d'èxit, molt traduït i copiat. Goethe, que fou nen cent anys després, afirma que eixe fou el primer llibre amb imatges que tingué entre les seues mans. Escarpit (1968: 61) destaca que era la primera vegada que l'apropament a la didàctica es facilitava i suavitzava mitjançant un element de diversió.

Ja durant el xvii, l'autor es fa explícitament educador, adaptant ell mateix els temes, les finalitats, l'estructura, l'escriptura, els ritmes interns de l'obra literària a un destinatari no adult, amb la finalitat de formar el caràcter i les conviccions del lector. Bernardinis (1990: 42) considera com una de les primeres obres, per ser de les més representatives, l'escrita entre 1694 i 1696 i publicada en 1699 per Fénelon per al seu alumne el duc de Borgonya: *Les aventures de Télémaque*, que segons Genette (1982: 225) s'insereix en una paralipsi de *L'Odissea*, de la qual constitueix una continuació lateral i que mai no va pretendre convertir-se en una epopeia sinó una narració fabulosa en forma de poema heroic, amb un propòsit d'ordre pedagògic. Escrita per a un sol i real destinatari, el Delfí de França, amb la intenció de formar-lo políticament i, amb tot i això, considerada per una bona part de la crítica com la primera novel·la d'aventures, que va arribar a les cent cinquanta edicions abans de mitjan segle xix. Per a molts crítics, com ara Petrini (1981: 61), aquest és el primer llibre per a joves capaç de ser educatiu mitjançant una trama narrativa i d'aventures que no s'allunyava de la tradició de les escoles europees i creu que el *Télémaque* serveix de pont entre el meravellós segle XVII i la narrativa moralitzant del segle següent, dominada pel naturalisme de Rousseau. Per a Bernardinis (1990: 42):

> La nouveauté de cette œuvre ne réside pas dans la représentation d'un rapport éducatif idéal, celui qui s'établit entre Télémaque et son précepteur Mentor, mais dans le fait d'avoir construire le récit pour capter l'intérêt, la participation émotive, la curiosité intellectuelle et l'adhésion éthique du lecteur, c'est-à-dire pour gagner son assentiment. La littérature, dans unne de ses formes les plus classiques –la péripétie du voyage– est reconnue avec Fénelon comme l'instrument le mieux à même d'obtenir la participation du jeune lecteur à un projet éducatif dont il ne découvrira le sens ultime et entier qu'à la fin de l'aventure.

Amb Fénelon naix la figura de l'autor que conta, que inventa històries i personatges per educar els lectors joves, adaptant l'estil i els gèneres literaris a la seua psicologia. Es tracta d'una lectura que no només es fa en temps escolar i d'estudi, sinó que demana una interpretació individual.

Però també aquest és el segle d'un fenomen important, sobretot, per als infants que vindran més tard. Aquest fenomen fou anomenat en el seu moment la moda de les fades i s'inicia a la cort de Lluís XIV. Es tracta de llibres que recopilen i adapten els contes populars de Basile, Perrault i Madame Aulnoy, però cal recordar que en el moment de la seua creació no proposaven un lector específic i menys un lector infantil. La moda dels contes de fades a França tenia lloc a la cort de Lluís XVI, concretament als salons on durant les reunions de tot tipus de públic es narraven històries que barrejaven al·lusions mitològiques, assumptes i frases per al galanteig amorós i intrigues amoroses. Un exemple d'aquesta línia creativa és l'obra de Madame Aulnoy, qui publica el 1697 *Contes de feés* i el 1699 *Les contes nouveaux ou les feés à la mode*, obres que van obtenir molt d'èxit i que eren contes de fades, carregats i preciosistes, que intercalava en les novel·les i relacions de viatges. Fidel a la línia anterior, el públic no era el nen i la narració oral servia d'excusa per contar les històries d'amor.

Més influència ha tingut l'obra que publica un altre membre de la cort responent a aquesta moda: Charles Perrault arreplega uns contes i els edita sota el nom d'*Histoires ou contes du temps passé, avec moralitez* (1697).

El fet que tingueren com a lector els membres de la cort i que la finalitat de l'autor fos la denúncia dels costums llicenciosos de l'època, a més de donar consells a les dames joves de la cort, no lleva perquè l'obra de Perrault, junt amb la d'altres folkloristes, alimentara el que seria la part més important de l'enciclopèdia cultural dels infants. En l'obra de Perrault es troben els contes de la «Belle au Bois Dormant», «Le Petit Chaperon Rouge», «La Barbe Bleue», «Le Maistre Chat», «Les Fées», «Cendrillon ou la petite pantoufle de verre», «Riquet à la houppe» i «Le Petit Poucet» i, amb les adaptacions dels germans Grimm que aparegueren més tard, conformen el cànon de les actuals adaptacions per a infants de la narració oral.

Anys abans i en una línia diferent, a Itàlia es publica el 1635 *Lo cunto de li cunti* de Giambattista Basile, qui va aprofitar el material narratiu de la tradició oral per redactar, amb paraules de Hürlimann (1982: 39), unes novel·letes fulletonesques en les quals té un paper considerable l'assassinat i adulteris realitzats de formes estranyíssimes.

A Anglaterra tingueren gran èxit uns llibrets o fullets d'antre 8 i 24 pàgines il·lustrats i editats en rústica amb un format petit que venien pel carrer els quincallers. S'estenen entre mitjan segle XVI i el començament del XX. El contingut era divers: pamflets polítics, romanços que narraven episodis pertanyents a la novel·la artúrica i contes populars com *Jack the Giant Killer* o *Tom Thumb*, així com històries sobre personatges populars com Robin Hood, i van ser molt populars entre els més petits.

1.3 El segle XVIII: un canvi d'orientació

Durant el segle XVIII hi ha una profunda transformació de les creences i de les estructures mentals, com a signe d'una mutació sense precedents de la consciència de la vida i del cos a Occident. Al model rural va seguir un model urbà i els sentiments que vinculaven els pares i els fills començaven a transformar-se: de significar la garantia de la permanència del cicle, a transformar-se en persones a les quals hom podia donar estima i rebre'n (Gélis 1985: 328).

Hi ha un canvi pel qual es passa d'una concepció de la vida que era la de l'estirp i la comunitat, a una concepció de la vida en el nucli familiar. A una època on allò públic i allò privat acomplien el seu paper en la formació del petit, en va seguir una altra que ampliava els drets de la mare i sobretot del pare sobre el seu fill. Però aquests, encoratjats per l'Església i per l'estat, comencen a delegar part dels seus poders i responsabilitats en l'educador. De fet, tot i que majoritàriament l'educació encara continuava donant-se a casa o directament al lloc de treball que era de la família, entre els fills de les classes més privilegiades comença a estendre's l'hàbit de rebre l'educació fora de l'àmbit familiar: als col·legis, fet que marca una ruptura força profunda, que influirà decisivament en l'època moderna (Aymard 1989: 491).

El col·legi, en contraposició al model educatiu de la família, afavoreix un nou model de control de la infantesa i de l'adolescència: persones diferenciades per l'edat són educades en llocs separats i tancats sota el control absolut i l'autoritat d'un grup coherent d'especialistes adults. Lògicament, aquesta nova preocupació sobre l'educació dels infants comença a generar els primers escrits de reflexió sobre el tema: tota una sèrie de documents que parlen de canviar la forma d'educar-lo i de la necessitat d'instruir-los i introduir-los en el món de la cultura mitjançant la diversió.

Aquesta major consciència envers la infantesa dugué a fer públiques les denúncies socials per l'abandonament en què es troben els petits que pertanyen a classes socials més baixes, i les denúncies continuaran en el segle següent. Per exemple, a Anglaterra, la literatura infantil viu un moment molt important, però encara a mitjan segle XIX els primers sindicats que s'hi organitzen tenien com a punt principal de reivindicació la protesta per la utilització dels petits com a treballadors d'indústries i mines.

1.3.1 L'ensenyament

Al llarg del segle, l'estat intervindrà amb més freqüència en l'espai social que abans quedava abandonat a les comunitats. Un dels esdeveniments que ho va permetre fou el desenvolupament de l'alfabetització i la difusió de la lectura gràcies a la impremta, tot i que aquest fet no va eliminar la lectura en veu alta, que durant molt de temps fou l'única manera de llegir, ni la cultura oral que era consumida majoritàriament pels infants, sobretot aquells que pertanyien a les classes menys afavorides. A França, durant el temps de la Revolució, els enciclopedistes propugnaren una escola nacional, laica, científica i natural.

El filòsof anglès John Locke publica el 1693 *Some Thoughts Concerning Education*, on dóna una noves pautes per educar els petits, per exemple, l'eliminació dels càstigs corporals i la necessitat d'ensenyar-los a llegir de manera que puguen entendre aquest aprenentatge com una diversió i no com una obligació i «una vegada saben llegir cal donar-los algun llibre fàcil i agradable, que siga adequat per a la seua edat». Aquesta obra va tenir una forta repercussió en el món que voltava el petit.

Anys més tard, el 1762, a França, es publica *Émile*, obra educativa força representativa, de Rousseau, on es planteja el model d'infant totalment diferent dels del XVII i que arribarà a ser representatiu d'aquest segle per la influència que l'obra i el plantejament educatiu que se'n deriva tingué posteriorment. Per al nou petit, Voltaire descarta les faules per considerar-les impròpies i també tota classe de llibres a excepció de *Robinson*, llibre que considera un nou tractat d'educació natural. Escarpit (1986: 93) afirma que Rousseau havia subratllat l'especificitat de la infantesa i havia cridat l'atenció en el fet que l'adult podia quedar marcat per les seues experiències infantils i juvenils; per això calia protegir l'infant de les agressions de la societat, mantenir-lo allunyat d'aquesta, i no se li havia de permetre una vida únicament imaginària.

Però és sobretot des de finals del segle XVIII que es té una concepció del petit com a persona autònoma de l'adult, almenys aquesta és la concepció que ja tenen la majoria dels pedagogs. Així doncs, pel que fa a l'ensenyament, el segle XVIII significa el principi d'una sèrie de canvis, insignificants respecte a les minories a les quals afectaven, però importants per les novetats que introduïren com ara: el disseny de programes d'assistència social, els plans d'escolarització, la divisió de l'ensenyament en graus més diversificats i especialitzats o la protecció o la intenció de protecció dels infants. Ara bé, continuem parlant de l'infant d'una elit –noble o burgès–, perquè en d'altres àmbits socials encara representava una força de treball que era aprofitada per les famílies i que impedeix que pogués tenir encara especificitat al marge del món adult.

Pel que fa a l'àmbit català, Ferrando i Nicolás (2005: 159, 171) afirmen que a partir de 1490 la literatura catalana culta es percep com a superada davant la fulminant irrupció del castellà, que l'aristocràcia converteix en llengua de classe i en moda literària. Els nobles lletraferits més joves vinculats a la monarquia hispànica marcaran les distàncies de classe i alhora d'àmbit lingüístic adoptant el castellà. L'activitat editorial en català (beceroles, catecismes, llibres de pietat, rituals, edició dels grans escriptors medievals, goigs, versos satírics, cançons populars, etc.) era migrada, però va garantir el manteniment d'una certa identitat lingüística pròpia i contribuí a preservar uns models de llengua cultes al llarg de segles de decadència política i literària.

Pel que fa a l'ensenyament, al llarg dels segles XVI i XVII els jesuïtes ja havien promogut la castellanització als centres d'ensenyament que controlaven. La unificació política de la monarquia espanyola, conseqüència de la pèrdua de la batalla d'Almansa i de la promulgació del decret de Nova Planta, va afectar força l'ensenyament, sobretot els ensenyaments superiors. La primera mesura va ser la supressió de totes les universitats catalanes i la creació d'una universitat a Cervera controlada pel Consell de Castella.

Des de 1716, el castellà esdevenia matèria obligatòria a les escoles de gramàtica on el llatí havia estat llengua vehicular i, a poc a poc, fou substituït pel castellà. Durant aquest període, sorgeix la figura del pedagog Baldiri Reixac, rector de la parròquia de Sant Martí d'Ollers, qui edità el 1749 a Girona, amb el permís del rei, les *Instruccions per la ensenyança de minyons* obra que segons Mut (1981: 24):

> presenta una visió de la pedagogia molt avançada i valenta: 'Valor prioritari de la llengua materna en l'ensenyament, igualtat de la instrucció dels nois i de les noies, convivència del coneixement de les llengües estrangeres i limitació de l'ús de l'oficial a determinades finalitats'. Aquest fet aïllat i sorprenent, donat el clima anticatalà de l'època, es pot explicar perquè en Reixac va donar al seu llibre un vernís religiós, moral i d'aparent submissió que van fer que passés la censura.

El llibre fa una defensa de la llengua catalana i de l'ensenyament dels infants catalans en aquesta llengua. Tanmateix, el 1768 Carles III publica una reial cèdula (*Real Cédula de S.M. a consulta de los señores del Consejo reduciendo el arancel de los derechos de vellón en toda la Corona de Aragón y para que en todo el reyno se enseñe en la lengua castellana con otras cosas que expresa*), que deia (Monés 1984: 37): «Finalmente mando que las enseñanzas de primeras letras, latinidad y retórica se haga en lengua castellana, dondequiera que no se practique, cuidando de su cumplimiento las Audiencias y justicias respectivas, recomendándose también por mi consejo a los diocesanos, universidades y superiores regulares para su observancia y diligencia en extender el idioma general de la Nación para su mayor armonía y enlace recíprocos».

Per a Ferrando i Nicolás (2005: 284-285) aquesta Real Cédula permet distingir dues situacions en la història de l'ensenyament del català. Fins a aquella data els funcionaris de les noves institucions de govern s'encarregaren d'aplicar al conjunt del sistema escolar l'esmentada recomanació, però amb resultats pobres: «a grans trets podem constatar que l'ensenyament primari continuà majoritàriament en mans dels ordes religiosos i la seva llengua vehicular fou generalment el català».

En els estatuts de les escoles superiors s'apuntava que l'ensenyament havia de ser en castellà i, prompte aparegué també en els estatuts de les escoles de primeres lletres; només en casos especials i puntuals es feia en català, com en el cas de les escoles proposades pel bisbe de Barcelona Josep Climent, qui promou la creació de deu escoles gratuïtes de primeres lletres a Barcelona i demanà la creació d'una gramàtica castellano-catalana per a ús d'aquestes escoles on es feia servir el català. Aquesta opció es justificava perquè constituïa la forma més pràctica d'introduir el castellà a l'escola. Ara bé, el poble era catalanoparlant i la cultura oral també era catalana i era consumida per la gran majoria dels infants. I els grups socials escolaritzats al segle XVIII eren uns grups minoritaris que hi estaven familiaritzats, encara que les dificultats per introduir l'ensenyament en castellà, fins i tot en aquests grups, devien ser fortes segons es constata en el document *Academia literaria de latinidad, retórica y poesía que ofrecen al público los discípulos de las Escuelas Pías del Colegio de Puigcerdá. Día 6 de julio del año 1780 a las 4 de la tarde* i citat per Monés (1984: 42):

> De aquí el que despues de haberse cansado en explicar el Maestro, apenas hay quien sepa dar razón de lo que se ha dicho, aun quando acomodándose a la capacidad pueril se ha valido de las voces más inteligibles. [...] Y de aquí últimamente proviene que ni aun leer saben muchos correctamente por no entender lo que leen, y que encaxan a cada paso los más fastidiosos ripios de

> solecismos. Les lleva en fin la falta de este idioma a tan deplorable estado, que quando forzosamente deben hablar en Español, prorrumpen en los más irrisibles catalanismos con agravio y deshonor de la noble lengua española.

Així, doncs, Puig i Reixach (1982: 146) conclou la ponència presentada a les *Cinquenes Jornades d'Història de l'Educació a l'àmbit català* sobre l'ús del català a les escoles del segle XVIII dient que al llarg del XVIII es dóna una lenta introducció del castellà, sobretot en l'àmbit escrit i començant per les esferes oficials, tot i que àmplies capes de la població en resten al marge i, fins i tot, hi mostren reticències. A partir sobretot del 1768, un dels principals camins de castellanització serà l'escola, tot i haver-hi un petit grup de persones vinculades al món de l'ensenyament que en discrepen.

1.3.2 El llibre

Els centres intel·lectuals, els llocs on sorgeixen i es transmeten les idees, no són ja les universitats, ni els monestirs ni els convents. El paper protagonista correspon a les institucions seculars com les acadèmies, els salons de les classes nobles, els cafès i les llibreries. Aquesta secularització del pensament dugué com a conseqüència diversos canvis en el contingut del llibre.

Lògicament els llibres de tema religiós, que havien constituït la majoria en els moments inicials de la impremta, s'acaben reduint en una tercera part de la producció. Un descens major experimentaren els escrits en llatí i, tot i que la instrucció encara era principalment en aquesta llengua, s'aconsellava que l'infant s'ajudara aviat de la llengua materna i que estudiara en llibres escrits en la pròpia llengua. Però hi ha un fet que, a poc a poc canvia totalment el panorama del llibre de la segona meitat del segle i, sobretot del següent, com assenyalen autors com Senabre (1987: 68):

> Hay un hecho fundamental que amplía considerablemente el censo de los lectores en la segunda mitad del siglo XVIII: el nacimiento de las bibliotecas circulantes, donde, a cambio de una cantidad módica, se puede disponer del libro preferido durante varios días en el propio hogar. Este sistema de alquiler permite que un solo ejemplar sirva a muchos lectores, con lo que la difusión de la obra llega a extremos que pocos lustros antes hubieran parecido imposibles.

Perquè, de fet, el nombre de lectors continuava sent molt baix a tot Europa, atès l'alt índex d'analfabets i l'alt preu que encara tenien els llibres. El mateix Senabre (1987: 109) apunta: «todavía en el siglo XVIII el precio medio de una novela como *Tom Jones* es superior al salario mensual de un jornalero londinense».

Així doncs, el nombre de lectors començarà a augmentar per l'aparició de diaris a preu assequible, on apareixen textos literaris, i pel desenvolupament de les biblioteques. El primer d'aquests fets tindrà una gran importància en el desenvolupament de la literatura infantil i juvenil en el segle següent.

1.3.3 Llibres per a un públic infantil

Curiosament, dos llibres que han estat dos clàssics de la literatura per a infants i joves van ser publicats en aquests moments i cap dels dos tenia com a públic el juvenil. Escarpit (1971: 109) els descriu com a exemples més característics de traïcions creadores, ja que el primer és originàriament una sàtira cruel, amb una filosofia tan negra que deixaria Jean-Paul Sartre en un nivell d'optimisme propi de biblioteca rosa, i el segon una prèdica glorificant del colonialisme naixent, tot i, amb tot, com apunta l'autora, perviuen actualment per la integració en el circuit de la literatura infantil: s'han convertit en llibres d'estrenes.

Daniel Defoe publica en forma de llibre el 1719 *The Life and Strange Surprising Adventures of Robinson Crusoe, of York, Mariner... Written by Himself*, anteriorment publicat de forma seriada en una revista. El llibre fou considerat per Rousseau com una obra de lectura molt recomanable per als joves; en la seua novel·la *Émile* (1762) el transforma en una bíblia de l'educació i diu que «aquest serà el primer llibre que llegirà el meu Emili». La popularitat de la història dóna lloc a una sèrie de llibres que hi estableixen relacions hipertextuals, donant lloc al que s'ha anomenat com a robinsonades, tot un seguit d'obres amb el mateix protagonista de la novel·la.

El 1780, J. H. Campe en publica una adaptació que seguia les exigències de Rousseau i estava destinada als joves, en la qual cada capítol anava precedit d'un diàleg entre Campe i l'alumne sobre els esdeveniments narrats, barrejant narració i instrucció. En aquest hipertext, Robinson arriba sense res a l'illa i vint-i-cinc anys després torna a la civilització transformat en un bon burgès i un bon fill. L'hipertext va aconseguir una gran popularitat a tot Europa; de fet, va ser traduït al castellà per Tomás de Iriarte i editat sota el títol *El nuevo Robinson. Historia Moral, reducida a diálogos. Para instrucción y entretenimiento...*, el 1800.

Poc temps després, va ser publicada l'obra de Jonathan Swift *Travels into Remote Nations of the World by Lemuel Gulliver, first a Surgeon, and then a Captain of Several Ships*. Una sàtira dels vicis i defectes de la societat i dels governs del seu temps. La primera part, on narra el viatge de Gulliver a Lil·liput, i la segona, que narra el viatge a Brobdingnag, són les parts més conegudes i justament les més adaptades i que més versions han tingut per a un públic infantil. De fet, ambdós llibres proposen un doble lector model i només s'ha activat la lectura com a novel·la d'aventures deixant sense activar-ne la *sàtira cruel* i la *glorificació del colonialisme*, com les descrivia Escarpit.

En un altre terreny, aquest també és el segle que inicia les polèmiques sobre els tipus de llibres que es pensava que eren lectures adients per a un lector infantil. A França, un grup d'escriptores, anomenades les senyores, institutrius encarregades de l'educació dels infants de les elits, encetaren la polèmica sobre la conveniència de donar a llegir contes de fades als joves; la postura que defensaven arribà a propugnar la prohibició de la lectura de llibres meravellosos. En aquesta línia, Félicité du Crest de Saint-Aubin, més coneguda com Madame Genlis, al llibre *Adèle et Théodore ou lettres sur l'éducation*, escrit entre 1779 i 1802, a la carta XIII diu:

> [...] cependant vous voulez inspirer à vos enfants le goût de la lecture; quels livres leur donnerez-vous donc? Que mettrez-vous à la place de ce que vous leur ôtez? N'auront-ils jusqu'à quinze ans que des *Contes de Fées* et *Les Mille et une nuits*? Ne leur ferez-vous rien apprendre par coeur?

I continua afirmant que la lectura d'aquests llibres només els produiria fàstic envers els autènticament instructius. Les lectures que proposa no van més enllà de la *Bíblia* i el *Robinson*. Dins de la mateixa línia, Madame Leprince de Beaumont publica els seus llibres entre 1748 i 1780 sota el nom de biblioteques o revistes. El que va fer més fortuna fou *Le Magasin des enfants* (1757), llibre que, com les produccions paral·leles, anava dirigit a les classes altes, i barrejava lliçons, consells morals, urbanitat. La forma triada és la del diàleg entre la institutriu i els deixebles i alterna aquesta part instructiva amb narracions que sovint eren adaptacions de contes populars i que en el llibre es justificaven com a premi pel bon comportament dels deixebles. El llibre fou traduït al castellà en 1790 sota el títol de *Almacén y Biblioteca completa de los niños o diálogos de una sabia Directora con sus discípulos de la primera distinción*.

L'autora al pròleg que precedeix l'obra feia una declaració d'intencions on explicita els interessos que la guien (Gamarra 1989: 24):

> Revista d'infants o diàlegs d'un savi governant amb els seus alumnes més distingits, en els quals es fa pensar, parlar i actuar els joves seguint el geni, el temperament i les inclinacions de cadascú. S'hi representen els defectes de l'edat que tenen, s'hi mostra de quina manera es poden corregir. Hom s'hi aplica tant a formar-los el cos com a aclarir-los l'esperit. S'hi aporta un resum de la Història Sagrada, de les faules, de contes morals per divertir-los agradablement, al mateix temps que tot està escrit amb un estil simple i proporcionat a la tendresa de llur ànima: per la senyora Leprince de Beaumont.

A Anglaterra, aparegueren els anomenats magazins, publicacions amb articles i informacions diverses amb contingut cultural, com el *Gentleman's Magazine* editat el 1731. Aquests magazins donaven informació dels llibres apareguts i contribuïren al gran èxit comercial de novel·les de Daniel Defoe o de Jonathan Swift, on foren publicades com a novel·les seriades i més tard, només quan l'èxit de públic estava assegurat, aparegueren com llibres.

Aquest gust per les revistes arriba també al públic infantil i J. H. Campe publica a Alemanya entre 1779 i 1784 una petita biblioteca per a infants dedicada a nens entre sis i dotze anys, formada per poemes, relats amb moral quotidiana i pràctica. També és el moment d'obrir la primera llibreria i editorial que tenia només el petit com a públic.

Entre 1744 i 1767 es dóna un pas molt important en la literatura per a infants. A Anglaterra, John Newbry, sota l'ensenya «The Bible and Sun» obri una botiga on, al costat de caramels i joguets, es posaven a la venda petits llibres per als nens. Un any després, va publicar el llibre *A Little Pretty Pocket Book*, que anunciava en la premsa amb el subtítol: «Fet amb la intenció d'instruir i divertir al petit cavaller Tommy i a la bella senyoreta Polly; amb una entretinguda carta per llegir de part de Jack el matagegants i també amb una pilota i un buirac amb la utilització del qual Tommy es tornarà infal·liblement un bon noi i Polly una bona noia... Preu del llibre, només 6 penics; amb pilota o buirac, 8 penics» (Ionescu 1987: 147). La finalitat del llibre era divertir i hi apareixien dibuixos de jocs, versets graciosos, la carassa de Jack, contes de Perrault, adaptacions de Gulliver i de Robin dels boscos i instruccions sobre com utilitzar la pilota o el buirac. L'èxit fou tan gran que poc temps després va començar a editar els seus propis llibres. També va excloure els contes de fades i la gran majoria dels seus llibres arreplegaven jocs, alfabets rimats, etc. Però sempre va saber conjugar elements de la tradició amb elements nous.

L'empresa fou imitada i l'editor Marshall entre 1780 i 1790 va publicar fins a setanta llibres infantils, la gran majoria morals. En acabar el segle, la situació comença a canviar (Bernardinis 1990: 43):

> La scolarité obligatoire, l'attention plus grande des familles, la diffusion des librairies et des bibliothèques ont multiplié les opérations d'adaptation de la littérature au jeune public, en même temps que l'élaboration de morceaux choisis d'oeuvres appropriées. Malheureusement, dans la plupart des cas, plutôt que d'inventer des formes, des styles, des finalités littéraires valables pour un public jeune, on s'est surtout attaché à à rendre moins évident et plus efficace l'objectif éducatif.

1.3.4 Llibres per a un públic infantil en català

A Europa, durant la segona part d'aquest segle, comença a recomanar-se la instrucció en les llengües maternes dels infants. Però, els infants catalanoparlants que tenien accés a la instrucció i, per tant, a l'aprenentatge de la lectura i l'escriptura, ho faran en castellà i els llibres de lectura als quals tindran accés també són escrits en aquesta llengua.

Ara, encara, no podem parlar de literatura infantil en català, com difícilment ho podrem fer en el segle següent, ni la situació social, cultural ni l'educativa ho permeten. Amb tot, Rosa Mut (1981: 23-25) ressenya alguns textos escolars que la Universitat de Cervera va poder reeditar, perquè aquest era l'únic centre que tenia permís des de 1721 per a l'edició de tots els llibres escolars per al Principat de Catalunya, prèvia autorització del Consejo de Castilla. L'excepció venia donada perquè eren catecismes i textos religiosos i morals, com el *Romiatge del venturós pelegrí* i el *Llibre dels bons amonestaments* de fra Anselm Turmeda, «títols que amb alguns *Isopet* es van fer servir com a llibres de lectura i de pauta d'escriptura a moltes de les escoles parroquials d'arreu del país» (Mut 1981: 24).

Cap llibre més es pot ressenyar per a infants. Ara bé, encara hi havia en català una bona part de lectures que formaven part de l'anomenada per Fuster (1992: 32) literatura dels analfabets, és a dir, d'aquells que només parlaven català. Aquests llibres eren romanços, col·loquis o raonaments que expliquen festes, jocs, costums o són prosa catequística, és a dir, una sèrie de llibres o llibrets als quals accedien bona part dels infants a través de la lectura individual o a través de la lectura en veu alta.

2. LA CONSOLIDACIÓ LECTORA A EUROPA

Els relats populars editats en revistes o premsa a Europa (principalment, França, Anglaterra, Itàlia i Alemanya), tant els que es dirigien als infants i joves com els adreçats a qualsevol tipus de públic, tenen una gran importància en la literatura publicada en el segle XX, com analitzarem en el capítol següent. El segle XIX és fonamental en aquest estudi perquè ja es pot parlar d'una literatura per als infants en el sentit d'unes lectures pensades, escrites, editades i dirigides als infants amb finalitats diverses. Òbviament, la part més important d'aquestes obres eren les que tenien la finalitat d'educar o moralitzar, però també es publiquen relats o poemes que volen distreure'l, és a dir, que tracten l'infant com a lector i no només com a deixeble. A més, l'autor d'aquest llibres no només és un instructor, un pare o un familiar directe del lector sinó que, tot i que de manera minoritària, també hi ha un autor que s'adreça al lector de manera similar a com ho fa amb els adults.

Els relats populars que apareixen en diaris o revistes en forma de fulletó tenen una gran importància en la lectura popular universal i, concretament, en la produïda en català per a infants i joves. Són relats amb temes i gèneres innovadors que aviat esdevindran clàssics de la literatura juvenil; a més, conformen un model discursiu que s'ha mantingut fins a l'actualitat a través de temàtiques com ara els relats d'aventures, la novel·la de viatge, els temes històrics o d'altres més innovadors com la ciència-ficció o el realisme crític.

Pel que fa a la narrativa oral, en aquest segle es textualitza una sola variant de les múltiples versions dels corpus rondallístics europeus, la del *Kinder- und Hausmärchen* dels germans Grimm i que amb els temps esdevé, junt a la de Perrault, l'hipotext bàsic de la literatura infantil contemporània, sobretot, la dirigida a un lector fins als 6 o 7 anys.

2.1 La societat del segle XIX

Tots els canvis socials, polítics i econòmics d'aquest segle determinaren que el fill es convertira en el centre de la família i objecte de tot tipus d'inversió: afectiva, econòmica, educativa i existencial. Les primeres lleis socials que es promulguen són a favor de la infantesa. Per exemple, el 1841, apareix una llei sobre la limitació de la jornada de treball infantil a la fàbrica i, tot i que hagué de passar temps perquè la seua eficàcia es notara, el document legislatiu és ja una mostra de la preocupació social per l'infant.

El segle XIX és el segle de la burgesia i la revolució industrial: el desenvolupament social i el creixement d'aquesta classe social implica una revolució que va possibilitar, entre altres coses, l'accés de més persones a la instrucció i, en conseqüència, a un creixement de la demanda d'oci cultural. Fou el segle que instaura l'ensenyament obligatori en la major part dels països d'Europa, ja que tot i començar el segle anterior en alguns països com Portugal o Dinamarca, no fou sinó ben entrat el XIX que la forma obligatòria es va generalitzar. A França, el 1833 amb la llei Guizot s'obliga la comunitat a tenir una escola. El 1881, la llei Jules Ferry democratitza l'escola i aquesta esdevé "gratuïta, obligatòria i laica"; per tant, a partir d'aquesta data podem parlar d'un sistema d'educació elemental a França: un gran nombre de joves i menuts aprenen a llegir i escriure i una part de la població que pertanyia a les classes baixes s'incorporava al món de la lletra impresa.

A casa nostra, Lázaro cita el document del 15 de gener de 1845 de l'Academia de Profesores de Instrucción Primaria, *Boletín Oficial de Instrucción Pública*, 46, on s'indica clarament que la instrucció tenia com a finalitat fonamental la formació de:

> buenos hijos, buenos padres de familia, buenos esposos, buenos ciudadanos obedientes a las leyes del país, laboriosos y útiles al Estado [i el mestre] como intermediario cultural de la burguesía, debe conseguir que 'en los tiernos corazones de sus alumnos cale el más sagrado respeto hacia lo ageno'; que sean 'obedientes a sus padres y famílias, a los maestros y enfín, a todos los que tienen derecho a su deferencia y subordinación por la mayor representación y respeto que merecen a los demás' que se muestren 'contentos con su suerte, leales y pacíficos como súbditos'. El maestro sembrará en las 'almas tiernas de sus alumnos gérmenes del trabajo que dentro de poco tendrán que abrazar' acostumbrandolos 'desde sus primeros años a mirar con afición la suerte que la providencia depara (Lázaro 1989: 23).

Com analitzarem al llarg d'aquest capítol, una part important de la literatura infantil d'aquests moments participa també d'aquest ideari.

A l'àmbit del català, la consolidació d'aquesta nova classe social i les demandes d'una nova societat provocaren la generalització de l'alfabetització, però, després del decret de 1768, es realitzava integrament en castellà, tot i que el català es manté com a vehicle de comunicació i d'expressió cultural popular en l'àmbit de la poesia, la cançó i el teatre. Amb tot, «el català és la llengua habitual de convivència arreu del domini lingüístic durant el segle XIX. Però també entre les classes mitjanes fins al punt que, en l'albada del segle XX, exactament el 1902, Francesc Maspons i Anglasell constata que si s'aprovava una proposta de llei, per la qual quedarien "destituidos todos los alcaldes que no saben hablar castellano", la seva aplicació deixaria "sin cabeza al noventa por ciento de los municipios de Cataluña"» (Ferrando i Nicolás 2005: 322).

El 1825 es prohibeix l'ús del català a les escoles. El 1837 un edicte reial imposa càstigs als infants que parlen català a l'escola. El 1857 la Ley de Instrucción Pública estableix l'ensenyament obligatori dels 6 als 10 anys. Però de nou va ser difícil complir aquesta llei perquè, per exemple, vint anys després de publicada, el 1880 entre escoles públiques i privades la província de València comptava amb només 1 escola per cada 983 habitants i al llarg del segle XIX aquesta proporció no baixarà excessivament (segons xifres consultades en l'estudi de Lázaro 1989: 31).

La mateixa llei ordenava que l'única gramàtica que podia ensenyar-se a les escoles era la castellana, de coneixement obligatori per a tots els escolaritzats. I s'hi fixaven com matèries obligatòries: principis de religió i moral, lectura, escriptura, aritmètica i elements de gramàtica castellana.

Però de nou la llei s'enfronta a la realitat sociolingüística del país, quan diversos documents fan referència a les dificultats que aquesta llei plantejava per dur-la a terme, com ja hem comentat en el capítol anterior: «Al llarg del segle XIX els pedagogs i altres persones es queixen de dues coses: que la llengua castellana és molt mal coneguda a Catalunya i que, de fet, hi són mal conegudes tant la castellana com la catalana» (Solà 1982: 175).

Durant gran part de tot el segle XIX, la xarxa escolar continuarà sent molt insuficient i les característiques de les poques escoles que hi havia eren les següents: escoles unitàries, nombre d'estudiants per classe molt elevat, condicions físiques deplorables i, per tant, la castellanització que podien dur a terme aquests centres era poc efectiva. A més a més, a finals del segle XIX, només un 50 % de la població de l'àmbit català podia considerar-se alfabetitzada, és a dir, sota la influència de la castellanització cultural.

Martínez (1985: 171) apunta que a la província de València el 1877, de la població total només el 15 % de la població saben llegir i escriure: «Malgrat que l'aplicació de la llei Moyano sembla haver afavorit l'augment de les matrícules de l'ensenyament primari i secundari, els percentatges respecte a la població en edat escolar, ens fan pensar que després de la Revolució Liberal els estudiants de l'Institut no deixaven de ser una elit, encara que el factor selectiu no serà el títol nobiliari, sinó les possibilitats econòmiques». I, alhora, pel fet de rebre l'ensenyament de la lectura i l'escriptura en una llengua que no és la seua, la major part dels infants, com feia notar el mestre Genís (Solà 1982: 175) el 1869, acaben d'«aprender tarde y mal el castellano». Altres centres d'estudis superiors, com ara universitats, instituts i seminaris amb una certa projecció entre els sectors il·lustrats, esdevenien també importants focus de castellanització.

A tall de conclusió, podem dir que al llarg del segle XIX, a l'escola, el català no apareix enlloc; només cap a finals de segle diverses iniciatives minoritàries, provinents de la burgesia, enceten campanyes i accions reivindicant l'ús social del català: el 1878 un grup de renaixentistes valencians aglutinats per Constantí Llombart creen Lo Rat Penat, dedicat a la difusió culta del català, i entre 1890-92 s'inicia la campanya de *L'Avenç* a favor de l'ús del català.

A finals de segle, el 1898, és quan a Catalunya es crea la primera escola privada catalana i, un any després, l'Associació Protectora de l'Ensenyança

Catalana, institució encarregada de divulgar el llibre escolar en català. Monés (1984: 102) parla de tres grans corrents d'opinió: un que propugnava el català com a llengua d'escolarització, un altre que propugnava el castellà i un tercer corrent, assenyalat per l'autor com a majoritari entre el magisteri conscient, que era partidari de l'ensenyament en les dues llengües, sempre recordant que eren corrents que afectaven un percentatge mínim de Catalunya i quasi nul del País Valencià o les Illes.

Amb tot i això, el problema era en l'ambient i en el *Congreso Nacional Pedagógico, iniciado por la Asociación de Maestros públicos de la provincia de Barcelona, celebrado en dicha ciudad desde el 5 al 12 inclusive del mes de Agosto de 1888,* la cinquena sessió ordinària va dedicar-se a: «En las provincias del Norte y del Este de España, donde no es la nativa la lengua castellana, qué procedimientos deben emplearse para enseñarla a los niños?».

2.2 El circuit de lectura

Al costat de la gran burgesia, començava a tenir una forta presència social la petita burgesia formada per advocats, metges, tècnics i comerciants, etc. Ambdues classes socials consumien i demanaven art i lectura. Un nou escenari cultural en el qual la instrucció es generalitza, la producció editorial augmenta i emergeix un públic que de manera intensa demana informació, distracció, art i cultura. Chartier (1993: 28) situa l'escola com la responsable de l'alfabetització dels francesos i de la reducció en les antigues diferències entre la ciutat i el camp. El nen, la dona i el poble, com a figures fonamentals de la mitologia del segle XIX, simbolitzen perfectament les noves classes de consumidors d'impresos, delerosos de llegir per plaer o per instrucció, per diversió o per estudi.

En aquest nou panorama lector europeu, naix una veritable empresa editorial moderna. Entre 1800 i 1820 la tècnica de la impremta va millorar gràcies a invencions com ara la premsa metàl·lica, de rodets i de pedal o la premsa mecànica de vapor que començà a Anglaterra i permeté, segons cita Escarpit (1968: 24), que Byron venguera 10.000 exemplars del seu *Il Corsaro* el mateix dia de l'aparició. O, en el cas de la literatura infantil, que el llibre *Struwwelpeter* esgotara la primera edició de 1500 exemplars en quatre setmanes (Bravo Villasante 1987: IX). És un canvi radical que afecta tant la producció i la comercialització com el contingut del llibre; de fet, canvia el paradigma del consum perquè:

1. El consum lector passa de la minoria culta i poderosa a sectors més amplis de la societat.
2. Els preus dels llibres s'abaratiren i n'augmentaren els tiratges gràcies també a la utilització de nous procediments tècnics.
3. Les lectures es diversifiquen amb la publicació d'obres divulgatives sobre coneixements científics, geogràfics, històrics, etc.
4. Els relats d'aventures, misteri i sentimentals s'editen a través de diaris o revistes i amb el temps esdevindran els clàssics de la literatura juvenil.

França és l'escenari principal d'aquesta revolució de la lectura en les primeres dècades de segle amb autors com Dumas o Jules Verne. L'èxit de la nova fórmula d'edició s'estengué per tot Europa i alguns editors es decidiren a publicar-les «en forma de libro, dando lugar a las entregas, cuyo contenido era igual al de un libro, pero cuya comercialización era la de la prensa: aparición periódica, venta mediante suscripción y bajo coste de cada entrega» (Escolar 1988: 544). La distribució i el comerç adoptaren una organització ferma i eficient i a partir de la figura de l'editor que feia també les funcions de llibreter comença a nàixer l'editor modern, que fins i tot podia influir en l'obra de l'autor, com en el cas, que veurem més tard, de l'editor de *Le aventure di Pinocchio*.

Ara bé, el llibre a la primera meitat del xix continuava sent un objecte de consum car: Corbin apunta (1987: 495) que sota la Restauració l'adquisició d'una novel·la d'actualitat absorbia un terç del salari mensual d'un obrer agrícola; per tant, l'accés al llibre encara era difícil. Però França millora el préstec de llibres que ja havia iniciat a finals del segle anterior i Corbin xifra en quaranta mil parisencs el nombre d'usuaris que freqüentaven aquestes sales, la majoria membres de la petita burgesia, però també estudiants, criats, modistes i artesans. Una triple xarxa de biblioteques entra en acció: parroquials (amb un fons de les anomenades bones lectures), populars (biblioteques que preferentment tenien obres de fàcil lectura) i escolars, creades a partir de 1865 i freqüentades pels nens i joves que han adquirit a l'escola el gust per la lectura. Tot i que la majoria de la població continuava llegint llibres de quiosc i de venda ambulant.

De manera similar a França, la iniciativa de crear biblioteques es produeix en paral·lel des de dos corrents diferenciats: el burgès amb els gabinets de lectura i el popular amb les biblioteques escolars.

A Catalunya, Comas (2001: 40 i 52-54) reivindica el paper de les biblioteques populars que es crearen entre 1793 i 1914, malgrat tenir una existència discreta i precària, una nul·la organització i un fons curt de llibres. Aquestes primeres biblioteques són impulsades per entitats com les Societats Econòmiques d'Amics del País o les dels Amigos de la Instrucción i possibilitaren l'accés a la lectura i a la formació d'una part de la població. Amb tot, caldrà esperar la Mancomunitat per parlar de planificació i infraestructures adients.

Pel que fa a la lectura per als infants, els avanços de la tècnica i la invenció de màquines, els avanços de la impremta i les tècniques d'impressió del gravat possibilitaren a Europa la consolidació d'unes lectures per als infants i els joves, l'edició dels primers àlbums amb il·lustracions acolorides o la preocupació de crear llibres difícils de trencar o que tinguen la mida adient per a les mans d'un nen. El llibre comença a adquirir una forta importància en la vida de l'infant; de fet, la major oferta de títols i la diversificació feien que l'elecció ja fos possible. Perrot (1987: 230), referint-se a la societat francesa, afirma que els llibres bons i atractius tendeixen a poc a poc a reemplaçar els regals del 1r de gener; de fet, l'investigador francès veu el canvi d'un extrem a l'altre del segle perquè ja els diaris aconsellen que es regalen llibres i proporcionen indicacions bibliogràfiques. Són consells que també apareixen en les obres dedicades a petits com en *Cuore*, d'Amicis, on, al capítol «La biblioteca d'Stardi», el protagonista parla de la biblioteca d'un amic i la descriu de la manera següent (Amicis 1886: 75):

> He anat a casa d'Stardi que viu enfront de l'escola i he sentit veritablement enveja de veure-la. No és ric, no pot comprar molts llibres però conserva amb molta cura els de l'escola i els que li regalen els pares i a més a més, estalvia tots els diners que li donen i se'ls gasta en la llibreria.[2]

---

2. La traducció és nostra. Més endavant diu: «llibres de contes de viatges i de poesies i alguns il·luminats amb làmines».

També, per primera vegada, l'autor es dirigeix directament i explícita al lector amb el propòsit de captar-ne l'atenció: «El siglo XIX es el siglo del nacimiento de una literatura infantil en la que la preocupación imaginativa, estética y recreativa se impone a la ética y pedagógica» (Bortolussi 1985: 31). Lògicament, la consolidació de la literatura per a infants a Europa provoca el principi, o el naixement, de l'autor d'aquest tipus de literatura i el canvi respecte a l'autor anterior que, sobretot, era un instructor o institutriu que, vinculat a un petit concret al qual donava classe, li escrivia un llibre per ser utilitzat en les classes i posteriorment el llibre en algunes ocasions era publicat; és a dir, el lector model i el lector empíric coincidien. Ara ja no parlem només d'instructors sinó també d'autors que elegeixen uns lectors, que de vegades no serà exclusivament el jove a qui tenen la necessitat d'educar sinó que voldran interessar-ne d'altres en la seua narració perquè tornen a ella en el número de la revista següent. Amb tot, són tipologies d'autors que conviuen i que es mantenen fins a l'actualitat.

Ja es parla de grans tiratges i de reedicions i d'escriptors que es dediquen exclusivament a escriure, que fabriquen relats seriats de tot tipus de temàtiques per a un públic juvenil. Fins i tot, a finals de segle, els autors d'obres d'adults començaren a interessar-se per aquest nou lector amb resultats diversos, com *The Happy Prince and Other Tales* d'Oscar Wilde publicat el 1888.

En el cas del circuit de lectura en català, Ferrando i Nicolás (2005: 204) descriuen la comunicació social en aquest període com a diglòssica: mentre s'hi fa servir exclusivament el castellà en els àmbits juridicopolític, tecnicocientífic i socioeconòmic, en el domini de la producció simbòlica es recorre al català en un ventall de repertoris que van des de l'alta cultura fins a la tradició popular i popularitzant, inclosos la literatura d'entreteniment o els nous productes de la cultura de masses. Pel que fa al llibre, Fuster (1992: 37-39) remarca que la figura econòmica de l'editor, com avui l'entenem, es defineix en el curs del segle XIX. Assenyala que Rafael Tasis considera Antoni Bergnes de les Cases (1801-1879) com el pioner d'una edició a la moderna, però en castellà. De fet, durant la Renaixença, el 1888, es va muntar una exhibició dels impressors catalans: «Els observadors sardònics van denunciar la misèria de la mostra: tota la Renaixença, reduïda a llibres, cabia en una sola vitrina i els volums que s'hi exposaven eren tan prims que no arribaven 'a tenerse en pie'».

La major part dels pocs llibres que es van editar durant el segle XIX de literatura infantil en català va ser escrita per intel·lectuals renaixentistes. A finals de segle, comença a canviar el panorama, però era difícil sense instruments tan decisius com l'escola o un mínim de normalització gramatical unànimement acceptada.

2.3 Els relats populars que esdevingueren clàssics juvenils

Entre 1800 i 1820 la tècnica de la impremta millora i aquests canvis fan possible que un llibre per a infants com *Struwwelpeter* arribe a les mans de més infants o que els periòdics i revistes tinguen tiratges més barats. Per això, el segle XIX és el del naixement de l'empresa editorial moderna. Paral·lelament, la demanda d'un oci cultural nou facilita la publicació de novel·les per lliuraments en els periòdics i revistes populars. Són canvis socials i tècnics que revolucionen un circuit literari, el de la lectura popular, i conseqüentment el tipus de comunicació literària vigent en el període. Per exemple, si abans l'autor havia de guanyar-se el favor del mecenes, ara escriu per a un públic que ha de mantenir fidel a un periòdic; d'aquesta manera el seu treball es professionalitza perquè l'obra li reporta uns guanys que depenen de les vendes. L'autor canvia la dependència del mecenes, del noble o del clergue, per la del lector, majoritàriament, d'un periòdic.

Les novel·les per lliurament apareixen com a recurs per captar públic per als periòdics; per exemple, Alexandre Dumas publica en *Siècle* novel·les com *Les Trois Mousquetaires*, amb gran èxit de lectors, i fins i tot genera una competència entre periòdics que es transforma en competència entre els escriptors. Molt abans de la globalització, aquests relats es converteixen en mercaderia «cultural» de la mà de la nova indústria i es dirigeix al públic nou que s'incorpora a poc a poc a la cultura escrita.

L'ascens i la consolidació del gènere novel·lístic estan estretament units a l'eclosió, durant les dècades de 1830 i 1840, de les primeres formes de periodisme popular. En aquell període, la producció i el consum literari s'incorporen a la lògica de la nova economia capitalista de la mà de la novel·la.

Chillon (1993: 42–59 i 1999: 84-91) considera el segle XIX com l'era de la novel·la realista, el fenomen més important del segle, a Europa i als Estats Units. És un gènere democràtic dirigit a totes les capes socials alfabetitzades; per tant, un gènere modern comparable per la seua difusió al cinema i que Chillon caracteritza a partir dels trets següents:

a) Representa literàriament la realitat social de l'època: està impregnat de consciència històrica i sociològica, que presentava individus concrets que actuaven en l'ambient social i eren influenciats per ell.

b) Dóna veu a tots els individus incorporant la seua textura lingüística, les múltiples veus presents al teixit social, els registres estamentals i professionals, els dialectes de grup i de casta, els ideolectes individuals, etc.

c) Es presenta com un macrogènere que n'absorbeix d'altres anteriors (crònica, epopeia, narració de viatges, diari íntim, correspondència, melodrama teatral, conte, biografia, memòries, etc.) i coetanis (quadre de costums, *short-story*, reportatge), a més de procediments d'escriptura diversos (prosa científica, assagística, etc.). Per exemple, la novel·la epistolar *Dràcula* o la novel·la confessió *Frankenstein*.

d) Es mostra múltiple com a forma de mimesi literària que acull una diversitat temàtica com la novel·la romàntica d'Emily Brönte, la ciència ficció de Jules Verne, el relat històric de Walter Scott, el d'aventures de Robert L. Stevenson o la novel·la neogòtica de Bram Stoker.

e) Vol ser versemblant i donar als relats una il·lusió de realitat per la demanda d'adequar-se a l'exigència de realitat dels públics burgesos. Aquest culte a la versemblança té similituds amb el documental, com en l'obra de Dickens.

f) Presenta individus concrets que actuen en ambients socials que els influeixen: representa fidelment tipus humans i situacions socials existents.

De fet, és un tipus de relat que no descobreix el realisme, però sí que li dóna una nova dimensió. Des del nostre punt de vista, podríem afegir que és un gènere que substitueix o conviu amb el mateix públic de la literatura oral tradicional, també es dirigia a un públic analfabet que, de fet, escolta les narracions en la família, les tertúlies o els cafès.

Molts d'aquests relats que utilitzaren uns canals d'edició i de distribució per a un públic adult, o almenys no marcat per l'edat, amb el temps s'han transformat en els clàssics actuals de la literatura juvenil europea i han construït una mena de cànon amb una forta influència en tota la producció universal posterior. Bàsicament, han fornit un marc i un model discursiu que forma part de l'enciclopèdia cultural del lector proposat.

En l'obra clàssica de la sociologia de la literatura, Escarpit (1971: 108-109), en parlar de l'èxit en la literatura, ja adverteix que no s'ha de confondre l'èxit original amb les repercussions o les resurreccions que les obres troben més enllà de les barreres socials, espacials o temporals, els anomena èxits suplents entre altres grups estranys al públic propi de l'escriptor. El nou grup lector troba a l'obra allò que desitja més enllà de la voluntat o de la proposta inicial de l'autor. Escarpit parla de traïció creadora i justament les dues obres amb les quals ho exemplifica són dos clàssics de la literatura juvenil. El primer, *Travels into Remote Nations of the World by Lemuel Gulliver, first a Surgeon, and then a Captain of Several Ships* de Swift i el segon *Robinson Crusoe* de De Foe (Escarpit 1971: 109):

> El primero de estos libros es, originariamente, una sátira cruel, con una filosofía tan negra, que dejaría a Jean-Paul Sartre en un nivel de optimismo propio de biblioteca rosa. El segundo es una prédica glorificando el naciente colonialismo. Ahora bien, ¿cómo viven actualmente estos dos libros?, ¿cómo gozan de un éxito nunca desmentido? ¡Por la integración al circuito de la literatura infantil! Se han convertido en libros de aguinaldo. De Foe se habría divertido, Swift se habría puesto furioso, los dos habrían quedado sorprendidos. Nada más ajeno a sus intenciones.

Més enllà d'aquestes possibles objeccions dels autors, una part dels relats per a adults canvien el circuit literari, construeixen el cànon de la literatura juvenil i proposen models que es mantenen en l'actualitat. A continuació, analitzarem breument, les temàtiques i els motius, les característiques discursives i els relats que més influència tenen en la producció posterior.

2.3.1 Les temàtiques i la proposta discursiva

Un dels temes més presents és el del viatge físic: el personatge protagonista, un home blanc i jove, realitza un viatge amb un objectiu x

per llocs exòtics (des d'una perspectiva europea) i, després de nombroses dificultats, l'aconsegueix, per tant, tota l'acció té lloc mentre viatgen. Un exemple: *Michel Strogoff* de Jules Verne, qui inicia el 1875 la publicació de la novel·la en la revista *Le Magasin illustré d'education et de récréation* i un any més tard apareix ja en forma de llibre. Narra el viatge físic i vital de Miquel Strogoff, qui ha de lluitar contra el fred i el cansament, però també contra la crueltat del seu enemic, Ivan Ogareff, el rus que ha traït els seus i que ara lluita al costat dels tàrtars rebels i ha de sacrificar la seguretat de la mare i la pròpia. La negativitat es compensa amb una esquerda a l'esperança en forma d'amor present per la relació que Miquel inicia amb Nàdia, casualment, la filla d'un dels fidels al tsar.

La novel·la es va publicar per primera vegada l'any 1875 amb el títol *Michel Strogoff. De Moscou à Irkoutsk* i es va inspirar en unes revoltes tàrtares d'aquella època que havien estat molt seguides pels diaris de París i Londres. L'obra s'estrenà aviat convertida en peça de teatre i va tenir un gran èxit. De nou, Verne va poder demostrar com, tot i desconèixer les terres de Rússia, la tasca del documentalista podia omplir els buits del coneixement directe.

La temàtica del viatge es concreta en motius diferents, com els relats protagonitzats pels indis americans en la figura actancial de protagonista, oponent o ajudant en els quals l'aventura transcorre a l'Amèrica del Nord durant la conquesta de l'Oest. Un altre tret recurrent dels relats d'indis, com ara *The Last of the Mohicans* (1826) de Fenimore Cooper (1789-1851), és el personatge que representa un poble ja vençut, arraconat i gairebé exterminat pels blancs.

Aquesta temàtica es manté al segle XX amb el còmic per a adults i els relats cinematogràfics. Al XIX, les novel·les que més èxit tingueren foren justament la sèrie protagonitzada per *The Last of the Mohican* i que es convertiren en el model del gènere que naixia construint un model discursiu que han seguit els relats escrits posteriors, com els audiovisuals o les revistes il·lustrades. Cooper va introduir la temàtica a Europa i comptà amb un gran nombre de lectors: vint-i-cinc volums traduïts entre 1836 i 1845 d'aquest gènere a França.

El continuador del gènere fou l'alemany Karl May (1842-1912), qui publica el 1898 *Winnetou*, la novel·la d'un indi que, com en el cas anterior, és el darrer de la seua raça. Com que May mai no viatjà a Amèrica, per descriure els paisatges i les formes de vida es basa en estudis geogràfics i científics, a més d'altres novel·les que tractaven el tema.

Els relats protagonitzats per pirates són també un motiu amb una forta presència en la producció del XIX i que, com l'anterior, arriba fins a l'actualitat transformat en relat audiovisual. Els precedents poden trobar-se en la novel·la d'aventures *Robinson Crusoe* (1719) de Daniel Defoe, però el desenvolupament és al segle XIX, quan s'inicia la llegenda dels pirates una vegada han finalitzat els atacs protagonitzats per filibusters als vaixells anglesos o espanyols a l'Atlàntic. Autors com Walter Scott i J. F. Cooper escriuen uns relats ambientats als mars del Carib, en els quals exalten sentiments com el valor, la llibertat o l'amor i proposen un protagonista com l'heroi solitari que mai no aconseguirà el més important dels objectius: l'amor, perquè el deure o l'honor no li ho permeten. El relat de pirates és una exaltació de l'heroi individual que transcorre en escenaris exòtics per al lector europeu del XIX i que tenen noms propis com John Silver, el corsari Negre, Sandokan o el capità Blood.

D'entre els relats de pirates, possiblement, el més representatiu és *Il corsaro nero*, escrit per Emilio Salgari (1862-1911) el 1899. Aquesta novel·la, protagonitzada per un heroi clàssic, parla del sentit de la dignitat, de la paraula d'honor, del valor i del coratge la temàtica del qual no és més que una història d'amor i de venjança protagonitzada per *El corsari negre*. El títol identifica el protagonista de la història i, com en altres novel·les de l'època, els títols dels capítols resumeixen els temes. L'estructura del relat és la clàssica de l'època: una progressió lineal amb una estructura en cinc seqüències narratives i el protagonista es presenta com un heroi del qual tots parlen, i una tècnica clàssica que crea un aire de misteri al voltant d'un personatge mogut per la venjança fins a les darreres conseqüències:

> Un home havia baixat en aquell moment del pont de comandament i es dirigia cap a ells, amb una mà recolzada a la culata d'una pistola que li penjava de la cintura. Anava completament vestit de negre, amb una elegància que no era habitual entre els filibusters del gran golf de Mèxic [...]. Portava una rica casaca de seda negra, adornada amb puntes del mateix color, amb les solapes de pell igualment negra; calçons també de seda negra ajustats amb una ampla faixa franjada; altes botes de muntar i sobre el cap un gran capell de feltre adornat amb una llarga ploma negra que li arribava fins a les

> espatlles. [...] Tenia unes faccions bellíssimes: un nas regular, llavis petits i vermells com el corall, un front ample [...]: El Corsari Negre![3]

El narrador i la resta dels personatges el presenten com un home d'honor, un noble obligat a ser corsari i que necessita venjar la mort de la família. Aquesta víctima del destí renuncia, com moltes de les novel·les romàntiques populars, a l'amor i la felicitat per acomplir la missió de la seua vida.

> Quan els filibusters giraren les seves mirades terroritzades cap al pont de comandament, varen veure que el Corsari es replegava lentament sobre si mateix, després es deixava caure sobre una pila de cordam i amagava el rostre entre les mans.
> Entre els gemecs del vent i el fragor de les onades se sentien, a intervals, sords sanglots.
> Carmaux s'havia acostat a Van Stiller i, indicant-li el pont de comandament, li digué amb veu trista:
> –Mira allà dalt: el Corsari Negre plora!

Habitualment, el viatge situa l'acció en èpoques anteriors al moment de l'enunciació de la narració. De fet, al XIX l'historicisme estava de moda: hi havia els historiadors i els divulgadors de la història a través de narracions amb intriga que arriba al gran públic de la mà d'autors com Victor Hugo o Walter Scott. Aquest tema fou repres primer pels romàntics i més tard derivaria cap a una obra més realista i naturalista. Walter Scott (1771-1832), considerat el pare de la novel·la històrica social, publica la primera història el 1814, *Waverley*, sobre la revolució jacobita de 1745. Tanmateix l'obra més coneguda d'Scott, i que de fet ha passat a formar part de l'enciclopèdia dels adolescents actuals, apareixeria cinc anys més tard: *Ivanhoe*, on narra esdeveniments de la història d'Anglaterra.

Alexandre Dumas (1802-1870) també fou dels escriptors que sense escriure per als nens ha esdevingut un clàssic amb obres com *Les Trois Mousquetaires* (1844), que va aparèixer com a fulletó del diari *Le Siècle* del 14 de març al 14 de juliol de 1844 i era una versió novel·lada de la vida de D'Artagnan. Més de 150 novel·les porten la signatura de Dumas com a novel·lista, però no escrivia les obres ell sol, tenia col·laboradors que s'encarregaven de crear l'argument, fer les investigacions històriques

3. Citem a partir de la traducció de Jaume Creus (Barcelona, 1998).

i desenvolupar-les junt a Dumas; després aquest redactava la versió final i un altre corregia l'estil i preparava les proves de la impremta. Cassany (1999: 651) ho explica de la manera següent:

> *Els tres mosqueters* és fruit de la col·laboració amb Maquet. Des del famós plet que aquest va posar reivindicant els seus drets pecuniaris i literaris, s'ha discutit interminablement qui hi va aportar més i qui va decantar-ne la forma final. No tenim manera de saber-ho, però cal dir que, en solitari, Maquet no va tenir cap èxit ni remotament semblant. Sabem, això sí, com treballaven: feien primer una prospecció en obres històriques a la recerca d'assumptes interessants, amb possibilitats novel·lesques, i confrontaven les troballes; després acordaven l'assumpte i l'escenari, definien els personatges i organitzaven la matèria en capítols. [...] es feia a un ritme frenètic, el que imposava la necessitat de lliurar cada dia un capítol. La producció, per dir-ho amb terminologia industrial, no es podia aturar.

Dumas tingué un gran èxit de públic i es transformà en un autor molt reconegut, signava els contractes per volums i terminis que de vegades no podia acomplir. De fet, un tribunal el condemnà en 1847 per no haver produït les noves novel·les que havia contractat i cobrat. L'adopció d'aquestes obres pels nens, alguns autors la comparen amb l'apropiació que temps abans feren de les gestes de l'Edat Mitjana. Ambdós, atès l'èxit que assoliren, foren imitades i crearen un gènere (Armiño 1989).

També els autors que adreçaven la seua obra a lectors juvenils escrigueren obres d'aquesta temàtica, com és el cas d'Stevenson amb l'obra *The Black Arrow: A tale of two roses* (1888) i un any més tard *The Master of Ballantrae*, Verne amb *Michel Strogoff* (1976) o Mark Twain amb *The Prince and the Pauper* (1881), considerada per alguns com la primera novel·la històrica adreçada a un públic infantil o juvenil, una història centrada en la primera meitat del XVI durant el regnat d'Enric VIII, que narra les aventures de Tom Canty en la cort dels Tudors quan és confós amb el príncep Eduard. Aquest relat dóna una visió cruel i realista de la societat anglesa del moment i de la situació dels nens en els ravals de Londres.

Però, la lectura que realitza el lector actual, sobretot el juvenil, no actualitza el tema en relació a l'actualitat paral·lela que la notícia de premsa o l'actualitat històrica o científica del moment de l'escriptura ficcionalitza. La lectura actual anestesia aquestes propietats del text i dóna preferència al tema del relat del viatge i d'aventures proposat. Recordem que els relats que tenen com a tema central o secundari el dels viatges es publiquen en el moment que els països europeus es veieren forçats a obrir colònies a Àfrica i al sud d'Àsia en la recerca de matèries primeres; així aquesta necessitat, junt als progressos tècnics propis del segle XIX, ajudà que l'home poguera arribar a llocs del món diferents i, lògicament, la passió per conèixer món s'estengué entre la població.

Era el moment en què Livingstone i Stanley emprenien l'exploració de l'Àfrica, Anglaterra conqueria l'Índia, moltes famílies marxaven cap als EUA i el ferrocarril coneixia una època de desenvolupament i avanços tecnològics que facilitaven l'accés a molts llocs del món en curts períodes de temps. És normal que la ficció literària es fera ressò d'aquestes expectatives creades en la població i un dels temes més consumit pels lectors foren les aventures passades en diferents tipus de viatges a terres desconegudes. Tampoc no és estrany que alguns d'aquests relats foren publicats en revistes de divulgació científica.

En aquest segle es publiquen també una sèrie de relats que inauguren gèneres que tindran una gran importància en la lectura dels joves i en els relats audiovisuals com ara, la ciència ficció. A mitjan segle sorgiren noves fonts d'energia: la química, l'electricitat, la dinamo, que impulsaren el creixement industrial; els descobriments i avanços crearen un sentiment general de confiança en la tecnologia i no deixaren d'haver-hi veus que avisaven sobre possibles perills. Els estudis referents a la física, la química o la biologia conegueren avanços importants i s'inauguraren nous camps del saber com la sociologia o la psicologia. És el moment que Fulton fa funcionar el primer vaixell de vapor; Stephenson, el primer ferrocarril, i poc després s'inventa el telèfon. La importància d'aquests invents rau en el fet que reduïren les distàncies i lògicament canviaren la visió que l'home tenia de la terra i dels seus habitants. Òbviament, un marc de desitjos i somnis que els escriptors del XIX van saber portar a la ficció i els relats van ser, com tantes vegades, un camp per imaginar-los.

Ja a finals de segle Herbert George Wells (1867-1946) escriu relats on porta als límits les possibilitats dels avanços de la ciència: *The Time Machine* (1895), publicada primer en la *New Review* en forma de fulletó i posteriorment en llibre, proposa un món en el qual és possible viatjar en el temps, o *The Invisible Man* (1897) relata les aventures produïdes per la invisibilitat del protagonista, tot i que el rerefons de les trames va més enllà i reflexiona sobre els límits de la ciència i la pretensió de l'home de jugar a ser déu. Motiu compartit per altres relats com *Strange Case of Dr Jekyll and Mr Hyde* (1886) de R. L. Stevenson o *Frankenstein* (1818) de Mary Shelley.

A més de les temàtiques, els relats populars publicats al XIX i que esdevenen clàssics de la literatura juvenil comparteixen unes característiques discursives que creen un model narratiu. Una estructura narrativa dividida en cinc seqüències, la primera de les quals presenta el marc de la història, els personatges i l'estil del relat, continua amb el desenvolupament de les accions i finalitza amb una darrera seqüència narrativa on el protagonista aconsegueix l'objecte cercat. Els fets transcorren seguint una progressió lineal i és un narrador omniscient qui els relata.

El títol (Genette 1987 i Lluch 2007) fa referència al tema i sovint s'usa un semema en la frase que designa el tema proposat. Com, per exemple, en el cas del viatge en *Voyage au centre de la Terre,* o l'aventura en *The Adventures of Tom Sawyer*. D'altres vegades la connotació suggerida és suficient, com ara en *Cinq semaines en ballon* o en *Le Tour du monde en quatre-vingt jours*. També pot inferir-se l'aventura que s'explicita amb la utilització de paraules que l'evoquen i que a més, resumeixen la història, com és el cas de *Treasure Island*. En altres casos, ens trobem amb títols que porten el nom sencer del personatge de la història, seguint la tradició del XIX, com *Michel Strogoff*, *David Copperfield* o *Oliver Twist*. Cal comentar el cas de *Moby Dick*, especialment emblemàtic perquè aquesta novel·la d'aventures pren el títol del nom d'un animal, la balena, personificant més encara el personatge i donant-li protagonisme per davant del capità Ahab. Altres títols, en comptes de designar el personatge principal pel nom propi, ho fan per una qualitat que té importància en la història: *The Last of the Mohican* o *The Prince and the Pauper*. Un títol que cal remarcar és *Les Trois Mousquetaires,* que tria Dumas per a un relat que tracta sobretot de les aventures del quart mosqueter, que no apareix al títol, D'Artagnan.

2.3.2 L'exemple de Jules Verne

Un dels autors de més èxit va ser Jules Verne (1828-1908), l'obra del qual ha estat catalogada per alguns com a visionària. Les seues obres formen part del projecte creatiu *Voyages Extraordinaires*, que reflecteix la pretensió de l'home de conèixer i dominar el cosmos. Les novel·les *Cinq semaines en ballon* (1863), *Voyage au centre de la Terre* (1864), *De la Terre à la Lune* (1865) i *Le Tour du Monde en quatre-vingt jours* (1872) formen part d'aquest projecte, que es publica primer en les revistes *Magazin d'éducation et de récréation* o *L'union bretonne* i en diaris com *Journal des Débats*. Cada relat narra un viatge en el qual els protagonistes s'enfronten a les forces de la naturalesa i vencen gràcies a la perícia i voluntat però, principalment, gràcies als seus coneixements científics, que els fan superiors a la resta dels homes.

D'alguna manera, Verne ficcionaliza els somnis dels contemporanis: la capacitat de poder viatjar a la lluna o de donar la volta al món es debatia tant en els cercles socials com en els periòdics. I quan Verne narra pot utilitzar un estil proper al reportatge que li permet dotar l'obra de versemblança i realitat, que augmenta quan dosifica les dades científiques i geogràfiques, sense oblidar el seu mestratge a l'hora de narrar i la capacitat per crear un ritme narratiu propi. L'anàlisi de *Le Tour du Monde en quatre-vingt jours* mostra la seua perícia (Lluch 2003: §7); la novel·la és un exemple del model narratiu que utilitzaven els relats que esdevingueren clàssics juvenils.

Aquesta novel·la, publicada el 1872, és possiblement el relat més popular del novel·lista nantès. En dates recents, la seua popularitat va augmentar gràcies a les adaptacions cinematogràfiques –la primera va ser estrenada el 1956, realitzada per Michel Anderson, amb David Niven com a Phileas Fogg i Cantinflas com a Passapertot–, o la sèrie de dibuixos per a la televisió en la qual es representa Fogg com un lleó (BRB Internacional 1983).

Alguns autors assenyalen que la idea se li va acudir veient un anunci de l'agència de viatges Cook, de Londres, i la novel·la es va fer tan popular ja en el seu moment que mentre es publicaven els lliuraments setmanals que feien avançar el viatge de Fogg, les més importants companyies de transport marítim li van arribar a oferir propostes econòmiques si els personatges apareixien embarcats en vaixells de les seues companyies.

La novel·la relata un viatge amb vaixell i ferrocarril que es realitza per guanyar una juguesca; però el que veritablement es planteja és el repte d'un home enfront de la natura, la qual vol dominar a través de l'espai (la volta al món) i el temps (vuitanta dies). Els obstacles que han de vèncer Fogg i els seus ajudants narratius estaran relacionats tant amb les forces de la naturalesa com els vents, tempestes o rius, com els que ocasionen les persones deliberadament, en el cas de l'inspector Fix, o els que de manera accidental provoca Passapertot pel desconeixement de les cultures que es troben. Però analitzem l'obra per parts.

L'anàlisi pragmàtica dóna la informació necessària per conèixer el tipus de públic al qual dirigeix l'obra i la manera de publicar-la. Perquè l'estil de titulació segueix les pautes de la narrativa clàssica fonamental per a la publicació seriada. El títol focalitza clarament l'atenció del públic en els dos eixos fonamentals de l'obra: d'una banda el fet "la volta al món" i per una altra el termini o la dificultat afegida "en 80 dies". El següent paratext, els títols dels diferents capítols, estan pensats per a un públic que llegirà l'obra per lliuraments. Vegem-ne alguns exemples:[4]

Capítol I. En el qual Phileas Fogg i Passapertot s'accepten mútuament, l'un com a senyor i l'altre com criat.

Capítol II. On Passapertot es convenç que per fi ha trobat el seu ideal.

Capítol III. On s'entaula una conversa que Phileas Fogg podrà pagar cara.

Capítol IV. En el qual Phileas Fogg deixa estupefacte Passapertot, el seu criat.

Capítol V. En el qual apareix un nou valor a la Borsa de Londres.

Capítol VI. En el qual l'agent Fix demostra una impaciència ben legítima.

Capítol VII. El qual testimonia una vegada més, la inutilitat dels passaports en matèria policial.

Capítol VIII. En el qual Passapertot parla una mica més del que possiblement convindria.

---

4.   Citem a partir de la traducció de Gustau Raluy (Barcelona, 1996).

Capítol XXXV. En el qual Passapertot no es fa repetir dues vegades l'ordre que li dóna els seu amo.
Capítol XXXVI. En el qual el valor de Phileas Fogg torna a pujar en el mercat.
Capítol XXXVII. En el qual queda provat que Phileas Fogg no ha guanyat res fent aquesta volta al món, si no és la felicitat.

Els títols dels capítols juguen amb el lector ja que li avancen només una part dels fets que s'hi esdevindran i dirigeixen l'atenció a una part dels fets que es narraran, de manera que aconsegueix acréixer la intriga quan a mesura que s'avança la lectura es van descobrint els fets que hàbilment no s'han il·luminat en l'intertítol. Per exemple, al final del penúltim capítol (XXXV) el lector creu que Fogg ha perdut la juguesca; aquesta sensació es veu reforçada pel títol de l'últim capítol: «En el qual queda provat que Phileas Fogg no ha guanyat res fent aquesta volta al món, si no és la felicitat». Llegint-ho sembla que l'ha perduda, però quan el lector acabe el capítol sabrà que l'ha guanyada, encara que el més important per a Fogg ha estat trobar Auda. Un joc intel·ligent, com molts altres, que l'autor utilitza com a imant per atreure l'atenció del lector.

La utilització dels títols dels capítols com a joc o guia de lectura la trobem també en altres obres de l'època, com és el cas de *Treasure Island*. En els capítols 16, 17 i 18,[5] hi ha un canvi de narrador perquè Jim Hawkins ha desaparegut del primer plànol i no narra ell els fets que esdevenen. Perquè el lector no es perda, el títol del capítol li indica aquest canvi; així, els tres s'inicien amb un: «El doctor continua el relat:...» i a continuació apareix un sintagma que fa referència als fets que es narren en cadascun. Quan en el capítol 19 Jim apareix i de nou reprèn la narració, el narrador ho indica a través del títol: «Jim Hawkins continua el relat: ...». Aquesta guia de lectura permet cedir la veu a diferents personatges i continuar la trama a un lector amb una competència lectora mitjana.

Continuant amb Verne, la història es distribueix en vint-i-set capítols, que organitzen els fets segons l'estructura quinària que representem en la Taula I.

---

5. Citem a partir de la traducció de Pau Joan Hernàndez, (Barcelona, 1996).

Taula 1

Seqüència	Capítol i fets
Situació inicial	Capítols 1 i 2. Presentació dels protagonistes
Inici del conflicte	Capítols 3 i 4. Juguesca
Conflicte	Capítols 5-33. Viatge
Resolució del conflicte	Capítols 34-35. Aparentment, perd la juguesca i es compromet amb Auda
Situació final	Capítols 36-37. Guanya la juguesca i es casa

Si analitzem la trama per seqüències, els capítols 1 i 2 conformen la situació inicial en la qual apareixen presentats els personatges. Aquesta és una característica comuna a moltes novel·les del XIX: la descripció dels personatges principals a les primeres pàgines i de les característiques discursives, trets que es mantindran sense canvis al llarg de la narració. La narració s'inicia amb: «L'any 1872, a la casa que portava el número set de Saville-row, Burlington Gardens –on havia mort Sheridan el 1814– hi vivia Phileas Fogg, *esq.*, [...]». Una descripció del lloc on habita Fogg realitzada amb exactitud, justament, la característica principal de la novel·la: la precisió amb què actua. el protagonista principal. La descripció física i psicològica de Phileas Fogg redunda en aquesta qualitat, tant per les dades que el narrador aporta sobre el seu comportament com per les paraules que utilitza per referir-los: «Dinava i sopava al club, a hores matemàticament determinades, a la mateixa sala, a la mateixa taula [...] i no tornava a casa fins a l'hora d'anar a dormir, a les dotze en punt. [...] exigia del seu únic criat una puntualitat i una regularitat extraordinàries» (pp. 10-11) o «era d'aquelles persones matemàticament exactes» (p. 14).

El caràcter destacat en la presentació es manté durant tota la narració i es reforça; el mateix ocorre amb el coprotagonista Jean Passapertot. En el cas dels tres personatges secundaris, la descripció aportada pel narrador s'amplia amb el nom propi. Com és habitual, funciona com un tret distintiu que identifica cada personatge i el diferencia de la resta; però alhora, destaca una característica de la seua personalitat. Passapertot, pot entendre's com algú que resol qualsevol situació, Fogg, com a boira, o Fix, com a conflicte o batussa.

L'inici del conflicte té lloc en el tercer capítol el títol del qual, no per casualitat, és: «Capítol III. On s'entaula una conversa que Phileas Fogg podrà pagar cara». Suposa el canvi amb una situació anterior de calma i monotonia perquè s'ha dedicat a descriure el personatge. S'inicien les dues trames: la del viatge i la subtrama de la cerca del lladre del banc. La del viatge s'exposa com una possibilitat teòrica de realitzar-lo en 80 dies segons defensa el diari *Morning Chronicle* i que és assumida per Fogg, però qüestionada pels companys de la futura aposta ja que, segons ells, no compta amb els contratemps naturals com «el mal temps, els vents contraris, els naufragis, els descarrilaments, etcètera» (p. 23). En definitiva, s'exposa el nus de la novel·la: la lluita de l'home contra les forces de la naturalesa i els problemes originats pels homes i la naturalesa. El conflicte comença i acaba amb el viatge. És la part més llarga de la narració ja que ocupa els capítols del 5 al 34, distribuïts en les diferents etapes (Taula 2).

El viatge fa avançar la trama que es ralenteix per un combinat d'adversaris naturals i humans. Els primers van des de les tempestes, les vies del tren sense acabar, les pluges o els tifons; els segons, des de les accions promogudes per l'inspector Fix en un intent d'atrapar-lo, els equívocs del criat o els contratemps provocats pel desconeixement dels costums dels països que visiten. Per tant, a la trama principal cal unir dues trames secundàries que tenen la funció de distreure, donar un ritme més lent a l'acció i posar traves a la victòria: la primera s'inicia en el capítol 5 quan identifiquen Fogg com el lladre del bàndol i Fix n'inicia la persecució; la segona, en el 12 quan rescaten la senyora Auda.

El ritme narratiu cal explicar-lo sense oblidar que va ser publicat inicialment com una novel·la de lliuraments i que per tant era necessari marcar una cadència que enganxés per al capítol següent; conseqüentment, al final de cada capítol l'acció s'accelera, apareix un fet inesperat i es reté la resolució fins al capítol següent. Globalment, les primeres parts del viatge són narrades amb rapidesa mentre que a mesura que s'esgoten els dies el ritme es ralenteix. Aquests canvis rítmics s'aconsegueixen combinant formes diferents de narrar el viatge. Per exemple, el trajecte de Londres a Suez es narra en forma de sumari: es notifiquen els fets de forma ràpida a partir

Taula 2

Trajecte	Mitjà de transport	Nombre de dies	Capítols
De Londres a Suez	Tren i vaixell	7	Del 5 al 8
De Suez a Bombai	Vaixell	13	Del 9 al 10
De Bombai a Calcuta	Tren i elefant	3	Del 11 al 15
De Calcuta a Hong Kong	Vaixell	13	Del 16 al 18
De Hong Kong a Yokohama	Vaixell	6	Del 19 al 23
De Yokohama a San Francisco	Vaixell	22	El 24
De San Francisco a Nova York	Tren i trineu de vela	7	Del 25 al 31
De Nova York a Londres	Tren i vaixell	9	Del 32 al 33
Total		80	

de les notes del diari de Fogg: «Sortida de Londres, dimecres 2 d'octubre, 8 hores 45 minuts del vespre. Arribada a París, dijous 3 d'octubre, a les 7 hores 20 minuts del matí. [...] Total d'hores emprades: 158 ½, és a dir, en dies: 6 i ½» (p. 48).

Uns altres, com el trajecte amb vaixell de Bombai a Calcuta que dura 13 dies, són narrats en dos breus capítols (el XVIII situa ja la narració a Hong Kong) i només a través d'un diàleg entre Fix i Passapertot i la descripció de petits contratemps meteorològics. O uns resums són suficients perquè el narrador explique en un sol capítol la travessia completa de Yokohama a San Francisco a través d'un «Onze dies després el *General Grant* entrava en la badia de la Porta d'Or i arribava a San Francisco» (p. 176). O unes breus paraules d'un dels personatges a un altre que ha estat absent són suficients, com ocorre en el capítol XXIV quan Auda narra la travessia a Passapertot.

Els recursos utilitzats per atrapar i distreure el lector són múltiples. Al principi del capítol XXVI, el narrador exposa de manera matemàtica el recorregut que han d'efectuar: «Sortint d'Omaha, voreja la riba esquerra de Platte River fins al desviament de la branca del nord, segueix la branca del sud, travessa els territoris de Laramie i les muntanyes Wahsatch, rodeja el llac Salat i arriba a Salt Lake City, la capital dels mormons» (p. 210).

Però aquesta exposició senzilla i tranquil·la es transforma en la realitat en un dels trajectes amb més avatars que arriben a fer dubtar sobre la bona fi del viatge, allargant la narració d'aquests dies a set capítols. Hem de recordar que ens aprompem al final de la narració i és necessari augmentar-ne la intriga. La resolució de l'acció ocupa dos capítols: el 34, en el qual es narra l'arribada a Liverpool i la detenció per Fix que li impedeix arribar a Londres abans de les vuit quaranta-cinc de la nit per guanyar la partida i el 35, on guanya l'amor d'Auda. I les escenes finals ens retornen a una situació de calma similar a la inicial, perquè Fogg torna a la seua vida anterior però ara com a guanyador d'una aposta i amb l'amor d'Auda. Encara que fins a l'últim moment la intriga es manté a través d'un joc narratiu excepcional.

El capítol 34 (quatre capítols abans del final) finalitza amb un «Phileas Fogg, després d'haver dut a terme la volta al món, arribava amb un retard de cinc minuts!... Havia perdut». Els protagonistes creuen que han perdut l'aposta i amb ells el lector, però Fogg està feliç perquè aconsegueix l'amor d'Auda i el capítol acaba amb els preparatius de les noces per al dia següent. En el penúltim, el narrador ens situa al Reform Club, amb la notícia de la detenció de l'autèntic lladre del banc (amb la qual cosa Fogg queda lliure de tota sospita) i amb els col·legues de Fogg que esperen la seua arribada per conèixer si ha guanyat l'aposta. El lector no sap en quin moment se situa l'acció; de fet pot pensar que hi ha una reculada en el temps perquè encara creu que l'aposta s'ha perdut. Però just quan el rellotge dóna l'hora, amb la mateixa exactitud que ha regit la resta de la narració, «Phileas Fogg va aparèixer i va dir amb la seva veu tranquil·la: –Ja sóc aquí, senyors».

El capítol finalitza amb l'oració anterior i el lector del XIX ha d'esperar uns dies per poder comprar el nou lliurament; en l'actualitat, el lector passarà pàgina i iniciarà la lectura del següent i últim capítol, per saber exactament què ha passat i com ha pogut guanyar l'aposta quan la creia perduda. El títol de l'últim, com ja hem explicat, dóna pistes falses, però situa el lector un dia abans per explicar com ha pogut guanyar l'aposta. Un final que significa una tornada al punt de partida, una permanència en l'equilibri inicial, encara que enriquit en aquest cas per l'amor d'Auda.

En conclusió, l'obra de Verne no té com a objectiu descriure la geografia i la història dels països per on es desplaça, és un viatge que no importa al protagonista perquè ell només vol demostrar la superioritat de l'home sobre el món; de fet ni mira ni observa els llocs pels quals passa. Passapertot diu que «no és massa curiós» (p. 53) quan en la primera travessia amb vaixell dedica el temps a jugar al whist i, en el capítol XI, el narrador descriu la seua actitud amb aquestes paraules: «no viatjava, sinó que descrivia una circumferència. Era un cos pesat que recorria una òrbita al voltant del globus terraqüi, seguint les lleis de la mecànica racional». Com ocorre en altres narracions, el viatge es fa per al lector, a qui se li ofereix una informació que compleix dues funcions, fer la cartografia dels països travessats i crear realisme i versemblança en la novel·la.

El relat no sols és representatiu com a model narratiu, sinó també per la proposta ideològica que conté, perquè *Le Tour du Monde en quatre-vingt jours*, com la majoria dels relats del XIX, la mirada que projecta sobre el món és la d'un anglès o la d'un europeu sobre territoris salvatges o conquistats i mostra clarament la dicotomia civilitzat *vs.* no civilitzat, conqueridor *vs.* no conquerit. Una mentalitat eurocèntrica des de França o la Gran Bretanya, que imagina tipus i costums d'altres mons, en aquest cas, orientals i indis americans, i els plasma al món imaginat. És a dir, la descripció de personatges, costums o societats no es planteja des de l'observació sinó des del coneixement compartit per una determinada societat que mira «l'altre, el diferent» des d'una perspectiva concreta. La mateixa mirada que trobem a l'obra de Folch i Torres (veg. 4.1).

Aquesta mirada provoca comentaris sobre les persones, com quan descriu Auda com «una dona encantadora, en tota l'accepció europea de la paraula. Parlava un anglès de gran puresa, i el guia no havia exagerat en absolut en afirmar que aquella jove parsi havia estat transformada per l'educació» (p. 94), o «una part molt notable del territori escapa encara a l'autoritat de la Reina. En efecte, als territoris d'alguns rajàs es de l'interior, feroços i terribles, la independència és encara absoluta» (p. 58), «Hong Kong no és més que un illot al qual el tractat de Nanking, després de la guerra de 1842, va assegurar com a possessió anglesa. En aquells anys, el geni colonitzador de la Gran Bretanya va fundar una ciutat important i va crear un port» (p. 126).

2.4 Les lectures per a infants al llarg del segle XIX

Durant el segle XIX, els infants aprenen a llegir i a escriure i, consegüentment, s'obri el ventall de temes i de lectures. Amb tot, no cal oblidar, com recorda Lázaro (1989: 23), que tot i que l'escola servia per aprendre a escriure, a llegir i a fer algunes operacions, la seua finalitat fonamental era fer: «buenos hijos; buenos padres de familia, buenos esposos, buenos ciudadanos obedientes a las leyes del país, laboriosos y útiles al Estado». Per aconseguir aquest objectiu, calia publicar textos que ajudaren els mestres i en aquesta línia apareixen uns llibres que, continuaven la tradició del segle anterior. Són narracions que proposen un lector amb unes estructures ideològiques determinades, d'acord amb el model social previst en el tipus de societat on s'inclourà d'adult. Les característiques discursives compartides són:

a. Els personatges protagonistes fan les funcions actancials de subjecte i oponent. El primer adoptarà una actitud ideològicament lloable, és a dir, d'acord amb la ideologia dominant i el segon, contrària. Un serà premiat i l'altre, castigat. Tot i que, sovint, més que parlar de subjecte i oponent, en alguns casos, hem de parlar de subjecte i antisubjecte, és a dir, ambdós actants aspiren a un objectiu i cadascú cerca el propi objecte, que és contradictori i oposat. El subjecte aconseguirà el seu i l'antisubjecte, no; sovint amb l'ajuda d'un tercer actant, l'ajudant, realitzat per un personatge que representa una autoritat familiar o docent: pare o mestre. De vegades, les dues funcions actancials les realitza el mateix personatge: al principi del relat representa l'antisubjecte i després de la intervenció de l'ajudant, la de subjecte.

b. La major part de les vegades, el protagonista té una edat aproximada a la del lector per afavorir-ne la identificació.

c. Sovinteja el narrador omniscient que coneix tot allò que pensen, fan i volen els personatges.

d. Són narracions amb una seqüència quinària que pot concentrar-se en tres i que corresponen a l'esquema clàssic: situació inicial, inici de l'acció, acció, resolució i situació final. La narració apareix amb nombroses el·lipsis eliminant qualsevol element que no siga estrictament necessari. La darrera seqüència es materialitza amb la forma d'una instrucció o un consell adreçat a un *tu* que s'identifica amb el lector.

Aquestes característiques creen un model encara present i força reproduït, amb petites variacions, fins a l'actualitat. La major variació rau en el tipus de proposta ideològica, que varia segons les circumstàncies d'enunciació. Per exemplificar-ne el model discursiu analitzarem dos llibres que proposaren alguna novetat en el moment de la publicació i que, a més, van tenir una forta influència en les obres posteriors que s'editaren al mercat en català i europeu. Ens referim a *Struwwelpeter*, publicat el 1845 i escrit per l'alemany Heinrich Hoffmann, i a *Cuore*, escrit per l'italià Edmondo De Amicis i publicat el 1886.

Completarem l'anàlisi amb *Little women*, *Oliver Twist*, *Treasure Island*, *Le avventure di Pinocchio* i *Alice's Adventures in Wonderland*. Són els relats que conformen el cànon de la literatura infantil i juvenil actual i influeixen els altres models narratius reproduïts fins a l'actualitat.

Struwwelpeter

Si al llarg del segle es publiquen llibres que volen educar, canviar hàbits, fer assumir conductes socials, uns pocs presentaren novetats que els convertiren en veritables best sellers del moment. El cas més representatiu és el llibre *Struwwelpeter*[6] que, segons l'entrada del diccionari de Carpenter (1995: 502), arriba a 100 edicions en els primers trenta anys de vida i, segons Bravo-Villasante (1987: IX), de la traducció al castellà se'n va esgotar la primera edició de 1.500 exemplars en tan sols quatre setmanes.

---

6. Analitzem l'obra a partir de l'edició en català de Mercè Llimona, responsable de l'adaptació i autora de les il·lustracions, contrastada amb la castellana publicada en 1987 per l'editorial José J. Olañeta en traducció de Víctor Canicio i amb introducció de Carmen Bravo-Villasante.

Des de l'inici, la fama d'aquest recull d'històries va traspassar les fronteres alemanyes i aviat se'n van realitzar traduccions a l'anglès, francès, italià, rus, suec, espanyol i portuguès encara en vida de l'autor. Com a llibre diferent i amb fama, va proposar un model narratiu que crea una llarga sèrie d'imitacions més o menys afortunades. En l'actualitat, existeixen títols que triomfen entre els lectors i que tenen el beneplàcit de bona part dels mediadors i s'inscriuen en el gènere de la psicoliteratura. Són llibres la finalitat dels quals també és la de transmetre una sèrie de valors i d'hàbits de conducta. Tant *Struwwelpeter* com la psicoliteratura transmeten als lectors la visió del món que els adults creuen adequada. Però Hoffmann va establir un contrast entre una moralització sentenciosa, directa, seriosa i coercitiva, que era la majoritària anteriorment i que continuarà fins als nostres dies amb formes diferents i amb major o menor fortuna. Ara bé, l'autor alemany proposa una moralització per la via de l'humor, de manera indirecta, irònica i voluntària, mentre que la psicoliteratura planteja una moralització per la via de la identificació.

Fou publicat en 1845 amb el títol, que prenem de la traducció catalana, d'*Històries alegres i imatges gracioses amb 15 làmines colorejades per a petits de 3 a 6 anys,* i començava amb un índex rimat que informava del contingut: *Tens en aquest llibret pintats sis contets del dolent Frederic, aquell que pegà al seu gosset, del negre i petit moret, i del caçador perdut per la llebre perseguit, de la sopa de Frederic que no la volia prendre, d'aquell que es tallà el ditet, i del melenut Peret. Tot això ho va escriure Reimerich escriptor dels petits estimador.* En la pàgina final apareixia la imatge de l'Struwwelpeter, el protagonista d'una de les històries que va adquirir tanta fama que en les edicions posteriors passà a titular el llibre sencer.

La tipologia d'autor s'adiu amb l'instructor (Lluch 2003: § 2.3), en aquest cas el pare, que escriu una història, en vers i acompanyada d'unes il·lustracions en tinta acolorides, per als seus fills i després de l'èxit entre el cercle privat d'amistats s'edita i aconsegueix fama i lectors fora del cercle íntim i familiar. L'autor és Heinrich Hoffmann (1809-1894), un psiquiatre que buscava un llibre per regalar en les festes de Nadal al fill però que no trobava res que li agradara, com diu en una carta dirigida al diari *Die Gartenlaube* el 3 de novembre de 1892 (Bravo Villasante 1987: X):

> *Habent sua fata libelli!* ¡Los libros tienen su destino! Y esto vale para el *Struwwelpeter*. En el año de 1844 la Navidad estaba próxima, tenía yo, entonces, dos niños, uno de tres años y medio y una niñita de dos días. Trataba yo de encontrar un libro ilustrado para el niño, que correspondiese a la edad de aquel pequeño ciudadano del mundo, pero todo lo que veía no me decía nada. Finalmente se me ocurrió coger un cuaderno y enseñándoselo a mi mujer, le dije: –Ya está aquí lo que necesitábamos. Asombrado hojeó el cuaderno y dijo: –¡Pero, si es un cuaderno vacío! Y yo, entonces, le respondí: –Precisamente por eso, yo mismo le voy a dibujar al niño el libro ilustrado que necesita.
>
> Había yo visto, en las librerías, toda clase de libros ilustrados, cuentos, historias de indios y de piratas, cuando descubrí un libro sólo con dibujos de caballos, perros, pájaros, mesas, bancos, cacharros y cacerolas, con las observaciones 1/3, 1/8 y 1/10 de tamaño. –Basta –me dije para mis adentros– ¿Para qué necesita un niño que le pinten una silla o una mesa grande o pequeña? El niño ya sabe lo que es una silla y no necesita tamaños. El niño aprende viendo, le entra todo por los ojos, comprende lo que ve. No hay que hacerle advertencias morales. Cuando le advierten: Lávate. Cuidado con el fuego. Deja eso. ¡Obedece!, el niño nota que son palabras sin sentido. Pero el dibujo de un desharrapado, sucio, de un vestido en llamas, la pintura de la desgracia, de la despreocupación, le instruye más que todo lo que se pueda decir. Por eso es cierto el refrán que dice: El gato escaldado huye.

Hem reproduït la llarga citació que facilita el pròleg de Villasante a la traducció en castellà perquè dóna la clau per analitzar el text i entendre la diferència principal amb obres publicades amb anterioritat: Hoffmann actualitza els continguts dels manuals d'urbanitat, dels textos tradicionals per a infants que donen instruccions o proposen una moralitat i que tenen la finalitat d'adoctrinar els nens sobre les pautes de conducta que havien de seguir en, per exemple, els menjars amb adults o la pietat amb els pobres. El llibre està format per una sèrie de contes curts amb les característiques discursives que resumim a la Taula 3:

Malgrat l'aparent varietat de protagonistes i de temes, tots els contes mantenen un patró discursiu que segueix la tradició, però que incorpora les innovacions següents.

El tipus de llenguatge que utilitza, segons Carpenter, segueix la tradició del vers curt habitual dels «cautionary tals» que trobem a *Original Poems for Infant Minds* (1804) i trenca la tradició amb l'ús del llenguatge habitual.

Les situacions plantejades són innovadores. Per exemple, a Paulina li agrada jugar amb el foc i acaba consumida pel foc. La il·lustració mostra els dos gats plorant davant d'un munt de pols «quedaren les sabatetes, cendres i dos llacets»; Kaspar Sopes no vol menjar-se la sopa i comença

Taula 3

Títol	Tret	Inici	Nus	Desenllaç
En Perot l'escabellat	Ecs! Quin fàstic! Fa feredat veure en Perot l'esblenat. Ses ungles desmesurades no li foren mai tallades; sos cabells, sens escarpí, el fan semblar un porc espí. Fugiu-ne com d'empestat d'en Perot l'escabellat			
La història del malvat Frederic	Malvat	Frederic mata i maltracta animals	Colpeja un gos i aquest el mossega	Ha de prendre una medecina amarga i el gos el menjar bo
Història esgarrifosa d'una capsa de mistos	Desobedient	Paulina no pot encendre els mistos	Quan els pares se'n van, els encén	Es crema i mor
Història d'uns minyons negres	Escarni i burla	Passa "un negret"	Se'n riuen perquè és negre	Els posen al tinter i els transformen en "més negres que un pecat"
Història del ferotge caçador	Matar animals	Ix el caçador a caçar	La llebre li roba l'escopeta	El persegueix i el mata
La història del xucladits	Xuclar-se el dit	Sempre es xucla el dit	La mare se'n va	Se'ls xucla i li'ls tallen
La història de la sopa d'en Gaspar	Capritxós amb el menjar	No vol menjar sopa	No se la menja	Mor
Història d'en Felip gronxaire	No està quiet	Menja amb els pares	No para de moure's	Cau a terra amb tota la taula
Història d'en Joan Badoc	Distret	Camina distret	Cau al terra	Cau al riu
Història d'en Robert volador	Desobediència	Hi ha una tempesta i ix al carrer	Un fort vent	Se l'endú
	Quan els infants fan bondat / els val llur civilitat. / Bombons, auques i joguines/ si juguen sense renyines./ a taula menjant com cal./ estant quiets i no dient mal./ a la mama pel carrer/ dant la mà segueixen bé./ a la nit saben dormir/ sense moure el cap del coixí./ els àngels tant se n'alegren/ que amb presents/ del cel ho atesten."			

a aprimar-se: «al quart dia –que lleig– Gaspar sembla un fideu. I com ja no va menjar al cinquè dia, morí», i la il·lustració mostra la tomba de Kaspar amb la font de sopa damunt. I hi apareixen situacions noves com l'atac a posicions racistes o de discriminació racial en la història «Moret negre».

L'estructura narrativa triada: l'argument s'organitza en tres seqüències narratives molt ben marcades i cadascuna compleix una funció delimitada. En tots els casos, hi ha una primera seqüència (l'inici de l'acció) que presenta el personatge caracteritzat per un tret del comportament contrari a la norma social dominant: no rentar-se, maltractar els animals, encendre llumins, burlar-se d'un altre nen, xuclar-se els dits, no menjar-se la sopa, no estar-se quiet en la taula o anar despistat pel carrer, i que ja ve assenyalat pel títol de cada conte. La narració continua amb un fet que provoca el desenllaç i finalitza amb una seqüència que no conté cap tipus de moral o d'instrucció explícita, és a dir, el narrador no es dirigeix al lector advertint-lo sobre les conseqüències del seu comportament.

Aquesta darrera seqüència, el desenllaç, és el principal canvi perquè les històries ja no donen consells sobre la conducta que han de seguir els nens sinó que representen les conseqüències que es deriven quan es transgredeix una norma acceptada socialment. I la conseqüència es representa de forma hiperbòlica depassant els límits del que considerem versemblant al món real i, justament, aquesta transgressió d'allò que és possible, la situació hiperbòlica, és la que provoca el somriure, la complicitat i la situació còmica, sense oblidar la lliçó moral o cívica.

Carpenter (1995: 502) cita les paraules de l'historiador Harvey Darton, per a qui l'autor aconsegueix que el terrible advertiment et porte a un punt on el temor s'enfonsa gràcies a un indefens riure. Les reaccions davant el llibre van oscil·lar des de la inofensiva hilaritat fins a la condemna per la morbositat perquè temien que l'horror causara un tipus de trauma entre els lectors infantils. Crítiques que van ser contestades per l'autor en la centena edició del llibre: «Se ha acusado al *Struwwelpeter* de graves faltas, de ser muy fantástico y de tener dibujos grotescos y toscos. Algunos dicen: "El libro en sus caricaturas daña el sentido estético del niño"» (Bravo Villasante 1987: XX). Pensem que la situació hiperbòlica proposada pel text s'intensifica notablement gràcies a la il·lustració que l'acompanya, uns dibuixos que tenen un aire ingenu, concrets i amb uns trets expressius que beuen en la tradició popular dels periòdics més populars, llegits també pels nens i que s'allunyava de la manera tradicional d'il·lustrar els llibres dirigits a un públic més culte.

Bettina Hürlimann (1968: 104) assenyala que les il·lustracions que avui coneixem són les de l'original i tant el litògraf com les dones que els acolorien a mà van ser vigilats pel doctor Hoffmann per evitar que introduïren un color dolç allunyat de les línies clares, expressives i vigoroses que volia per a la història. El control de l'autor del text sobre el llibre va molt més enllà perquè no només va insistir en la forma de pintar les il·lustracions perquè no aparegueren idealitzades; sinó també en tenia cura del format: volia un llibre sòlid, barat i a prova de cops, és a dir, adequat per a unes mans infantils. Característiques que de fet actualment segueixen bona part dels llibres per a les franges dels més petits.

Cuore

El llibre escrit per Edmondo De Amicis (1846-1908) i publicat en 1886, *Cuore*, representa el canvi d'orientació en els relats didàctics que usa l'estructura narrativa per transmetre instruccions, informacions o pautes de conducta. La finalitat del llibre la deixa clara l'autor: «mai sono stato tanto felice como quando scrivevo questo livro. La certeza de fare del bene m'inebriava». D'aquest llibre, segons Nobile (1992: 126), en només dos mesos i mig es van vendre quaranta-una edicions i va tenir divuit peticions de traducció. A Itàlia, l'ensenyament elemental –dels sis anys fins els deu– era obligatori des de les lleis del 13 de novembre de 1859 i del 15 de juliol de 1877, i *Cuore* en el paratext que utilitza per seleccionar el lector dóna mostra d'aquesta situació:

> Questo libro è particolarmente dedicato ai ragazzi delle scuole elementari, i quali sono tra i nove e i tredici anni, e si potrebbe intitolare: Storia d'un anno scolastico, scritta da un alunno di terza d'una scuola municipale d'Italia. - Dicendo scritta da un alunno di terza, non voglio dire che l'abbia scritta propriamente lui, tal qual è stampata. Egli notava man mano in un quaderno, come sapeva, quello che aveva visto, sentito, pensato, nella scuola e fuori; e suo padre, in fin d'anno, scrisse queste pagine su quelle note, studiandosi di non alterare il pensiero, e di conservare, quanto

fosse possibile, le parole del figliuolo. Il quale poi, quattro anni dopo, essendo già nel Ginnasio, rilesse il manoscritto e v'aggiunse qualcosa di suo, valendosi della memoria ancor fresca delle persone e delle cose. Ora leggete questo libro, ragazzi: io spero che ne sarete contenti e che vi farà del bene (Amicis 1886).

Un narrador que s'identifica amb el protagonista en un text que pren la forma d'un diari personal. Aquesta forma narrativa, que amb el temps ha esdevingut habitual, representava una certa novetat en l'època d'Amicis: un petit de nou anys, de la mateixa edat que el destinatari de la dedicatòria, es transforma en el narrador que conta els fets que viu al llarg d'un curs escolar amb els amics, la família i l'escola. És a dir, la inclusió en una narració de fets que formen –o poden formar part– del món del lector virtual del text. Els amics són petits de totes les classes socials que van junts a l'escola, de la qual es parla com un fet habitual en la comunitat que origina despeses i preocupacions en les famílies. Al llarg del llibre els comentaris i anècdotes que plantegen pautes i exemplificacions de conducta són freqüents per parlar de la igualtat de tots i del bon tracte que cal donar a les classes més humils. Els petits que hi apareixen són prototipus que representen classes socials o virtuts, com el petit estudiós que ajuda els altres i apareix com a model de conducta de la resta; són els prototipus de la ideologia dominant: l'estudiós, el bondadós, l'intel·ligent, el voluntariós i que són presentats pel narrador com a exemples que cal respectar, admirar i, sobretot, imitar.

Alhora, i com a novetat, hi apareixen també petits amb minusvalidesa física: un sordmut, un cec i un geperut i sobre els quals s'exemplifiquen situacions per donar informacions sobre els minusvàlids i instruccions sobre les pautes de conducta que cal seguir per integrar-los socialment. Però, a diferència de l'obra de Dickens, els conflictes no hi apareixen. L'escola representa un lloc paradisíac on el nen és instruït abans d'entrar en el món adult i la figura del mestre apareix representada a mitjan camí entre el sacerdot i el pare. És evident que el caràcter moralista amara el llibre: els valors de solidaritat i el dret a una instrucció per a totes les capes socials són presents a través de les situacions ficcionades i de les moralitats i els consells del pare o el mestre que se'n deriven.

L'escola que apareix al llibre és un centre on tot el món rep el mateix tracte i la mateixa instrucció, però no s'oculten els problemes i les dificultats que tenen alguns petits que, en acabar l'escola, han d'ajudar els pares en el negoci familiar, a diferència del protagonista, i són posats com a exemple que cal admirar. L'escola s'hi representa com la continuació de la família. Així, el primer dia d'escola el mestre els diu: «Jo no tinc família. Vosaltres sou la meua família [...] No tinc en el món ningú més que vosaltres; no tinc cap altre afecte, ni cap altre pensament. Heu de ser els meus fills, us estime i és necessari que em pagueu amb la mateixa moneda. Desitge no haver de castigar ningú. Demostreu que teniu raó, la nostra escola constituirà una família i vosaltres sereu el meu consol i el meu orgull»[7] (Amicis 1886). Aquest ha estat un llibre que ha format part de l'enciclopèdia cultural de molts infants fins a èpoques ben recents; i en l'actualitat, gràcies als diferents hipertextos cinematogràfics i televisius.

Little Women

A partir del segle XIX, les dones comencen a tenir accés al món de l'educació, però el seu lloc en la societat continuava clarament diferenciat del de l'home; per tant, es feia necessària la creació d'una literatura específica que les instruïra sobre els deures i les normes que havien de seguir. Apareixen una sèrie de llibres sota l'epígraf de «literatura per a jovenetes», anomenada a França literatura «d'aigua de roses» o «rosa», amb escriptores com Elizabeth Wetherell o Charlotte Yonge.

Però volem fer atenció, sobretot, al relat *Little Women* (1868) escrit per Louisa May Alcott (1832–1888) i traduït al català amb el títol *Petites dones* (Barcelona: Cruïlla). El relat narra fets i anècdotes de la infantesa de l'autora, que conta la història de les germanes March: Meg, Jo, Beth i Amy. La narració d'uns pocs mesos en la vida de les germanes és una excusa per mostrar els quatre caràcters diferents de les dones junt amb el de la mare i la tia; cadascuna d'elles mostrava les opcions diferents que l'època plantejava a les dones i el fet d'incloure els personatges de la mare i la tia permetia presentar la visió de la vida des de l'òptica de les diferents generacions. Es pot considerar el primer llibre per a infants i joves escrit als Estats Units que mostra persones "reals" i no exemples moralistes.

7. La traducció és nostra.

Com moltes de les obres escrites en un context diferent del lector actual (§ 2.2), aquesta obra cal llegir-la adequadament: la figura de Jo és absolutament subversiva per a l'època de l'autora perquè representa la figura de la dona lliure, independent, que vol tenir una professió pròpia i gens habitual per a l'època. Però llegida només amb les claus del present, queda reduïda a un relat d'anècdotes insípides.

Oliver Twist

El realisme crític és el gènere que s'inicia en el XIX i continua amb força fins a l'actualitat; possiblement, és el més constant i el que més relats ha generat per als joves. Un bon exemple és la novel·la de Harriet Beecher (1811-1896) *Uncle Tom's Cabin* publicada el 1852. Als EUA, durant el segle XIX encara estava vigent l'esclavitud i les persones de raça negra eren considerades com a objectes o instruments de treball; en aquest ambient, els moviments abolicionistes tenien una presència creixent, Beecher n'era un membre actiu; per això, la seua novel·la la planteja com a denúncia i conscienciació social. L'èxit que va aconseguir i la necessitat de fer arribar aquest missatge als joves féu que l'autora creara una versió adaptada posteriorment.

A Anglaterra, l'autor que s'incorpora en aquest corrent fou Charles Dickens (1812-1870), qui publicà llibres com *Oliver Twist* (1838) o *David Cooperfield* (1850), destinats a cridar l'atenció sobre les formes sobrehumanes que encara al segle XIX molts petits suportaven i que foren ràpidament adoptats pels lectors joves. En aquestes novel·les per primera vegada un nen d'aquestes característiques apareix com a protagonista en un escenari que descriu una realitat que es literaturitza en incorporar com a escenari la ciutat, però sobretot, els ravals on apareixen descrites les bosses de pobresa de les ciutats.

El nen desvalgut i víctima d'una societat en plena revolució industrial és el protagonista dels llibres de Dickens, un nen pur, ingenu i intel·ligent voltat d'adults interessats, egoistes i hipòcrites. Dickens introdueix un món realista, de costums on per primera vegada la dualitat bo/dolent es dóna entre nen/adult i on la vida que els envolta no apareix mitificada sinó amb realisme i versemblança. L'escola i els mestres, a diferència d'obres contemporànies com *Cuore*, apareixen descrits amb crueltat, més pròxims als que realment existiren.

Per no tots compartiren l'opinió que aquesta literatura era adequada per a la lectura d'infants o joves. Bravo Villasante (1971: 109) ressenya l'opinió d'un crític de la *Quaterly Review* qui en parlar d'*Oliver Twist* diu que és un experiment perillós exhibir davant dels joves enormitats, encara que s'haja seguit el principi de Helot d'inspirar aversió.

Podem concloure recordant que aquestes novel·les de denúncia social en el moment de l'edició foren adreçades a un públic adult, però aviat foren lectura d'un públic juvenil, és més, foren recomanades per alguns educadors i prohibides per altres ja que la polèmica sobre si la lectura hi era adequada o no sempre ha estat present en el gènere que inicien: el del realisme crític.

Treasure Island

Els relats escrits per a un públic adolescent compartien també les temàtiques del relat popular comentades anteriorment, sobretot perquè la diferència que trobem en el segle XX entre un tipus de relat i un altre no era tan gran en el XIX. Així, la temàtica de viatges i pirates també està present en els relats per a joves, sobretot en l'obra de Robert Louis Stevenson (1850-1894).

Stevenson va publicar en forma seriada el relat *Treasure Island* en la revista *Young Folks Magazine* des de l'1 d'octubre de 1881 fins al 28 de gener de 1882 amb el pseudònim de Capità George North. Més tard, el 1883, apareix ja com a llibre, un relat que ha esdevingut un clàssic de la literatura infantil. En l'anecdotari de l'autor s'arreplega el naixement de la novel·la: conta com en les nits d'estiu el seu fillastre Lloyd Osbourne, de 13 anys, li demanava una història per entretenir-se. Robert Louis li n'oferí una de pirates i davant l'interès que posà el jove en escoltar-la s'animà a proposar-ne la publicació a un editor. Per tant, ens trobem de nou amb una obra narrada a un lector determinat i conegut per l'autor.

El llibre representa una aventura a través de la qual un nen es transforma en un home. I ja proposa un lector model jove, a més d'utilitzar paratextos que el defineixen: la dedicatòria del llibre, que l'autor adreça «als sensats joves d'ara» als quals espera que encara els agraden les narracions de pirates; i el canal d'edició i de distribució utilitzat: una revista adreçada al públic juvenil. El títol del relat respon a l'objecte de la recerca i els dels capítols mantenen les característiques de la resta de les obres i funcionen com ajudes de lectura, que en uns casos marquen el canvi de narrador, com hem comentat en 2.2.

Tot i que el tema de superfície és la recerca del tresor d'un pirata, el motiu del relat és la iniciació del protagonista i la conversió de nen a adult. Una de les innovacions és que el narrador és Jim Hawkins, el nen protagonista que conta els fets en primera persona temps després d'haver-los viscuts de primera mà. Per tant, el narrador modalitza els fets o les persones de les quals parla: «pobre pare», pren partit per un personatge i el descriu a partir dels sentiments que li provoquen: por, admiració, etc. L'estructura principal del viatge a la recerca d'un tresor es complementa amb els petits fets protagonitzats pels múltiples personatges secundaris i que dificulten la trobada del tresor per un dels dos grups.

L'argument és senzill: en la primera part, titulada «El vell pirata», arriba a l'almirall Benbow un pirata amb un bagul que sembla esperar algú. Jim Hawkins i els pares estan atemorits. El temps passa i porta la mort del pare de Jim i l'arribada del pirata Gos Negre, que cerca el bagul. Jim i la mare regiren les seues coses per cobrar els deutes i descobreixen un mapa on hi ha dibuixada una creu que identifica el lloc de l'illa del tresor. A partir d'ací, s'inicia l'aventura perquè el doctor Livesey, el terratinent Trelawney i Hawkins decideixen anar a pel tresor.

Els personatges apareixen dividits en dues esferes: els bons i els dolents, els pirates. Però la perspectiva del petit narrador provoca una ambivalència en la narració pel personatge del pirata Silver: al principi tots creuen que és una bona persona; de fet, l'estratègia del personatge és fer-se passar per bo per donar confiança i amb Jim ocupar l'esfera del pare absent, però el creixement del personatge mentre transita aquest relat d'iniciació porta al desenllaç esperat pel lector.

Le avventure di Pinocchio

Com hem vist, els relats d'iniciació són una constant en la literatura universal: l'aventura iniciàtica té l'objectiu implícit de transformar el petit de l'inici de la narració en un home en finalitzar-la. I a més de les obres comentades el segle XIX, EN proposa d'altres com, per exemple, els relats de Verne *Les Enfants du capitaine Grant* (1867) o *Un Capitaine de quinze ans* (1878).

Un cas especial, tot i representar el mateix argument, és el que protagonitza un nino que vol transformar-se en nen i només ho aconseguirà després d'un dur aprenentatge vivencial. *Le avventure di Pinocchio*, publicades el 1883 per Collodi segueixen la temàtica dels llibres anteriorment citats: el pas de la infantesa a la maduresa. Els primers capítols de *Pinocchio* apareixen en la pàgina 3 del número 1 del diari *Giornale per i bambini* el 7 de juliol de 1881; finalitzarà dos anys més tard i immediatament serà publicat en forma de llibre i complet. En un principi, el relat finalitzava quan Pinotxo era menjat per la balena i moria com a càstig per les accions comeses, però davant la protesta dels lectors del diari calgué ressuscitar-lo i continuar amb la història. El 10 de novembre, una setmana més tard d'haver escrit la mort de Pinotxo, Martini, l'editor del diari, va escriure la nota següent:

> Una bona notícia. El senyor C. Collodi em comunica que el seu amic Pinotxo continua viu, i que encara podrà contar-nos-en meravelloses aventures. Era natural: un nino, un objecte de fusta com Pinotxo, té els ossos durs i no és fàcil enviar-lo a l'altre món. Així que els nostres lectors ja són avisats: molt prompte començarà la segona part de la Història d'un nino, titulada *Les aventures d'en Pinotxo*[8] (Collodi 1983: 247).

Narrava les aventures que li ocorren a un nino per desobeir el pare i seguir els consells dels amics dolents fins que el penediment i l'ajuda d'una fada el tornen un nen bo i estudiós. Cada acció dolenta és seguida del càstig i ens trobem amb tota una mostra de la picaresca del carrer.

Alice's Adventures in Wonderland

En la literatura anglesa adreçada als infants trobem una forta influència de la *literary non-sense*. Edwar Lear (1812-1888) publica el llibre *Book of non-sense* (1816); en 1862 se n'havien venut 16.000 exemplars i tingué més

---

8. La traducció és nostra.

de trenta edicions en vida de l'autor. Lear publicà altres títols en la mateixa línia que seguien l'humor radical basat en l'absurd, de gran popularitat en la tradició oral anglesa i que jugava amb el ritme del llenguatge. La composició lírica més usada era el *limerick*, forma lírica tradicional d'un poble irlandès del mateix nom i molt popular en el folklore infantil. Són composicions de cinc versos amb ritme anapèstic amb un tema lleuger o humorístic. En el primer vers s'introduïa el personatge; el segon, el descrivia, el tercer i el quart desenvolupaven els anteriors i el cinquè qualificava el personatge amb un adjectiu.

Però sens dubte, el llibre anglès més conegut per a infants va ser *Alice's Adventures in Wonderland*, 1865, escrit per Lewis Carroll, pseudònim de Charles Dodgson (1832-1898). Seguint la tradició del segle anterior, el text és escrit per a una petita coneguda per l'autor, és a dir, hi ha una relació de coneixença entre l'autor i el destinatari del text, en aquest cas, un text oral perquè la història era narrada oralment durant un passeig en barca a tres petites i que, davant la insistència d'aquestes, passà a paper i més tard es va publicar.

D'entre les múltiples relacions intertextuals proposades al llibre, la més coneguda possiblement és amb el *non-sense* del *nursery rhymes*, és a dir, amb les cançons i els refranys infantils dels quals pren al peu de la lletra el significat i crea un món màgic en base a homonímies, rimes i malentesos. A més, Carrol continua la tradició del conte de fades a més de comptar amb la tradició lírica anglesa de caire humorístic. Genette (1982: 89) ja assenyala com la faula és un dels blancs favorits del travestisme popular, per dues raons: la brevetat i la notorietat.

El text exigeix una competència enciclopèdica restringida a un infant educat sota el sistema victorià anglès del segle XIX. Ens referim a la coneixença dels textos utilitzats a l'escola, de la literatura moralista més consumida pels infants d'aleshores i, alhora, la coneixença d'una sèrie de normes educatives, de conducta i bons costums que eren imprescindibles per un infant que formara part de la societat burgesa anglesa del XIX. Aquest context textual i social funciona com a hipotextos amb els quals es manté una relació de transvestisme burlesc, amb una clara intenció de transformació temàtica, sobretot de transvaloritzación ideològica, que en alguns casos és de desvaloritzación i en uns altres textos de contravaloritzación. Només amb aquesta competència el lector pot gaudir de les contínues transgressions a la norma realitzades pels personatges que hi intervenen perquè la clau per interpretar l'humor proposat al text s'hi troba en la transgressió realitzada. És per això que *Alícia* va representar un dels primers *best sellers* de la literatura infantil anglesa i ha esdevingut el llibre clàssic d'aquesta literatura, però un fracàs de públic de les traduccions que es realitzaren i es distribuïren en la resta de cultures.

Al català fou traduïda el 1927 per Josep Carner i, amb il·lustracions de Lola Anglada, sota el títol *Alícia en terra de meravelles*. La traducció feta per Carner adapta els jocs lingüístics i les paròdies literàries proposades a l'original. Així Carner utilitza com a hipotextos per realitzar les paròdies literàries, fragments de mossèn Cinto Verdaguer, Guimerà o Maragall per fer més pròxim el text al lector català. També fou aquesta l'opció de la il·lustradora, qui posa a la cuina de la Duquessa tomata, albergínies i una botija, transforma la baralla en una espanyola i la casa on passen les aventures en una masia. Tot i l'encert de la traducció, Alícia no arribà a fer-se popular entre els infants catalans fins a la versió cinematogràfica de Walt Disney perquè el lector proposat al text necessitava d'una enciclopèdia cultural que no tenia el català i la versió cinematogràfica anestesia totes aquelles parts del text que restringeixen el lector i n'amplia la resta.

2.5 Els llibres escrits per a un públic infantil en català

Ja hem fet referència en la introducció d'aquest capítol a la publicació de diferents decrets que inicien l'alfabetització en castellà i prohibeixen expressament l'ús del català a l'escola. Amb tot, trobem publicacions aïllades com les anomenades biblioteques, un conjunt de llibres amb textos de diversos orígens amb un vessant educatiu. Ja en català, la Biblioteca recreativa i moral (1862) constava bàsicament de traduccions; dos anys després aparegué la Biblioteca de la infantesa.

Els llibres que entren a les escoles eren sobretot aquells que tractaven temes de geografia, història o naturalesa. Informació que en els primers temps aparegué sota la forma de relat. Eren els primers passos per dotar els xiquets d'una informació científica adequada al nivell de comprensió del lector. També els llibres de lectura que ajudaven a exercitar les destreses de la lectura i l'escriptura foren importants. La primera antologia escolar de lectura catalana fou publicada l'any 1878 per Francesc Fayos Antony i s'anomenava *La eloqüència catalana* o les *Regles d'Urbanitat* (1855), de Fages i Romà, i *Estètica* infantil del mateix autor.

Però sobretot la situació de l'ensenyament té com a conseqüència l'aparició de molts llibres d'ensenyament i de lectura primària en castellà, però amb petites inclusions referents al català amb la finalitat, almenys oficial, ja que no efectiva, de facilitar la comprensió i l'aprenentatge del castellà.

Coneguts autors catalans, com ara J. Rubió i Ors, autor d'*El libro de las niñas* (1845), escriuen i tradueixen en castellà obres infantils o bé col·laboren en diferents revistes que es publiquen a la capital catalana. I Catalunya i el País Valencià esdevingueren dos focus editorials importants però en castellà i també, tot i que en menor mesura, de llibre infantil. Així el 1870 es publica *Los niños*, una revista d'educació i esbarjo que durà set anys; *El camarada*, un setmanari infantil que començà el 1887 i es manté durant quatre anys, o *El museo de la juventud*, editat durant sis anys.

Aquesta situació no era molt afavoridora per a la publicació d'un llibre en català i per als xiquets. L'estudi realitzat per Rovira (1972) quantifica en 50 els llibres publicats en el segle XIX. Bàsicament, ens trobem amb dos tipus de llibres. Per una part rondalles, que segons Rovira (1972), apareguen amb edicions adreçades als infants, fins i tot el treball de Maspons i Labrós, que «si bien publicadas con intención folklórica, fueron libros de lectura recreativa para niños de la época y sirvieron de base, posteriormente, a publicaciones infantiles» (Rovira 1972: XII). La confusió entre rondallística i literatura infantil és habitual en el llibre adreçat a l'infant, perquè els primers treballs que es publicaren en català entre 1867 i 1881 tenien un caràcter principalment dirigit a un públic adult i estudiós; les rondalles no participaven d'aquesta tria de lector.

En 1853 Milà i Fontanals publica *Observaciones sobre la poesía popular con muestras de romances catalanes inéditos* i el capítol destinat a les rondalles el subtitula *Cuentos infantiles (rondallas) en Cataluña*. El mateix ocorre en obres posteriors com *Lo llibre de la infantesa. Rondallari català* (1866) de Terenci Thos i Codina, llibre inspirat en contes populars i dels primers adreçats als infants, i uns anys més tard amb *Lo llibre dels noys. Aplech de rondalles en vers endressat als noys que van a estudi*, de

Francesc Pelagi Briz. D'altres, com Maspons i Labrós, Bertran i Bros, Alcover arrepleguen rondalles i llegendes del folklore popular i hem d'esperar fins a l'actualitat per trobar-nos amb diferents versions d'aquestes rondalles adaptades específicament per a infants.

Més enllà de les rondalles, Rovira (1972: 425) destaca algunes obres, com ara l'adaptació infantil del llibre d'Anselm Turmeda, *Nou Fra Anselm. Llibre de bons consells*, utilitzat com a llibre de lectura fins a ben entrat el segle XIX. O el llibre d'Antoni Bori i Fontestà, *Lo Trovador Català. Llibre de lectura en vers destinat als colegis de noys y noyas de Catalunya*, una antologia de temes històrics i geogràfics escrita en vers i que feia la funció de llibre de lectura i a la vegada servia per donar a conèixer la història del país. Va tenir un gran èxit i se'n publicaren diverses edicions, algunes sense data.

I lectures que en un altre moment difícilment consideraríem com a literatura, com els títols que continuen amb la tradició de llibre religiós de consells com el *Llibre dels Àngels* (1865) de Francesc Pelagi Briz i *Lo llibre dels Noys* (1871) del mateix autor, tots dos llibres de consells religiosos i morals escrits en forma de narracions en vers. En general, l'autor que ens trobem és el folklorista, amb edicions adequades o no als infants, i l'autor que és mestre o escriptor lligat a una causa i que veu la necessitat d'escriure llibres en català per als infants catalans per fer país, motivació que serà constant fins els anys seixanta (veg. cap. 5).

Així doncs, haurem d'esperar fins al segle següent per poder parlar de literatura infantil catalana i en català, fins i tot per veure revistes, tan populars a Europa, adreçades a un públic infantil en català.

3. La literatura per a infants i joves des de 1900 fins a 1959

Durant aquest llarg període ja podem parlar de lectures en català per a un públic infantil i juvenil. Les obres analitzades en el capítol següent seran fonamentals per situar les produccions catalanes en un escenari tradicional i europeu que escriptors, educadors, editors i alguns pares coneixien a partir de les traduccions que es realitzaren en el primer terç de segle.

En la primera meitat del segle XX, el llibre infantil en català no només naix sinó que es consolida una producció diversa i ben dissenyada com a conseqüència de la voluntat política de les institucions administratives i socials amb la finalitat de convertir els infants en ciutadans actius de la reconstrucció social i cultural catalana. Una prova d'aquesta voluntat la trobem en la col·laboració de coneguts intel·lectuals, en els consells i opinions que apareixen en la premsa reclamant una literatura infantil i en el tipus de textos que incorporen els infants en el moviment de redreçament cultural.

Bàsicament, no és una literatura produïda per la demanda d'un públic, sinó que es projecta i concep des de les institucions. De fet, les mateixes persones que des de les institucions la dissenyen i que inicien l'escolarització en català, com Artur Martorell, Alexandre Galí o Pau Vila, són també els que declaren quins són els textos adequats per a la lectura infantil, alhora que critiquen els que no s'adiuen amb el projecte dissenyat.

Els estudis d'aquest període proposen una divisió cronològica en quatre períodes: de 1904 a 1916, de 1917 a 1930, de 1931 a 1939 i de 1940 als anys seixanta. Els criteris seguits tenen a veure sobretot amb els fets socials i polítics i no tant amb criteris relacionats amb el llibre infantil. Per això, proposem una periodització que utilitza com a criteri la tipologia de lectura per a infants en català; des d'aquesta perspectiva diferenciem un primer període des dels inicis del segle fins la república (1900-1930) que es caracteritza per l'edició d'una literatura infantil feta per autors catalans; un segon període, dels anys de la república i la guerra (1931-1939), identificat per la reducció de textos de ficció catalans i l'augment de llibres de coneixement o didàctics; i un tercer període, des de l'acabament de la guerra fins la dècada dels cinquanta marcat per la quasi absència de literatura infantil.

Des de l'inici del segle fins al 1930 s'inicia i consolida la literatura infantil catalana per la quantitat, la riquesa i la varietat dels textos. Ara bé, dels aproximadament 2.019 títols editats, només un 47.4 % podem considerar-los llibre de creació i d'aquests el 92.6 % va ser publicat per l'Editorial Baguñà, és a dir, la majoria són contes de 15 pàgines publicats en la Col·lecció Patufet. Una aposta cultural forta i força interessant van ser les traduccions d'obres dels autors europeus del segle XIX realitzades per autors consagrats en la literatura canònica com Carner, Riba o Manent, que van permetre llegir una bona selecció dels millors relats publicats en el segle XIX (veg. caps. 2.3 i 2.4) i que ja havien esdevingut els clàssics de la literatura juvenil. Són les traduccions que mantenen una relació de transposició lingüística amb l'hipotext i que afegeixen paratextos en la portada que l'expliciten: «Traducció directa de l'original...».

La crítica que estudia aquest període històric parla sobretot de la tasca realitzada per editorials com Muntañola, Catalana, Mentora i Proa. Tanmateix, de l'anàlisi sobre la producció del període comprovem que aquestes editorials només publicaren el 3 % del total de llibres de literatura infantil i pel que fa als autors, Carles Riba publica sis llibres, al costat de les quasi 167 novel·les i contes curts de Josep Maria Folch i Torres o d'altres autors com Bonfill, Marinel·lo o Blasi. Les històries de la literatura catalana dediquen molt poques paraules a la producció de llibres adreçada als infants escrits per Riba o traduïts per Carner. I, pel que fa a la produïda per Folch i Torres, descriuen «la fi de la carrera de Folch i Torres com a novel·lista pròpiament dit» quan inicia la producció de literatura infantil.

Podríem dibuixar el panorama del període de 1900 a 1930 com el d'una doble proposta lectora: la culta, representada pels llibres editats per les editorials Muntañola, Catalana, Mentora i Proa, i la populista, íntegrament publicats per Baguñà. Els autors representatius d'ambdues són Carles Riba i Josep Maria Folch i Torres, l'obra dels quals presenta trets que diferencien el tipus de lectura que proposen i que tenen a veure amb el context social i cultural dels autors, els paratextos, les editorials, els personatges i les competències literàries, culturals i genèriques que els textos exigeixen.

Durant el període posterior, de 1930 a 1939, les editorials de la línia culta o han desaparegut o no publiquen obres infantils o ho fan només en castellà. L'única editorial que continua és l'Editorial Joventut,[9] continuació de Mentora i que sobretot reedita els seus textos mentre que Baguñà manté les col·leccions i la revista. Bàsicament, és un període d'augment dels textos didàctics i de coneixements i de descens dels de ficció. El període posterior a la guerra es caracteritza per una mancança de llibre infantil en català, les causes cal buscar-les en la prohibició d'editar llibres de creació en català, la censura del contingut, la desaparició de l'ensenyament de i en català, la mancança d'escriptors.

---

9. Seguint el criteri de Baró (2006: 9) per a la denominació de l'editorial, utilitzarem el nom en català, Joventut, emprat per l'empresa en els llibres publicats en aquesta llengua.

3.1 La societat, l'educació, la lectura i els infants

El segle XX significa ja l'època de maduresa de la literatura destinada a un públic infantil i juvenil a Europa i l'inici de la literatura infantil catalana; per això, l'estudi d'aquest capítol i dels següents apartats el dediquem exclusivament a l'anàlisi de la literatura infantil en català. Ara ja, els llibres que s'editen representen la majoria dels gèneres com poesia, teatre, novel·la o contes, alhora que els agents productors del llibre prenen consciència de les etapes psicològiques del nen i, com a conseqüència, proposen la creació de lectures graduades considerant el nivell de desenvolupament cognitiu de l'infant.

Sobretot al final del període que estudiem en aquest capítol, a Europa tenen lloc fets significatius que ajuden a la institucionalització d'aquesta literatura, per exemple, es creen els premis que s'atorguen a l'obra d'un autor consagrat com el Premi Internacional Medalla Hans Christian Andersen o organitzacions que treballen només amb aquest tipus de llibre com la fundació de la Biblioteca Internacional de la Joventut a Munic el 1946. Però els fets més importants són de caire social, com la consolidació de l'ensenyament obligatori, l'inici de les biblioteques infantils, la difusió de revistes específiques o l'aprovació de lleis que reconeixen els drets de la infantesa com la Declaració dels Drets dels Nens aprovada el 20 de novembre de 1959 durant la XIV Sessió de l'Assemblea General de l'Organització de les Nacions Unides. Tot i que els conflictes bèl·lics i el canvi en l'estructura familiar seran els que tindran una major importància en el tipus de literatura. Les guerres europees i les seues conseqüències generaran importants moviments pedagògics que demanden propostes literàries amb una marcada intenció pragmàtica educativa de caire social i polític i els canvis esdevinguts en l'estructura familiar, principalment, l'allunyament dels nens dels pares fa que la família tinga menys importància en les decisions i influències sobre el tipus d'educació i per tant de lectures.

La importància que al llarg del segle adquireix l'estat o els moviments socials en l'educació del nen potser és el canvi més important i que tindrà les seues conseqüències en el tipus de lectura que es considera adient en cadascuna de les etapes de creixement dels petits. A Catalunya els moviments socials, culturals i polítics per primera vegada assumeixen l'educació del nen com a part essencial en la preparació del futur de Catalunya i en els moments de la guerra aquesta intencionalitat es veurà més clarament.

Tanmateix, en parlar d'aquests canvis i del protagonisme que té la infantesa en la societat i en la família cal diferenciar els països i les classes socials a les quals afecten els canvis. Bons exemples els trobem en la literatura del moment com en la novel·la de Josep Maria Folch i Torres *Joan Endal* (1909), que descriu clarament les diferències entre la instrucció pública i la privada o el relat infantil *La bella història d'en Tupinet* (1918) quan el protagonista, pobre i de camp, parla de Lluïsa, rica i de ciutat, a la seua amiga Ninius: «És d'una altra llei ella que tu i jo. Així com nosaltres tenim aquesta morenor a la cara, ella és blanca com un camp de fajol, i així com les teves mans i les meves són tan grofolludes i negrotes, les d'ella són llises i fines com un formatge de llet d'ovella...». Els dos nens, Tupinet i Ninius, la primera vegada que es troben amb Lluïsa utilitzen, en dirigir-s'hi, el tractament formal vostè i mentre Tupinet treballa cuidant els bous i Ninius cuida els germans i s'ocupa de la casa perquè els pares treballen, Lluïsa va a escola. De fet, Lluïsa sap llegir i ocupa les hores lliures amb la lectura, mentre que Tupinet quasi no en sap i Ninius desconeix totalment la lectura i mai no apareix amb cap llibre.

3.1.1 L'educació obligatòria

Si a la segona meitat del xix es promulgava una sèrie de lleis sobre l'obligatorietat de l'ensenyament, el xx fa possible posar-les en marxa i proclamar-ne d'altres, com per exemple les que legislen la durada de l'ensenyament obligatori. El xx significa que el control passa a l'estat i l'Església i com a conseqüència la funció educativa ha eixit de l'esfera de la família. Amb tot, durant bona part del xx la institucionalització de l'ensenyament a Espanya trobarà moltes limitacions que dificultaran la posada en marxa de les lleis aprovades. Un exemple el trobem a la ciutat de València, on durant el curs escolar de 1900 només hi ha 43 escoles públiques a pesar que pares, societats obreres i professionals pressionen l'Ajuntament perquè en cree de noves. Però, malgrat el considerable augment de la població, en 1910 la ciutat en té les mateixes i amb unes condicions que eren denunciades socialment, com descriuen les paraules del doctor

Bartrina en 1912: «A decir verdad, es dudoso qué niños son más dignos de lástima: si los que solicitan matrícula y no la obtienen, porque no hay donde meterlos, o los que la consiguen, ora por suerte, ora por influencia, y logran ser embutidos en esos asfixiaderos que ahora se llaman pomposamente Escuelas Nacionales» (Lázaro 1989: 39).

Com la citació denuncia, cal tenir en compte que es fa referència a les escoles públiques, perquè la diferència entre aquestes i les privades devia ser notòria. Per exemple, Francisca, el personatge de la novel·la *Joan Endal* (1908) de Folch i Torres, quan pensa que ha de dur el fill a l'escola diu:

> La Francisca els havia vistos de massa prop, els nois que anaven a l'escola comunal, i girà el cap ben resolta a no deixar anar-hi el seu Tomaset. I ja no parlava del formiguer de Sant Antoni, d'aquelles escoles gratuïtes de què havia parlat Joan Endal (...). Quina aversió, quin fàstic li causava aquella allau de misèria que rajava de la porta del col·legi i, saltant, lliscant, botant, escridassant els uns als altres, amb la joia esbojarrada de la llibertat afanyada i esperada durant quatre hores llarguíssimes de quietud imposada! (...) Que no volguessin fer-li creure que d'aquell femer desbordat en sortirien els savis, els advocats, els metges, els arquitectes. (...) La instrucció! Allò era la instrucció?[10]

Una de les conseqüències d'aquesta insuficient escolarització és l'analfabetisme; tot i això, en general, el segle s'inaugura amb una reducció important del nombre d'analfabets, segons les dades aportades per Ferrando i Nicolás (2005: 361), en el període de 1900 a 1930 a Catalunya es va passar del 53 al 21 %; al País Valencià, del 70 al 39 % i a les Illes, del 73 al 38 %. Ara bé, quan es parla de saber llegir a l'escola primària es refereix a fer-ho en castellà; de fet, les assignatures referides a l'aprenentatge de la lectura i l'escriptura eren *Gramática castellana* i *Escritura y lectura*, amb llibres editats a la ciutat i fets per autors valencians però exclusivament en castellà.

Durant les dècades de 1950 i 1960, la situació no ha canviat massa, com ho descriu el testimoni de Josep Lluís Bausset: «A la fi de la dècada dels 50 i principis dels 60 no hi devien haver més de quatre o 5 instituts a tota la província [de València]. Estava el de Xàtiva, el de Requena, el d'Albaida i els dos de València capital, que eren el Lluís Vives i el Sant Vicent Ferrer»

---

10. Barcelona, Llar del Llibre, 1982, p. 12.

(Vallés 2000: 152). O el testimoni de Vicent Ventura, nascut el 1924, qui recorda també: «Aleshores era un vertader sacrifici econòmic passar de l'ensenyament primari a qualsevol altre grau. Calien esforços i el meu pare no els va voler fer [...]. L'ensenyament públic era laxament obligatori fins als dotze anys. I allà s'acaba tot» (Beltran 1993: 27).

3.1.2 L'educació en català

La primera escola catalana, Escola Sant Jordi, es va obrir el 1898 a Barcelona, i el 1905 Catalunya ja tenia tretze escoles radicades majoritàriament a Barcelona i vinculades a organismes com l'Associació Protectora de l'Ensenyança Catalana, creada l'any 1899 amb l'objectiu de procurar i fomentar el desenvolupament de l'ensenyament català des de l'elemental fins al superior. Entre 1904 i 1916, aquesta associació manifesta la necessitat de tenir a l'abast dels infants no solament llibres escolars sinó també d'esplai, que complementaven el treball de l'escola.

Als nous centres escolars, l'ensenyament del català era prioritari, com ara a l'escola Horaciana de Pau Vila (1905), l'escola Vallparadís (1910) dirigida per Alexandre Galí o el nou col·legi Mont d'Or (1912), amb Manuel Ainaud. Junt a la tasca de les escoles, l'obra dels organismes oficials com l'Ajuntament de Barcelona, la Diputació o la Mancomunitat va ser fonamental, sobretot amb la creació de biblioteques públiques, on després de 1908 ja hi havia seccions de llibres per a infants. Alhora, al País Valencià (Lázaro 1989: 211-218) ni a l'Escuela de Valencia, l'escola progressista del moment, es fa cap referència al català. L'assignatura per a l'aprenentatge de llengua era *Gramática castellana (escritura y lectura),* a la qual es dedicaven vint minuts cada dia i els llibres que s'hi utilitzaven eren: *Nuevo silabario,* de Celso Gomis, *Lecturas populares* de J. Rota, *Aventuras de Nono* de Jean Grave, i *Cuaderno manuscrito* d'E. Paluzie.

L'Escuela Moderna de Ferrer i Guàrdia publicà llibres que eren utilitzats en aquesta escola, ja que «era necesario proporcionar a la nueva generación unos libritos exprofeso escritos, los que, despojados de todo prejuicio y de toda mentira, sirvieran de preferente lectura a los niños y niñas que tienen la gran dicha de formar parte de la familia libre» (Lázaro 1989: 215). Però cap d'ells era en català. El 1904, la Reial Ordre del 19 de desembre subratllava que: «es el primer deber de los maestros de instrucción primaria la enseñanza de la lengua castellana, singularmente en aquellas provincias de la monarquia que conservan idiomas o dialectos locales» (Moliner 1976: 120). El testimoni de prohoms valencians, com el cardenal Enrique i Tarancón, ho recorda així:

> Tota la meua formació va ser en castellà, sí. En castellà i en llatí, mai en valencià. [...] És que aquí el valencià era d'anar per casa. Era una llengua col·loquial, no literària, encara que també hi havia bons literats, alguns. Però tota la cultura te l'ensenyaven en castellà, i a Tortosa també. [...] El català no es va utilitzar, per a aquestes coses, fins el temps de la República. Però el fet que no estudiàrem en català, o valencià, no vol dir que no tinguérem en compte la producció d'aquesta llengua. I no només Verdaguer, que el llegíem –i el cantàvem– molt. Fins i tot Teodor Llorente, el de València... No excloíem res. Les classes eren en castellà, encara que nosaltres parlàvem en valencià, clar (Nicolàs 1994: 25).

Ferrando i Nicolás (2005: 370-371) descriuen el sistema educatiu de principis del segle XX repartit entre l'estat, l'Església catòlica i la iniciativa popular. L'estat era el titular de l'escola pública en els nivells primari i secundari i la universitat, amb un fort endarreriment d'estructures, preparació de docents i eficàcia de mètodes i recursos. En aquesta esfera, només es concebia l'ús del castellà i les autoritats educatives insistien amb instruccions orals i escrites que fomentaven la penalització de l'ús de la llengua tant en les hores d'estudi com en les de lleure. L'Església suplia les mancances anteriors a través dels seus centres d'ensenyament, tot i que acusava bona part dels dèficits de l'escola pública; a més, el tradicionalisme del seu ensenyament portava a demonitzar el liberalisme, el positivisme, etc. Pel que fa a la llengua, les postures eren contradictòries i mentre una part de la jerarquia i dels ordes religiosos seguien la castellanització activa, el clergat diocesà i regular, com els escolapis, va tenir un paper fonamental en la catalanització educativa. La iniciativa popular provenia del segle XIX i girava entorn del moviment obrer i de l'associacionisme de base. Així, des de les cooperatives de consum, les organitzacions anarcosindicalistes, les entitats esportives o els casinos populars es desplegaren activitats d'ensenyament no reglades, com conferències, xerrades divulgatives, campanyes d'alfabetització, etc.

Un dels problemes del sistema educatiu era la poca preparació dels mestres. Per pal·liar aquest dèficit, a Catalunya es posa en marxa el 1906 l'Escola de Mestres, creada per Joan Bardina, que conclogué el 1910. Els alumnes es formaven per guanyar el títol de *maestro* oficial, alhora que rebien un ensenyament de llengua, història i cultura catalanes de manera voluntària.

Durant els anys de la Mancomunitat (1914-1923), amb la influència de la Lliga en la normalització del català com a llengua de cultura, s'aprofundeix en l'escolarització en català. Però en aquest procés només participen sectors socials com la menestralia, les classes mitjanes o la burgesia intel·lectual que, tot i ser minoritaris, constituïen un grup de pressió amb una influència política: «Per la seva projecció final, mereix de ser subratllada la tasca de la Mancomunitat. S'adreçava a l'"ensenyament", al nivell més urgent i vàlid: a renovar-ne el sistema, i en la mesura que fos possible fer-ho en català. Les tècniques educatives eren una preocupació inèdita al país, en el fons. El fet d'introduir-se 'en català' suposava un reforç per a l'idioma» (Fuster 1992: 46). Dues dates que cal recordar són el 1915, any en què Alexandre Galí és designat secretari de la II Escola d'Estiu per a la formació del professorat, i el 1924, quan es crea l'escola Blanquerna, dirigida per ell.

A Catalunya, el treball de les escoles, les institucions o les editorials rep una ajuda fonamental des del món de la biblioteca. Com ho descriu Mañà (2007: 195), les biblioteques demanades i reivindicades pels polítics i intel·lectuals a principi de segle no s'implantaren definitivament fins a la creació de la Mancomunitat de Catalunya; el 1918 s'inauguraven les primeres biblioteques dirigides per Eugeni d'Ors. La proposta d'Ors era crear espais oberts a tots els públics, fins i tot els infants, atesos per personal format en l'Escola de Bibliotecàries i instal·lats en locals adients. Els criteris de selecció de fons eren la llengua i la qualitat del contingut. Per a Baró (2002: 123) «aquesta política recuperava l'interès per la lectura dels infants impulsant la creació de seccions infantils a les biblioteques públiques però també donant resposta a les necessitats que manifestava el món educatiu».

Les primeres biblioteques inaugurades foren les de Valls, Olot, Sallent i les Borges Blanques, el 1918. L'objectiu d'aquesta acció de la Mancomunitat era apropar la cultura i el llibre a tota la població i per això tenien el fons obert de lliure accés, hi funcionava el préstec de llibre i es disposava d'una secció dedicada especialment als nens.

Cap a la segona dècada d'aquest segle, apareix en la vida pública valenciana Carles Salvador, mestre i animador cultural, que no concebia l'ensenyament sense l'aprenentatge de la llengua pròpia i així ho féu constar en diferents escrits o actes públics com en l'article «Per a l'Ensenyança Valenciana», publicat al setmanari *El Poble Valencià* (21-IV-1917), on proposa i defensa l'ensenyament dels infants en la pròpia llengua (Simbor 1982: 297). El 1921 publica el fullet «Pro Associació Protectora de la Ensenyança Valenciana», on demanava ajuda per a la creació d'aquesta associació, que havia de tenir com a activitats inicials la de crear una editorial de llibres en valencià, publicar i regalar llibres a nens i escoles, crear escoles valencianes i promoure concursos de lectura, escriptura, etc. Però el colp d'estat la deixà en un projecte. En 1921, l'associació «Nostra Parla» s'adreçà a cada ajuntament del País Valencià demanant que «en les escoles d'eixa localitat es donen ensenyances de l'idioma valencià» (Moliner 1976: 125).

El colp d'estat i la dictadura de Primo de Rivera (1923-1930) representaren l'aturament de totes aquestes iniciatives i l'endarreriment dels guanys aconseguits: el 1923 es publica una circular obligant a l'ensenyament del castellà, el 1924 una ordre prohibint d'ensenyar el català ni que siga optativament, i el 1926 un decret pel qual se sanciona l'ensenyament del català amb el trasllat del mestre. Les conseqüències van ser clares: segons dades del mateix Alexandre Galí (citat per Monés 1984: 173), els nens que a Catalunya aprenien a llegir i escriure en català no passaven dels 10.000. I quan arribà la República, es troba que a l'estat hi havia un 24.8 % d'analfabets entre els homes i un 39.4 % entre les dones. L'escola pública només acollia el 48 % de la població escolar; dels 4 milions d'escolars, només 70.000 arribaven a fer l'ensenyament secundari; i sols 39.000, l'universitari.

A partir de 1931, amb la proclamació de la República, la situació canvia i així, quinze dies després de proclamar-se, a Catalunya s'estableix el decret de bilingüisme, segons el qual el català adquireix les mateixes prerrogatives legals que el castellà, almenys a l'ensenyament primari. En aquest moment, es crea l'Escola Normal per a Ensenyants i el 1930 es reprenen les escoles d'Estiu fins al 1935. Però la introducció de l'ensenyament plantejava problemes, a més de la no preparació dels mestres, la manca de textos escolars i de literatura infantil i juvenil en català.

Al País Valencià i a les Illes no s'arribaria a fer efectiva una situació legal equivalent. Moliner (1976: 130) diu que el Ministeri d'Instrucció Pública va declarar que havia rebut sol·licituds de les Illes i del País Valencià per estendre el decret de bilingüisme, però el ministre va assenyalar la manca d'entitats culturals solvents que en prepararen la implantació. Tot i els esforços de l'Associació Protectora de l'Ensenyança Valenciana (1934-1938), creada segons el model de la de Catalunya i que congregava persones amb una visió unitària de la llengua com Carles Salvador, Enric Soler i Godes, Emili Beüt o Enric Valor. Amb tot, aquests anys són d'una intensa activitat de normalització lingüística i cultural. Per exemple, el desembre de 1932 s'acorda per nombroses institucions i personalitats valencianes l'adopció d'unes normes ortogràfiques que responien a les orientacions de Pompeu Fabra i de l'Institut d'Estudis Catalans. Són les anomenades Normes de Castelló. El mateix any s'organitza la Primera Setmana Cultural Valenciana.

En els anys de la guerra civil, el govern autònom de Catalunya dictà normes que significaven un pas endavant. Així, des d'un punt de vista qualitatiu, la catalanització de l'ensenyament primari assoleix el seu punt més alt, tot i que cal considerar que no era suficient per aconseguir una veritable normalització lingüística. Tanmateix, a l'ensenyament secundari, que depenia de l'estat, no es va donar aquest pas endavant: «La Dictadura del 1923 n'estrangulà una bona part de les eficiències. Amb la Generalitat, el 1931, les possibilitats van augmentar: l'Estatut atorgava al català dispositius bàsics de l'ensenyament, de la Universitat a l'escola primària, i la política de la Conselleria de Cultura en fou un complement adequat. La 'lectura' en la pròpia llengua havia prosperat, i, si encara no arribava a un grau satisfactori, ja era una petita base suficient perquè les temptatives "editorials" tinguessin alguna consistència» (Fuster 1992: 47).

Durant 1931-1936, la Mancomunitat de Catalunya, l'Ajuntament de Barcelona i l'Associació Protectora de l'Ensenyança Catalana junt amb altres editors publiquen llibres escolars de gran qualitat, com ara (1931) Pau Romeva, *Sil·labari Català*; (1931) Valeri Serra i Boldú, *Rondalles populars*; (1932) Rafael Pérez Barradas, *Històries per a nois* i (1933) Antoni Rovira

Virgili, *Història de Catalunya tria d'episodis*. Al País Valencià, el 15 de juny de 1935 va ser inaugurada l'Escola en Llengua Valenciana, que va instituir l'Associació Protectora de l'Ensenyança Valenciana. Al llarg del període de 1936 fins el 1939, el Comissariat de Propaganda de la Generalitat de Catalunya edita una col·lecció de publicacions infantils de propaganda antifeixista entre els quals destaquen, de Lola Anglada, *El més petit de tots* i de Josep Obiols, *Auca del noi català antifeixista i humà*.

Per al període posterior a la guerra, Bassa (1990) proposa de diferenciar-ne un primer cicle que arriba fins a l'any 1957 i que s'inicia el 28 de gener de 1939 amb l'Ordre publicada en el *Boletín Oficial de la Provincia de Barcelona* per la qual materials i documentació, escoles i biblioteques i també fons de llibres quedaven en mans del Ministerio de Educación Nacional. I tots els funcionaris pertanyents a aquests centres «suspensos de empleo».

Immediatament, comencen a publicar-se i a acomplir-se un seguit de disposicions legislatives prohibint l'ús del català a qualsevol àmbit que no fos l'estrictament familiar. Com a conseqüència, s'inicia una nova etapa caracteritzada en el camp de l'educació, la llengua i els llibres en català per (Bassa 1990: 24) la depuració i els trasllats obligatoris dels mestres sospitosos de "catalanistes", prohibició absoluta d'usar la llengua catalana en el discurs escrit i l'oral, aïllament pel que fa als nous corrents pedagògics internacionals, crítica als principis de l'Escola Nova i a la Institución Libre de Enseñanza, depuració i prohibició de llibres i censura. I, les noves lleis, com la de 1945, que allarga l'obligatorietat fins als 12 anys, o la de 1964, que augmenta l'escolaritat obligatòria fins als 14 anys, ignoren el català.

L'escriptor de literatura per a infants Joaquim Carbó, nascut el 1932, en les seues memòries (2011: 107), recorda com: «Les primeres lletres me les havia començat a ensenyar el pare poc abans que comencés la guerra. [...] la meva primera escola de debò va ser el Colegio Academia Cataluña a Gràcia. [...] Per estudiar utilitzàvem una de les diverses enciclopèdies de can Dalmau Carles, de Girona, però el plat fort de cada setmana era la tarda sencera dedicada al dictat, sempre d'unes pàgines d'*El Quijote*; l'endemà es repetia el mateix dictat i un dels alumnes més brillants el copiava i escrivia correctament a la pissarra». Òbviament, tot en castellà.

Fins als anys 50, al País Valencià «només Carles Salvador tractarà d'encetar la tasca de l'ensenyament tot tenint en compte el que es feia a

Catalunya. Però aquest treball seu no podia incidir en la realitat escolar del nostre país per manca de mitjans» (Iborra 1982: 74). Durant aquest període, només restaren la societat Lo Rat Penat i les editorials Torre i Lletres Valencianes, de poc abast. Fou durant la dècada de 1950 que es va iniciar el treball de Sanchis Guarner i la continuació de la tasca de Carles Salvador. El 1950, Sanchis publica la *Gramàtica valenciana* i un any més tard també Carles Salvador organitza a Lo Rat Penat els cursos de valencià, en els quals l'any 1952 tingué una matrícula de 180 alumnes, que augmentarien fins als 324 el 1969, però els recursos econòmics i humans eren molt limitats. Bausset (Vallés 2000: 66) recorda quins eren els llibres destinats a l'aprenentatge de la llengua: *La llengua dels valencians* de Sanchis Guarner, el *Compendi de la gramàtica valenciana* del pare Fullana, *La llengua valenciana* de Lluís Revest, i la *Morfologia valenciana* i el *Vocabulari ortogràfic valencià* de Carles Salvador.

A Catalunya, en encetar-se la dècada del seixanta, s'inicien projectes paral·lels fora de l'administració: el 1959 comencen a publicar-se els *Cursos de pedagogia*; en 1965 es crea l'Escola de Mestres Rosa Sensat i en 1966, l'Escola d'Estiu organitzada per Rosa Sensat i en la qual participen Artur Martorell, Alexandre Galí i Pau Vila. Tots ells, projectes que tenen l'encert de fer participar les persones que havien preparat l'educació en català abans de la guerra i que pogueren transmetre'n l'experiència.

Més lentament, però, al País Valencià, el 1964 Lo Rat Penat crea la «Secció de Pedagogia» i el butlletí *Escola*, que volia estudiar la problemàtica escolar i les possibilitats d'altres tipus d'ensenyament; es realitzen estatges, el primer dels quals té lloc el 1967 a Albocàsser i en les conclusions es manifesta la necessitat d'un aprenentatge bilingüe i d'un material adequat i de coneixements d'uns mètodes actius per a l'ensenyament de la llengua. El 1969, la Secció de Pedagogia de Lo Rat Penat va presentar uns suggeriments al *Llibre Blanc de l'Ensenyament* que havia aparegut com a avantprojecte d'una nova Llei d'Educació i on es parlava per primera vegada de l'ensenyament de les llengües pròpies de cada territori de l'estat.

3.1.3 La producció de llibres en català per als infants

Els estudis crítics que analitzen des d'un punt de vista diacrònic el segle xx (Baró 2007, Rovira 1977 i 1988, Valriu 1994) destaquen que amb les transformacions i amb la progressió del català el panorama del llibre i la lectura canvia definitivament. Per als moviments modernista i noucentista, la catalanització dels infants i l'educació es considera bàsica per a la Catalunya moderna i autònoma del primer terç del segle xx. En conseqüència, la producció de nous llibres infantils en català, amb un alt nivell literari i artístic, fou una de les prioritaritats per a les elits culturals, socials i polítiques i això va propiciar la participació dels millors escriptors i artistes en l'elaboració dels llibres infantils, tasca a la qual no són aliens autors com ara Josep Carner i Carles Riba i pedagogs com Artur Martorell, Alexandre Galí o Pau Vila.

Aquesta preocupació es materialitza en l'edició de col·leccions específiques per a infants, com les publicades per *L'Avenç, Joventut* o *Patufet*, amb interès pel conte meravellós o la traducció dels contistes clàssics, i en les diferents tasques de difusió del llibre des de la Mancomunitat, l'Ajuntament de Barcelona i la Generalitat. En conseqüència, aquestes voluntats i realitats es tradueixen en el naixement potent d'una literatura infantil en català.

En el primer període del segle (fins al 1930), hi ha un nivell de producció considerable, conseqüència de l'interès que desperta el món infantil en les noves classes dirigents i de la necessitat d'una literatura infantil en català que genera la nova escolarització. Els estudis històrics sobre literatura infantil i juvenil diferencien quatre grans períodes:

— 1904 i 1916: inici del llibre per a infants en el seu concepte modern de contingut i presentació;
— 1917 a 1930: constitució de la Mancomunitat i difusió del llibre;a partir de 1923, i malgrat la Dictadura es manté viu l'interès pel llibre infantil;
— 1931 a 1939: una certa crisi en la producció d'obres d'autor i il·lustrador; en canvi, s'editen bons llibres de lectura per a l'escola, que arriben a tots els llocs a través de la xarxa de biblioteques;

103

— 1940 a 1960: la situació creada per la guerra es caracteritza per una censura fèrria i la prohibició de publicar en català. Els joves i nens que no podien accedir a un ensenyament en català ni tenien possibilitat de llegir literatura en aquesta llengua.
Aquesta periodització, que apareix per primera vegada en la tesi de llicenciatura de Teresa Rovira presentada el 1976 sobre el noucentisme i el llibre infantil, torna a utilitzar-la en l'apèndix que inclou en la *Història de la literatura catalana* (Rovira 1988) i apareix en l'estudi de Caterina Valriu (Valriu 1994). Però, com que aquesta divisió atén criteris que tenen a veure més amb fets relacionats amb l'evolució cultural i política de Catalunya que amb la producció de llibres infantils, proposem de parlar d'un primer període que abasta fins al 1930; un segon, fins l'acabament de la guerra, i el darrer, la postguerra. Aquesta és la periodització que seguirem en aquest estudi.

3.2 El circuit literari en els primers trenta anys

Abans d'analitzar les lectures adreçades als infants, voldríem resumir breument quin és el panorama literari en aquest període a l'àmbit català, en particular a Catalunya, amb la consolidació de la cultura de masses. Ferrando i Nicolás (2005: 376-379) classifiquen els productes literaris en quatre àmbits que es defineixen per les determinacions de classe:

1. L'alta literatura, circumscrita bàsicament als productes en castellà (Azorín, Miró, Miguel Hernández, Max Aub) i a aquelles creacions en llengua catalana que podien satisfer els requisits de l'alta burgesia.
2. La literatura mesocràtica produïda i consumida per les classes mitjanes, formada per:
— la literatura consumista i modernista tardana, amb un català marcadament diferent del defensat pel cànon noucentista amb l'obra de Prudenci Bertrana o Joan Puig i Ferreter,
– la nova literatura burgesa del Noucentisme, que popularitzava els principis ideològics, estètics i lingüístics del catalanisme conservador amb l'obra d'Eugeni d'Ors, Josep Carner, etc.

— la superació narrativa del Noucentisme amb els escriptors de la generació del 1936, com ara Sebastià Juan Arbó, Mercè Rodoreda, etc.

— la narrativa popular inspirada en el melodrama del fulletó en castellà o català, consumida per sectors alfabetitzats de les classes populars i editada en *El Cuento Semanal* (1907), o bé escrita per Josep Maria Folch i Torres, adreçada a infants i joves i editada a la Biblioteca Patufet.

3. La literatura proletària en castellà com a difusió pamfletària dels valors revolucionaris dels cercles anarquistes.

4. La literatura d'avantguarda en català, produïda per individualitats d'extracció petitburgesa com Salvador Dalí, Josep Vicenç Foix, etc.

Aquest és el context de consum lector en el qual es produeixen els textos que ara comentem. El període l'inicia Rovira (1988) el 1904, perquè és l'any en què conflueixen: l'aparició del primer número de la revista *En Patufet*, la publicació dels reculls de *Rondaies mallorquines* d'Antoni M. Alcover o les *Rondalles per a nois* d'Aureli Capmany, l'edició de l'obra de Josep Carner *Deu rondalles de Jesús infant* i, el mateix any, la revista *Catalunya* publica alguns contes populars i diferents textos periodístics que demanen la publicació de contes per a infants en llengua catalana.

Rovira (1988) parla de dos tipus de literatura: una de més minoritària i adscrita a la ciutat de Barcelona, dins de la línia culturalista influïda en un primer moment pel modernisme i, sobretot, pel noucentisme; i una altra de majoritària o de consum representada per la revista *En Patufet* i les publicacions annexes. Per a Rovira (1976), el noucentisme va influir en una part important de la producció i del consum de llibre per a infants per les causes següents:

— Política cultural: en l'intent de transformar el país mitjançant la seua catalanitat, la pedagogia i la catalanització dels infants eren necessàries i la renovació pedagògica implicava una escola i uns llibres en català.

— Literàries: les preferències d'aquest moviment per la novel·la curta i el conte, així com per la imaginació i el meravellós, influïren ràpidament en la producció de llibres per a infants; tanmateix, si aquesta producció arribava als xiquets era sobretot a través d'escoles i biblioteques.

— Artístiques: la il·lustració del llibre infantil reflecteix models artístics del moment.

En aquest apartat, revisem la producció de literatura infantil per estudiar en el següent capítol el tipus de lectura que s'hi proposa. El corpus d'anàlisi està format per les obres que apareixen ressenyades en l'estudi de Rovira i Ribé (1972). Aquest estudi l'utilitzem com a font bibliogràfica per conèixer les obres adreçades a un públic infantil que van ser publicades durant el període de 1900 i 1930 (Rovira i Ribé 1972: XI):

> La presente *Bibliografía* aspira a ser un repertorio de todos los libros publicados en lengua catalana hasta 1939. [Les obres que recull són] las obras de imaginación como cuentos, novelas, narraciones, poesías y canciones dedicadas a los niños [...]. De los libros de enseñanza el criterio seguido ha sido el de incorporar aquellos libros que, ya sea por su interés de lectura, por su contenido literario o bien por sus ilustraciones, tuviesen el mérito de atraer al niño [...]. En cuanto a los libros de cuentos populares, figuran en la *Bibliografía* las ediciones dedicadas a los niños, o las primeras ediciones [...] que si bien publicadas con intención folklórica, fueron libros de lectura recreativa para niños de la época y sirvieron de base, posteriormente, a publicaciones infantiles.

3.2.1 Les primeres lectures de creació per a infants (1900-1916)

El primer període proposat per la crítica abraça els primers setze anys del segle i la *Bibliografia* inclou un repertori de 399 llibres. Aquesta xifra, que en comparació a la que hem vist en el segle anterior sembla molt crescuda, pot induir a realitzar valoracions precipitadament optimistes i demana una sèrie de comentaris i apreciacions. A continuació, en fem una succinta referència:

Teatre. Se'n publiquen al voltant de 62, que tenen com a característiques compartides un mínim de 12 pàgines i un màxim de 26 i que majoritàriament escullen un títol temàtic com *El baylet de la masia*, *El camí del cel* o *Noblesa d'ànima* i s'acompanyen d'un subtítol remàtic del tipus *Comèdia dramàtica en un acte i en prosa*, *Quadre dramàtich en un acte y en vers*, *Obreta dramàtica infantil en un acte y en vers*, o *Dialech cómich en un acte y en vers*. Destaquem sobretot els publicats per Àngel Rius i Vidal, que foren representats en centres, escoles i teatres de qualitat, i l'obra escrita per Apel·les Mestres, *Qüento de Nadal* (1908), que conegué nombroses edicions.

Poesia. Destaquen les antologies dels grans poetes adreçades a un públic infantil, com ara, la d'Àngel Guimerà, *Glorioses. Joies literàries de l'obra de l'Angel Guimerà, que la Comissió Executiva de l'Homenatge a l'excels poeta, celebrat a Barcelona el dia 23 de maig de 1909 dedica als nois de Catalunya*, i la de Josep Carner, *Glosas* de 1904. Pel que fa a les cançons, tots els reculls utilitzen títols remàtics i indiquen el tipus de lector al qual s'adreça el text; com *Cants escolars* (Joan Lambert, 1905), *Els infants cantaires* (Felip Plantada, 1910) o *Cançons d'infants* (1905), de Narcisa Freixas, que, il·lustrades per Tornè i Esquius, constitueixen, segons Rovira (1988: 431), «una bella mostra d'edició noucentista», a més de les d'Apel·les Mestres *Non-Non* (1908) o *Noves cançons d'Infants*.

Lectures didàctiques. Els textos amb caràcter didàctic i amb estructura expositiva majoritàriament tenen com a finalitat l'aprenentatge del català, com el de Salvador Genís amb el títol *Lectura bilingüe. Exercicis per aprendre de llegir en català y de traduir en castellà els noys y noyas de les Escoles de Catalunya* (1902), o el de Manuel Marinel·lo *Lectura gradual catalana*, publicat per l'Editorial Baguñà el 1907. En segon lloc, hi ha els llibres de lectura entre els quals destaquem la desena edició del llibre d'Antoni Bori i Fontestà (la primera va publicar-se el 1892), el llibre titulat *Aplech. Models en vers i en prosa del nostre Renaixement. Per a ús de les Escoles de Catalunya, Mallorca, València y Rosselló* (1906) o l'antologia de textos de Joan Maragall *Tria*, subtitulada *Llibre de lectures selectes, en prosa y vers, per a els nois y noyes de les escoles y col·legis de Catalunya* (1909).

Com en la resta de textos, sovinteja també l'ús d'un títol temàtic i un subtítol remàtic, com en *Animals amics dels homes. Llibre de lectura per als infants catalans* (Alsina 1905) i amb la incorporació d'un sintagma adjectival (infantil...) o d'un de preposicional (per als nois...) que selecciona el lector.

I un tercer grup, format pels llibres que tenen una clara intencionalitat educativa i moralitzadora, com ara un text de Josep Carner que comença a publicar-se el 1902 a *La veu de Catalunya*, *Deu rondalles de Jesús infant*, editades en forma de llibre el 1904, o el de Josep Pin i Soler *Regles morals i de bona criança* (1915). També cal destacar la traducció del conegut llibre d'Heinrich Hoffmann, comentat anteriorment (veg. 2.4), *En Perot l'Escabellat, històries gojoses i pintures galdoses del Doctor Hoffmann. Per als infants de 3 a 6 anys*, publicada el 1913.

Rondalles. Durant el segle XIX, es publicaren els dos reculls de rondalles més importants i que textualitzen l'hipotext més conegut d'algunes de les rondalles més esteses i és a la primera meitat del XX quan són traduïts al català. L'obra de Charles Perrault, traduïda per Lluís Via i Oriol Martí i il·lustrada per Apel·les Mestres, va ser publicada per la Biblioteca de la Revista Joventut i en el pròleg s'indica que la literatura destinada als infants «era ben pobra» i «així es doble l'acció educadora d'aquest llibrets, car ensemps que servirà d'esplay a les tendres inteligencies de sos lectors, els aficionarà tal volta l'estudi de nostra llengua y els farà més aptes per contribuir a llur temps a l'obra regeneradora de Catalunya». De fet, un any abans Eugeni d'Ors en la glosa "Contes, imatges?" demanava la traducció d'obres per als nens i concretament «Oh, un Perrault, un Perrault per a nosaltres...».

Dos anys més tard apareix una nova edició, en aquest cas traduïda per Miquel i Planas i publicada per l'editorial L'Avenç en la col·lecció Biblioteca Popular de L'Avenç. En la mateixa col·lecció, van ser publicats *Contes populars del Japó* (1904) i *Balades i contes japonesos* (E. Llorens 1909). I, a diferència de l'anterior, manté les característiques pròpies de les adreçades a un públic adult del moment: un format de 15 x 10 cm. sense cap il·lustració, només amb una orla en l'inici de cada conte i en la portada només apareix el títol, l'autor i el nom de la col·lecció sense cap il·lustració.

La resta de traduccions de rondalles –un total de sis– van ser publicades per l'Editorial Baguñà (que representava una línia editorial diferenciada de les anteriors) en la Col·lecció Patufet i són les rondalles populars japoneses *El mirall de la Guideta* (1912), *Morret-de-rosa* (1913) i *Urashima, el pescadoret* (1913), a més de les de tradició normanda *El joglar de la mare de Déu* (1913) o alemanya *Els tres lladres* (1916) i *Rüberalh* o el *Gegant de les muntanyes* (1916), totes elles adaptades per Folch i Torres en uns quaderns que no passaven de les 15 pàgines.

Altres reculls de rondalles citats per la *Bibliografía*, com *Aplech de rondayes mallorquines* (1904), d'Antoni M. Alcover, o les *Rondalles* de Jacint Verdaguer van ser publicats per L'Avenç en col·leccions adreçades a un públic adult, sense il·lustracions.

Relats de ficció. Finalment, entre els relats de caràcter creatiu publicats durant aquest període, diferenciem entre les traduccions i els llibres d'autor. La *Bibliografía* cita com a úniques traduccions publicades durant aquest període, les següents: *Contes* de Lleó Tolstoi (1903); *Contes* (1907) i *La dona d'aigua i altres contes* (1911) d'Andersen; i, de Jonathan Swift, *Viatges de Gulliver a diverses nacions del món* (1913).Totes quatre aparegueren a la Biblioteca Popular de L'Avenç, adreçada a un públic adult, com demostren les característiques de la col·lecció: format de 15 x 10 cm., sense il·lustracions, i cos de lletra molt petit. En la portada, només apareix el nom de l'autor, el títol, el traductor (en alguns casos), la ciutat d'edició, el nom de la col·lecció i l'anagrama de l'editorial L'Avenç. La coberta reprodueix el mateix que la tapa i, en el cas de la traducció de l'obra de Swift, una foto de l'autor.

Rovira (1987) i Valriu (1994) destaquen durant aquest període la publicació per L'Avenç d'*El company del camí* d'Andersen, el 1909, il·lustrat per Guillem Perès, i el setmanari *La Rondalla del Dijous*, en fascicles que contenien dos contes populars o literaris, d'autors catalans (F. P. Briz, Maria de Bell-lloch, F. Maspons i Labrós, Antoni M. Alcover, Aureli Capmany, etc.) o d'altres països (Andersen, Grimm, Perrault, Tolstoi i populars japonesos) i sempre amb il·lustracions. Així, doncs, del total d'obres publicades durant aquest període, les de literatura infantil són les següents: 292 relats, 62 de teatre i poesia, 30 rondalles, 8 traduccions i 7 lectures didàctiques.

Com a conclusió del període de 1904 a 1916, Rovira (1987) destaca els fets següents:

1. La creació de la Mancomunitat impulsa el moviment pedagògic i de catalanització que interessa el món intel·lectual pel llibre infantil. A més, la fixació fabriana possibilita l'edició de llibres infantils normativitzats.

2. Les edicions realitzades durant el modernisme demostren que el llibre infantil pot esdevenir una obra d'art, proposen sobretot lectures de caire tradicional com les rondalles i inicien les traduccions que faciliten el coneixement de la tradició europea a través del català.

3. I, no menys important, la prosperitat econòmica produïda després de la I Guerra possibilita la creació de noves empreses, entre les quals editorials que també s'ocupen de les lectures per als infants.

Per completar l'estudi de Rovira, des de la perspectiva de la nostra anàlisi, afegim:

4. La producció de literatura infantil, tret d'algunes excepcions, majoritàriament està en mans de l'anomenada vessant més popular de la literatura infantil de l'època: l'Editorial Baguñà i un autor, Josep Maria Folch i Torres. La majoria de les lectures editades són textos de caràcter didàctic que segueixen un esquema expositiu o petites narracions editades en la Col·lecció Patufet i que la crítica no menciona.

5. Es publiquen una sèrie de narracions que, tot i no proposar directament un lector infantil, utilitzen uns canals de distribució i de lectura que en possibiliten l'accés dels nens i joves.

6. S'editen les primeres traduccions de les principals novel·les d'aventures europees, tot i que serà en el següent període que el nombre n'esdevindrà veritablement important.

Recordem que la part més important de la producció de llibre infantil l'editen empreses que publiquen en castellà i que paradoxalment són a Barcelona: Bastinos, Sopena, Gili, Camí, Seix Barral i Araluce, amb col·leccions com Las obras maestras al alcance de los niños.

3.2.2 Una proposta única: l'Editorial Baguñà

De les 292 obres de lectura per a infants amb autor català que apareixen citades en la *Bibliografía*, quasi la totalitat van ser publicades per l'Editorial Baguñà, perquè la Col·lecció Joventut i L'Avenç no en publiquen més a partir de 1909. La primera de les obres publicades per Baguñà, el 1907, és de Folch i Torres, *De quant les bèsties parlaven*, el segon llibre de la Biblioteca Patufet d'aquesta editorial. I a partir d'aleshores la producció queda reduïda a l'Editorial Baguñà amb la Col·lecció Patufet i la Biblioteca Patufet i, per tant, els autors que publiquen en aquestes editorials són: Josep Maria Folch i Torres, amb 122 obres; Manuel Folch, 69; Marinel·lo, 51, i altres autors són els responsables de 50 obres més.

En Patufet fou el primer setmanari il·lustrat en català d'esbarjo, amb la intenció «d'inclinar els nens i les nenes a llegir en català» i es publica per primera vegada el gener de 1904 amb un mida de 15 cm x 10 cm, amb un personatge a la portada que dóna nom a la revista i petits dibuixos a l'interior. La revista inclou seccions com «Entremaliadures», «Cançonetes», «Nit de Reys» o «Titelles», amb una característica compartida, estaven «hàbilment redactades per ser llegides per la resta de la família» (Fuster 1992: 57). A l'interior, alguns dels fulls es dediquen a la publicitat de carnisseries, impremtes, etc. S'edita en bicolor i amb una periodicitat setmanal. A partir de 1926, canvia per un format més gran, 20 x 15, introdueix la quadricromia i augmenta el nombre de pàgines a 200, mantenint apartats semblants i publicitat que majoritàriament s'adreçava als nens. Amb tot, conserva la mateixa coberta amb l'anagrama de la revista, format per la il·lustració del nen i el nom.

Per a Larreula (1985: 15), la revista «va aconseguir un gran èxit de públic gràcies al model moral que proposava, que sublimava el conservadorisme burgès i satisfeia les aspiracions del lector de classe mitjana». De la mateixa opinió és Fuster (1992: 57): «s'ha dit que unes quantes generacions de catalans van aprendre a llegir en les pàgines del *Patufet*, i és ben cert. Entre 1904 i 1938, la revista assoleix un èxit excepcional». I Rovira (1988: 433) assenyala com, a partir sobretot de 1923, els moments en què té un major èxit de públic, té una tendència a usar i abusar de les bromes de mal gust –a persones amb defectes físics, llauradors i criats–, que provoca crítiques des del món intel·lectual. Tothom reconeixia el seu paper en la difusió del català, però, com després comentarem, en els ambients intel·lectuals hi havia una clara actitud contra la revista i el que representava. Va durar 34 anys, des de 1904 a 1938, quan va aconseguir una gran difusió, amb un tiratge setmanal de 60.000 exemplars.

Un any després de la seua fundació per Aureli Capmany, va ser adquirida per l'Editorial Baguñà i amb cada número de la revista es regalava un conte editat amb un format de 11 x 7 cm i de 15 pàgines. L'edició era molt rudimentària i simple: la coberta de davant porta una il·lustració en blanc i negre i el títol del conte, no hi apareix cap altra informació. La coberta de darrere incorpora publicitat –quasi sempre de productes els consumidors dels quals són els nens– i a la part inferior apareixen el nom de la col·lecció i el número de l'exemplar. En l'interior, no hi ha cap informació i el nom de l'autor de cada conte apareix al final del text. Un tipus de publicació, doncs, semblant al realitzat a Espanya per Saturnino Calleja amb la col·lecció Los cuentos de Calleja. Els principals autors que hi publicaren van ser Josep Maria Folch i Torres, Manuel Camarasa, Manuel Marinel·lo i Manuel Folch i Torres.

Des de 1907, edita també la Biblioteca Patufet, amb un format allargat amb moltes il·lustracions. Aquesta col·lecció es publicava a banda de la revista. La mida de la primera sèrie és de 21 x 11 cm. i en la segona varia per 18.30 x 12.30 i hi incorpora el bicolor. En la coberta apareix el nom de l'autor i el títol del conte amb una il·lustració que ocupa tot l'espai, i a la part de sota el nom de la col·lecció i el número del volum. A l'interior, apareixen il·lustracions i, en alguns casos, les lletres capitulars amb un petit dibuix.

El 1910, J. M. Folch i Torres publica *Les aventures d'en Massagran* i amb l'èxit de la novel·la en continuà traient-ne d'altres en forma de fulletó. Durant aquesta època aparegueren diferents articles que comentaven aquests inicis de publicacions infantils. Així, Miquel i Planas, després de ressenyar l'escassesa del llibre en català per a infants, deia a *El Poble Català*:

> una de les coses més encoratjadores del nostre moviment actual, és aquesta tendència, més accentuada cada dia, a preocupar-se dels infants, de la formació (...) dels que han de substituir-nos en la lluita y dur a terme l'obra per nosaltres tot just iniciades. Producte d'aquesta tendència són ja bona colla les institucions educatives fundades en pocs anys a Barcelona (...) i les publicacions destinades exclusivament als infants que venen a completar l'obra d'aquelles.

3.2.3 El període més interessant: de 1917 a 1930

Els estudis de Teresa Rovira (1987) sobre la producció específica per a infants en llengua catalana anomenen aquest període com del noucents, perquè fa referència a la pervivència del model noucentista, tot i les circumstàncies polítiques. De fet, per a Rovira (1987) i Valriu (1994), el període comprès entre 1917 i 1930 és un dels més interessants perquè s'arreplega l'esforç realitzat en l'anterior, com Rovira (1988: 440) indica:

— Les edicions de Joventut, L'Avenç i Miquel i Planas, amb els seus llibres de rondalles ben editats i amb bones il·lustracions, iniciaren la renovació del llibre infantil.

— L'aparició d'*En Patufet* i les publicacions annexes ampliaren el cercle de lectors en català.

— Les preferències del Noucentisme pel conte curt i meravellós s'adiuen amb el contingut dels textos infantils.

— L'ambient de prosperitat econòmica és favorable a l'eclosió de noves empreses com les editorials.

Aquests dos estudis diferencien dos períodes: en el primer, que durarà fins a la dictadura de Primo de Rivera, té un pes específic molt fort l'acció de la Mancomunitat i de l'Ajuntament de Barcelona. En el segon, que abraça tot el període de la dictadura, els organismes oficials catalans no hi juguen cap paper i el protagonisme passa a la iniciativa privada.

En aquest primer període, de 1917 a 1923, s'editen llibres que *La Revista* i *Quaderns d'Estudi* donaran a conèixer i divulgaran, alhora que es prepara la xarxa de les biblioteques que tenen com a missió posar-los a l'abast de tots els nens. També, es creen noves editorials dedicades exclusivament al llibre infantil com Muntañola, que fou creada en 1916 per Antoni Muntañola. El mateix any 1917 es funda Editorial Catalana, que no es dedica al llibre per a infants, però que dins de les col·leccions Biblioteca Catalana i Biblioteca Literària, dirigides per Josep Carner, publicà diverses obres que van ser molt llegides pels nens i els adolescents.

Per la mateixa època, la Comissió de l'Associació Protectora de l'Ensenyança Catalana inicia la publicació de les seues edicions escolars. El Consell de Pedagogia de la Mancomunitat de Catalunya va editar una sèrie de llibres com a lectura per a les escoles; en destaquem els de poesies de Maragall, Pijoan o Salvà.

L'interès d'aquesta època pel llibre infantil apareix en comentaris i notícies publicats en les revistes i els diaris catalans com *La Revista*, *Quaderns d'Estudi*, *La Publicitat*, *La Veu de Catalunya*, *D'Ací i d'Allà*. A més, la Mancomunitat crea una xarxa de biblioteques populars que incorpora una secció important dedicada només al llibre per a infants. En instituir-se la dictadura se suprimeixen, entre altres, l'escola catalana i l'ensenyament del català. Artur Martorell, en un article publicat al *Butlletí dels Mestres* (II, núm. 23-25, 1923, p. 34-36, citat per Rovira 1987), demana als organismes directes de la cultura catalana l'edició de bons llibres per a infants i:

> Tenir consciència exacta de la necessitat absoluta que les obres que s'editen assoleixen la major perfecció possible en el doble aspecte, del paper que han de representar en la formació espiritual de les joves generacions, i en el de l'expansió del català pur, cenyit i correcte. Aplegar a l'entorn d'aquesta obra, perquè la perfecció siga un fet, tots els prestigis necessaris que puguen assegurar-se la cura més exquisida en tots els caires de la publicació: llengua, gramàtica, il·lustració, material i tipografia. Tenir un criteri ben format i rígid sobre la mena de literatura que hem d'oferir a la jovenalla per donar-los una sana fortitud, i un enriquiment de cultura i no pas una sensibleria malaltissa. Tenir en compte que es tracta d'una obra d'imprescindible necessitat, puix cada dia que passa sense que tinguem a les mans llibres perfectes per donar als nostres nois i noies és un espai de temps que oferim sense resistència a les llengües i a la ideologia forastera perquè influeixi impunement damunt de nosaltres. Fer-se càrrec que no es tracta d'una obra de governs.

Mesos més tard, el colp d'estat va aturar el procés i el mateix Martorell, en un article publicat en *La Paraula Cristina* (VI, núm. 63, 1930, pp. 284-287), deia: «Fa vuit anys demanàvem a les nostres corporacions i autoritats que es fessin seu aquest problema (...) però de seguida les coses prengueren un altre caire i tot s'hi ha hagut de confiar a l'empresa particular». De fet, aquest segon període es caracteritza per la impossibilitat d'ajuda institucional, pel protagonisme de les institucions privades, com les editorials, i sobretot per la literatura de quiosc, com la publicada per l'Editorial Baguñà, de caire populista, que ja hem comentat en el capítol anterior.

De la mateixa manera que hem fet anteriorment, si fem un recompte dels llibres que la *Bibliografía* recull d'aquest període, n'apareix un total de 1.620, les característiques dels quals comentem des de la classificació per gèneres:

Teatre. Els textos teatrals continuen les característiques i els autors del període anterior. Àngel de Rius i Vidal és l'autor més prolífic i junt a Manuel Folch i Torres monopolitzen aquest tipus de textos. També cal destacar les diferents versions teatrals de rondalles conegudes realitzades per Folch i Torres d'autors del folklore europeu, com Perrault o Grimm, o del folklore català.

Poesia i cançons. Continua la publicació d'antologies com l'editada per la Biblioteca de la Mancomunitat de Catalunya *Llibre de poesies* de Joan Maragall per servir de lectura a les escoles de Catalunya (1917). I les cançons editades s'adrecen al món escolar, com per exemple *Cançoner escolar català. Ramell de cançons escolars aplegades aposta per a ésser cantades per la mainada de les escoles per en Francesc Flos i Calcat* (1917).

Lectures didàctiques. La major part són editades per la Mancomunitat de Catalunya i l'Associació Protectora d'Ensenyança Catalana. Com en el període anterior, s'editen textos per a l'ensenyament del català i s'amplia aquesta oferta a d'altres aspectes de la cultura, com les biografies. De llibres de lectura, n'apareix un adreçat només a les nenes: *Diana o l'educació d'una nena*, un llibre de lectura escolar dividit en tres graus. Com en el període anterior, es publiquen també llibres moralitzadors com *El padrinet. Vetllades alegres o sigui saludables consells d'un avi a son nét* (B. Abell, 1917).

Rondalles. Augmenta notablement la publicació tant de traduccions com de rondalles catalanes. A les publicacions de l'Editorial Baguñà, de versions de rondalles de diferents països, s'uneix Edicions Proa amb la publicació de rondalles russes. I cal esmentar sobretot la traducció dels contes dels Grimm en 1919 i 1921 en versió de Carles Riba; de les *Faules* de Jean de La Fontaine, de Josep Carner, o d'alguns contes de la tradició oriental com *Les mil i una nits*, publicats per l'Editorial Catalana. L'edició de rondalles catalanes es caracteritza perquè apareixen en col·leccions adreçades als infants, com les creades per l'Editorial Muntañola, amb imatges, i l'Editorial Catalana, que el 1919 en dissenya una altra també amb imatges i un format més gran de l'habitual.

Traduccions. Igual que hem vist en el període anterior, els textos que podem anomenar literatura infantil són relativament pocs en comparació a la xifra inicial de 1.620 títols que la *Bibliografía* citava com a editats durant aquest període. Majoritàriament, són traduccions, ja que cal destacar l'augment considerable durant els anys 1916 i 1930 en relació als primers anys del segle. És important situar la traducció en el context literari d'aquest moment perquè, segons González Davies (2002: 185): «la traducció tenia categoria de creació, i afavoria la descoberta de l'altre i una incorporació cultural de primer ordre que duien a terme els autors consagrats de l'època amb plena consciència de la seva tasca, i explicaven els seus objectius a les introduccions i prefacis de les seves traduccions». Recordem que algunes d'aquestes traduccions van ser realitzades per Carner, Manent o Riba:

> Les més trivials novel·les policíaques són traduïdes, avui, per escriptors coneguts. El cas no té equivalents en altres latituds. Indubtablement, en última instància, ha d'explicar-se també per raons econòmiques: la professionalització del literat, a l'àmbit català, imposa aquesta servitud. Però és evident que hi intervenen factors menys "interessats": l'amor a la llengua i la responsabilitat de l'escriptor davant la cultura del seu poble (Fuster 1978: 310).

I així consta en els paratextos de la coberta. Justament, Fuster (1971: 309) remarca com aquest és un fet habitual en tota la producció editorial, una conseqüència directa de la política propiciada pel Noucentisme:

> El Noucentisme, classicitzant, suggereix d'anar a cercar un remei en els clàssics de l'Antiguitat, en els "clàssics" en general. I Riba propugna de suplir el defecte amb una dosi massiva d'"humanitats": "no amb unes soles humanitats greco-llatines, sinó també amb unes novíssimes humanitats que abracessin les irrenunciables adquisicions del "Quatrecents al Noucents". En altres paraules, es tractava de donar un contingut de "cultura viva" –acadèmica i actual– a les lletres catalanes, que, des del 1833, s'havien mogut entre la improvisació i el mimetisme.

Però, en el cas de la literatura infantil, la traducció (González Davies 2002: 185) va guanyar una importància cabdal a fi de complir amb els dos objectius esmentats: el traductor era ben visible perquè era un autor consagrat que adaptava el text original segons el seu objectiu polític o ideològic i així ho expressava en diversos escrits i entenia la traducció com la construcció necessària de ponts entre la cultura catalana i la del text traduït. Un bon exemple és la traducció *Alícia en terra de meravelles* feta per Josep Carner, que ja hem comentat a 2.4.

Si en el període anterior va ser traduïda l'obra de Perrault, un clàssic la traducció del qual va ser demanada per Riba en algun article crític, ara es tradueix Grimm i La Fontaine; però també les novel·les que van ser escrites al llarg del segle XIX a Anglaterra i França i que hem analitzat en el capítol

2. Els títols que s'editen, classificats per gènere, són:

Relats històrics:
Schmid, C. *Genoveva de Brabant*, traduïda per Joaquim Ruyra i editada per Baguñà, Biblioteca Virolet, l'any 1925.
Thackeray, W. *La rosa i l'anell. Novel·la meravellosa per a infants*, traduïda per Josep Carner, publicada per Editorial Mentora, l'any 1926.
Scott, W. *Ivanhoe. Explicada als infants per Pau Romeva*, traduïda per P. Romeva, publicada per Edicions Proa, l'any 1929.
Schiller, F. *Guillem Tell*. Adaptació per als infants de diversos moments de la tragèdia de F. Schiller per Melcior Font, traduïda per M. Font, publicada per Edicions Proa, l'any 1929.

Novel·la d'aventures:
Verne, J. *La volta al món en 80 dies*, traducció directa del francès per C.E., publicada per Editorial Mentora, l'any 1927.
Verne, J. *L'illa misteriosa*, traducció directa del francès per J.R.S, publicada per Editorial Mentora, l'any 1927.
Twain, M. *Les aventures de Tom Sawyer*, traducció de Josep Carner, publicada per Editorial Catalana, l'any 1918.
Twain, M. *L'elefant blanc, robat*, traducció de Josep Carner, publicada per Editorial Catalana, l'any 1918.
Defoe, D. *Robinson Crusoe*, traducció de Josep Carner, publicada per Editorial Catalana, l'any 1925.
Maurois, A. *Viatge al país de les 36.000 voluntats*, traducció de Melcior Font, publicada per Edicions Proa, l'any 1929.

Novel·la amb protagonista infantil:
Roen, C. *Les aventures de Polzet (El darrer nen del bosc)*, traducció de Maria Perpinyà, publicada per Edicions Proa, l'any 1929.
Kipling, R. *El llibre de la jungla*, traducció de Marià Manent, publicada per Editorial Catalana, l'any 1920.
Carroll, L. *Alícia en terra de meravelles*, traducció de Josep Carner, publicada per Editorial Mentora, l'any 1927.
Stevenson, R.L. *L'Illa del Tresor*, traducció de Joan Arús, publicada per Edicions Mentora, l'any 1926.

Dickens, Ch. *Oliver Twist*, traducció de Pau Romeva, publicada per Edicions Proa, l'any 1929.
Rondalles:
Andersen, H.C. *Contes d'Andersen*, traducció de Joan d'Albaflor, publicada per Editorial Catalana, l'any 1918.
Andersen, H.C. *Contes d'Andersen*. No hi consta el traductor; pròleg d'Alexandre Galí; editada per Tipografia Catalana, l'any 1924.
En Compta-Naps. El gegant i les muntanyes pel Professor Doctor A. Müller, traducció catalana de J. Navarro, publicada per Editorial Joventut, l'any 1930.

Són justament les traduccions que mantenen una relació de transposició lingüística de l'original de l'obra al català, sense realitzar cap tipus de transformació per proposar una adequació a un lector infantil. De fet, en alguns títols, com en la traducció de l'obra de Walter Scott *El talismà*, apareix en portada: «Traducció directa de l'original per Carles Capdevila». El mateix ocorre amb la traducció de Charles Dickens *Oliver Twist* (1929), publicada per Edicions Proa en una col·lecció que no té cap de les característiques habituals de la literatura infantil: no hi figura cap il·lustració i en la portada apareix «Traducció directa de l'anglès de Pau Romeva».

De la mateixa manera que l'hipotext, l'hipertext apareix en col·leccions i editorials adreçades a un públic adult. Per exemple, les traduccions que publica Editorial Catalana apareixen en la col·lecció Biblioteca Literària; s'hi editen conjuntament el que anomenem textos de literatura infantil i d'adults, com podem comprovar en llegir les portades de les traduccions: només hi figuren el títol, autor, traductor i nom de la col·lecció, sense cap il·lustració –tampoc n'hi ha a l'interior. El format és de 18.30 x 12 i la lletra té un cos molt petit. Només *Contes d'Andersen*, *L'elefant blanc robat* i *Les aventures de Tom Sawyer* incorporen a la portada una petita il·lustració del protagonista de cada història, però en l'interior es mantenen les mateixes característiques adés esmentades. Excepcionalment, els *Contes d'Andersen* inclouen una petita il·lustració per cada conte.

La resta de les traduccions publicades mantenen una relació amb l'hipotext de transformació per escissió, per concisió o de digest. En els tres casos, hi ha una intencionalitat pragmàtica de caràcter didàctic amb la finalitat de proposar un lector model infantil en qualitat de deixeble.

González Davies (2007: 173-174), a partir de l'estudi de Rovira i Ribé (1972), constata que:

— Els idiomes traduïts són francès, alemany, italià, anglès, rus, danès, japonès i xinès. Tot i que no sempre es traduïa des de la llengua d'origen.
— Els cinc traductors amb major producció van ser: Serra i Boldú, 20; Folch i Torres, 17; Carner, 10; Gols, 8, i Manent, 6.
— Les editorials amb major nombre d'obres traduïdes: Mentora, 31; Joventut, 14; Bagunyà, 21; Catalana, 10; Proa, 11; L'Avenç, 8; Muntañola, 2; Boileau, 1.

Des de la nostra anàlisi, destaquem les següents característiques compartides per les traduccions:

— Són editades en col·leccions adreçades a un públic infantil, com ara *Genoveva de Brabant*, d'Schmid, editada per Baguñà en la col·lecció Virolet.
— Els subtítols que apareixen són nous i en tots s'hi afegeixen matisos nous, com la proposta d'un lector amb una edat determinada, com és el cas de l'obra d'Scott, *Ivanhoe. Explicada als infants per Pau Romeva,* o de l'obra de Schiller *Guillem Tell*, que s'acompanya en l'hipertext pel subtítol *Adaptació per als infants de diversos moments de la tragèdia de F. Schiller per Melcior Font.*
— El títol explicita clarament el tipus de relació que es manté amb l'hipotext, com en el cas de les obres anteriors o en el digest de l'obra de Shakespeare *La història de Macbeth. Explicada als infants segons l'obra de William Shakespeare*, realitzat per Cèsar August Jordana.
— Destaquem la col·lecció Biblioteca Grumet editada per Proa. Destinada a obres mestres de la literatura explicades als infants, publicà sis títols: W. Scott: *Ivanhoe. Explicada als infants per Pau Romeva*; F. Schiller: *Guillem Tell. Adaptació per als infants de diversos moments de la tragèdia de F. Schiller per Melcior Font*; W. Shakespeare: *La història de Macbeth. Explicada als infants segons l'obra de William Shakespeare*; J. Verdaguer: *Canigó. Contat als infants per Artur Martorell*, i *Els almogàvers* i *Els treballs d'Hèrcules* de Joan Gols. Amb un format d'11 x 15 cm. En la coberta apareixen el títol del text i el nom de la col·lecció amb una il·lustració

a tot color enganxada; en la portada, apareixen el títol de la col·lecció i el de la sèrie. Tots els volums inclouen en l'interior il·lustracions reproduïdes en cromolitografia i en quadricromia, representant algun fet o personatge cabdal de la novel·la.

Les editorials

Els estudis citats sobre la història de la literatura infantil catalana destaquen, principalment, la tasca que les editorials realitzaren durant aquest període. De fet, la seua producció va ser comentada i elogiada en la premsa de l'època, com en l'article següent: «Fou en aquest moment, potser per causa de la inflació i de l'optimisme que la guerra gran produïren a casa nostra, quan el llibre per a infants de rel catalana arribà al seu punt més dolç, quant a la qualitat de text i d'il·lustracions» (Ramon Esquerra, «Llibres per a infants», *D'ací d'allà* I, núm. 2, febrer 1918). Les editorials que durant aquesta etapa editaren llibres per als infants i que els estudis crítics destaquen són:

Editorial Muntañola. Creada per Antoni Muntañola i Carner el 1916, edita unes col·leccions de llibres infantils en doble versió –català i castellà–, amb uns llibres de gran format i bones il·lustracions que, a més de poder competir amb qualsevol llibre europeu, responen al concepte del modern llibre d'imatges. L'època en la qual publica la major part de la seua producció –al voltant de 18 contes– és des de 1916 a 1919, però a partir d'aquest any baixa molt la producció en català (a causa de la publicació d'un *Anuario de la Juventud* que va resultar un desastre econòmic i la suspensió de pagaments del Banc de Barcelona, que provoca un canvi de la política editorial) i arriba a publicar exclusivament en castellà a partir de 1925. Cap altra editorial publica les seues obres i Artur Martorell, en un treball al *Butlletí dels Mestres* en 1923, diu: «les seves edicions catalanes estan esgotades i sembla que no queden ganes de fer-ne reedicions ni d'editar obres noves».

Amb tot, Rovira (1988: 441) la destaca com «la primera tant per la data, com per la qualitat i el volum de la seva producció i, sobretot, per la tasca extraordinàriament renovadora que realitzà», i així apareix publicat en un article del moment: «El buen gusto, el arte refinado, la claridad y el deslumbramiento lucen en el texto como en las ilustraciones de estos libros encantadores. No sólo ha logrado con ellos la Editorial Muntañola ponerse al nivel económico, pedagógico y artístico de las mejores producciones del estranjero, sinó que a menudo las ha superado» (Feliu Elias, «Maravillas para los niños», *La Publicidad*, 8 de maig de 1918).

Les obres que la *Bibliografía* ressenya d'aquesta editorial són les de Riba *Les aventures d'en Perot Marrasquí*, que es començaren a editar el 1917 amb la forma de fulletó, 13 quaderns, amb il·lustracions de Segrelles. El 1918 comencen a aparèixer per separat *Sis Joans (Joan Barroer, Joan Feréstec)*, amb grans il·lustracions de Xavier Nogués i format de 18 x 18. Cadascuna de les quinze il·lustracions ocupa una plana sencera; hi alternen una pàgina de text i una amb il·lustració i, en alguns casos, cada quatre pàgines dobles, apareixen dues imatges: una per pàgina. Són litografies a tot color, amb l'estil propi de l'autor, de factura expressionista, fora dels corrents estètics habituals del moment. La portada inclou els noms de l'autor i de l'il·lustrador, títol i nom de l'editorial. Estranyament, i potser per primera vegada, el nom de l'il·lustrador apareix en una lletra més gran que l'autor.

En 1919 publica el llibre *Guillot Bandoler*, un àlbum il·lustrat de 35.5 cm x 26.5, cm il·lustrat en quadricromia per Josep Llaverias. Una autèntica excepcionalitat en el panorama editorial del moment. Carner publicà adaptacions de contes populars com *En Llagosta i el rei Golafre* (1917) i *La Guineu i el llop* (1919) a Col·lecció Amic. Rondalles Populars, que editava llibres ben presentats, amb il·lustracions en colors a tota pàgina i orles al voltant del text amb columnes, paneres, flors, fulles i fruites, d'un gust molt noucentista. Les il·lustracions eren de Lola Anglada, Obiols, Opisso, etc.

Editorial Catalana. Fundada en 1917, publica en les col·leccions Biblioteca Catalana i Biblioteca Literària alguns títols de literatura infantil, però conservant les característiques de la col·lecció, que proposa un lector adult. A més de les traduccions esmentades, trau la segona edició de *Les aventures d'en Perot Marrasquí* de Carles Riba, en un format de 14 x 10.30 cm; en la tapa apareix una petita il·lustració del protagonista i en la portada la foto de l'autor. En l'interior, s'inclouen petites il·lustracions en blanc i negre. I també publica els *Contes del Paradís* de Lola Anglada. Com l'obra de Riba, en una sèrie dins de les col·leccions anteriors adreçada als infants de format més gran i amb il·lustracions.

El 1923 publica la col·lecció Biblioteca Catalana amb traduccions adreçades als infants, com *Les lletres del meu molí*, d'Alphonse Daudet, en traducció de Lluís Bertran i Carles Soldevila; *Viatges de Gulliver*, de Swift; *Robinson Crusoe*, de Daniel Defoe, en versió de Josep Carner. Pel format i la manca de dibuixos no eren pròpiament llibres infantils, però van ser llegits per aquest públic. Publicà també obres plenament infantils, com la nova versió de *Perot Marrasquí* i i les rondalles de Serra Boldú. El 1924 tancà l'activitat editorial.

Editorial Mentora. S'inicia el 1926 i a partir de 1930 continua sota el nom d'Editorial Joventut. Publica les traduccions de Carner *Alícia en terra de meravelles* (1927) i *La rosa i l'anell*, de Thackeray, a més d'iniciar la traducció d'obres clàssiques o d'autors com Stevenson o Verne. En 1928, Lola Anglada escriu i il·lustra *En Peret*, que té un gran èxit. El mateix any apareixia *Sis Joans* de Carles Riba, llibre qualificat per la crítica com una de les obres clàssiques de la literatura infantil catalana. Altres llibres publicats són: de Lluís Almerich: *El cavaller de la Creu* (1926) i *La nit de Sant Joan* (1930); i d'Antoni Sabater i Mur: *L'edat d'Or. Història veritable d'unes meravelloses vacances infantils*.

Edicions Proa. Publica des de 1929 a 1931 i és en 1929 quan inicia la col·lecció adreçada als infants Biblioteca Grumet, on apareixen les traduccions de Cendrars, Maurois i Roën que ja han estat ressenyades adés. A més d'aquests textos, inicia la publicació d'una sèrie de digest en la mateixa col·lecció Biblioteca Grumet. Les obres mestres explicades als infants. Però en 1931 deixa de publicar llibre infantil.

3.2.4 La paradoxa de la lectura infantil als estudis literaris

Ja hem vist com Rovira (1976) i Valriu (1994) destaquen que durant els primers anys del segle va ser fonamental l'impuls que el moviment institucional donà al llibre infantil. El treball des de les institucions va ser important en una triple vessant: la creació, la difusió i el consum. Les accions que es dugueren a terme són conseqüència de la idea de la "Catalunya ideal" i al mateix temps l'instrument per ajudar a abastir-la i preparar-ne el futur. Tot i que aquestes accions queden restringides a l'àrea d'influència de la ciutat de Barcelona, els beneficis són notables, com descriu Rovira (1976):

1. El llibre arriba, tant pel seu contingut com per la seua presentació, a una qualitat mai no assolida. Escriptors com Carner, Riba, C. Soldevila, Marià Manent, Ruyra, Martínez Ferrando, Jordana, Salvat Papasseit, escriuen, adapten o tradueixen llibres per als nens i dibuixants com X. Nogués, Obiols, Apa, Joan d'Ivori, Torné Esquius, Lola Anglada, Ricart o Emili Ferrer els il·lustren.

2. Els periòdics més representatius publiquen estudis i comentaris sobre els llibres infantils, de pedagogs, crítics d'actualitat i personalitats de l'època com López-Picó, Ferran i Mayoral, Manuel de Montoliu, Alexandre Galí, Feliu Elias, Rovira i Virgili, Artur Martorell, J.V. Foix, Rafael Tasis, Maurici Serrahima, Joan Teixidor, etc.

3. Les institucions –escoles i biblioteques– creades per educar el nen de totes les capes socials del país i fer-li arribar el bon llibre infantil realitzen un treball modèlic.

Però els resultats de la nostra investigació sobre títols publicats en aquella etapa aporten altres dades com hem analitzat en els diferents apartats. Hem analitzat els llibres que la *Bibliografía* ressenya durant aquest període i, dels 1.620 totals, al voltant de 666 podem conceptualitzar-los com a literatura infantil i, a més, observem que només un 4.35 % va ser publicat per les editorials que no eren Baguñà. Entre elles, Muntañola, Mentora, Editorial Catalana i Proa.

El mateix ocorre amb els autors. Només l'1 % dels llibres publicats per a un públic infantil han estat escrits pel autors ressenyats per la crítica. El 28 % ha estat escrit per Xavier Bonfill, que, sobretot, va ser autor de contes per a infants i adolescents. El 17 %, per Manuel Marinel·lo, qualificat de poeta, periodista, narrador i pedagog, que, a més dels contes publicats a *En Patufet*, col·lecció on publica tota la seua producció literària, va escriure llibres escolars en català i castellà. El 14 %, per Ramon Blasi i Rabassa, que va ser sobretot narrador per a infants, publica en *En Patufet* més de 800 contes i signava també amb els pseudònims de R. Bir, Tastaolletes i Gerau. Finalment, la producció de Josep Maria Folch i Torres representa el 6.75 % de la producció. Tots ells publiquen la seua obra integrament en *En Patufet* i *Virolet*, iniciativa editorial que a diferència de la resta publica, a més dels contes de 15 pàgines, novel·les de diferent temàtica que després estudiarem. Aquestes dades ens obliguen a replantejar-nos el panorama que ens havien mostrat els estudis de Rovira i Valriu sobre la producció del primer terç de segle.

D'una altra part, en els estudis sobre història de la literatura catalana (Fuster 1978; Yates 1975; Marfany 1984; Riquer 1988), les úniques referències que apareixen sobre la literatura infantil d'aquest període versen sobre l'obra de Carner o Riba i la producció de les editorials abans esmentades. Cal fer esment de les referències de Yates (1975) a l'obra de Folch i Torres, *Joan Endal*, novel·la adreçada a un públic adult i publicada el 1909:

> L'estil de Folch i Torres és caracteritzat en general per aquesta naturalitat, reticent i flexible, sense retoricisme. La seua facilitat d'expressar-se, aliada amb els poders d'observació i d'imaginació, confirma l'aparició d'un talent genuí; molt prometedor. [Però aquesta novel·la] marca la fi de la carrera de Folch i Torres com a novel·lista pròpiament dit» (Yates 1975: 47).

Obvia dir que és en aquest moment quan la producció narrativa de Folch s'adreça a un públic infantil i ho fa justament amb *Aventures extraordinàries d'en Massagran*, novel·la de 130 pàgines publicada per l'Editorial Baguñà el 1910, número 9 de la col·lecció Biblioteca Patufet: l'èxit fou tan gran que a partir d'aquest moment Folch escriu tots els títols d'aquesta col·lecció, molts dels quals conegueren segones edicions. Fuster (1978) s'expressa amb els mateixos termes sobre l'autor: «El 1910 Folch i Torres ingressa a la redacció del setmanari infantil *En Patufet*, del qual esdevé aviat el director. Es dedica des d'aleshores al conreu de la literatura per a nens, adolescents i dones, i ho fa amb absoluta exclusió: ja no reincidirà en la novel·la 'normal'» (Fuster 1978: 253).

És necessari revisar els estudis que s'han realitzat sobre la literatura infantil perquè, entre altres qüestions, no consideren quin era el lloc que ocupa el petit en la societat en cada període històric ni s'utilitzen estudis sociohistòrics sobre la infantesa i l'adolescència. Els estudis anteriors assenyalen reiteradament com el petit és objecte de les campanyes de catalanització fomentades des de la Mancomunitat i l'Associació d'Ensenyança, comenten i comparen la producció de literatura adulta i infantil però, i és ací on plantegem les matisacions, trobem a faltar una focalització centrada en tota la producció de textos adreçats als infants i no només en aquells que els agents socials i culturals de l'època consideren adequats perquè hi proposen una intencionalitat pragmàtica educativa en la línia institucional.

La relació que s'estableix entre l'autor i el lector no és la mateixa en els textos publicats a Baguñà que en la resta d'editorials i els canals de distribució també són força diferents entre l'una i les altres. Yates, les poques vegades que fa referència a Folch, ho fa en parlar de la intenció, i el fracàs, de molts escriptors del moment de viure exclusivament de la literatura: «El cas de Folch i Torres és, fins a cert punt, l'excepció que prova la regla. Es guanya la vida com a escriptor de ficció (...). L'enorme popularitat i l'èxit econòmic d'*En Patufet* i d'altres empreses fan de Folch i Torres un prodigi editorial» (Yates 1975: 140).

Pensem que un dels pressupòsits de l'estudi de la lectura, la literatura o els circuits literaris és la focalització en aquelles obres que han tingut una major importància en l'actual literatura infantil catalana. Si ens atenem als percentatges, aquesta importància està en la producció de Baguñà. Així doncs, podem concloure l'estudi d'aquest període històric afirmant que:

1. El període des de principi de segle fins al 1930 és l'inici i consolidació de la literatura infantil catalana; amb tot, de tots els llibres editats considerats per la crítica com a llibres per als infants només en podem considerar el 47 per cent, dels 2.019 títols, com a narrativa de ficció infantil escrita per autors catalans; la resta són adaptacions de relats de la tradició oral, obres de caràcter didàctic, cançons o teatre.

2. D'aquest 47.4 %, el 92.6 % va ser publicat per l'Editorial Baguñà, és a dir, són contes de 15 pàgines apareguts en la Col·lecció Patufet en forma del fulletó, fórmula força popular en el segle anterior a Europa i que possibilita una edició barata i de grans tiratges.

3. Apareix el que considerem el primer editor específic de literatura infantil catalana, Josep Baguñà, qui impulsa Editorial Baguñà amb una sèrie de publicacions adreçades exclusivament als nens i que es caracteritzen per la finalitat lúdica dels textos, per un tipus d'edició infantil amb il·lustracions, jocs o publicitat adreçada als nens i un preu força assequible i que edita el 95 % dels llibres del període.

4. La producció i l'edició d'aquesta literatura queden reduïdaes a la ciutat de Barcelona, perquè a les Illes només podem ressenyar la continuació de les edicions de les *Rondaies mallorquines d'En Jordi des Racó* i al País Valencià no n'hi ha cap publicació d'importància.

5. Per contra, en castellà hi ha una forta innovació de les característiques formals de les edicions, el creixement econòmic fa que algunes editorials inclogueren obres infantils en les seues col·leccions: «el rápido crecimiento urbano y las necesidades crecientes de enseñanza, información, cultura y arte, contribuyeron al aumento del potencial mercado del libro para niños» (García Padrino 1992: 205). A més de les edicions de Calleja, les obres d'Elena Fortún, Matilde Ras o Concha de Salamanca van ser molt populars, al costat de noves editorials que actualitzaren la literatura instructiva.

3.3 Des de 1931 a l'acabament de la guerra d'Espanya

En el període de la República, amb la cooficialitat del català, l'interès dels organismes públics per l'educació i les noves escoles catalanes afavoria el llibre adreçat als infants, sobretot el llibre escolar. Es publicaren llibres de lectura per a l'escola on s'adaptaven textos clàssics de la literatura catalana, fragments de la història, etc. Baró (2006: 50) destaca com la Generalitat de Catalunya, per mitjà del seu Consell de Cultura, publicà una antologia de Goethe el 1932 (*Goethe: Antologia que la Generalitat dedica a les Escoles de Catalunya*, Il. Josep Obiols, Barcelona: Generalitat de Catalunya, 132 p.) i l'Associació Protectora de la Llengua Catalana impulsà el 1932 l'edició del llibre de Ferran Soldevila, *Història de Catalunya: Primeres lectures*, Il. de Josep Vinyals, 187 p. I diu: «A partir d'aquest moment, són molt poques les editorials que publiquen literatura infantil en català: tret de Joventut i Mentora, trobem l'Editorial Políglota, que publica obres de Lola Anglada; la Catalònia de López Llausàs i alguna de menor significació».

La cooperació entre el Govern republicà i la Generalitat catalana, la cooficialitat del català, l'interès dels organismes polítics i la tasca de l'Associació Protectora de l'Ensenyança Catalana per l'educació afavoria l'edició del llibre escolar i que a les escoles es tornara a llegir autors catalans. Durant la República, l'Editorial Joventut dóna a conèixer les obres més importants de la literatura infantil europea amb reedicions i noves traduccions de les *Rondalles d'Andersen* (1933), les *Rondalles* de Grimm (1935) en versió de Riba, el *Llibre de Fades* (1934) d'Arthur Rackham traduït per Marià Manent, *Peter Pan i Wendy* en versió de Manent, les *Aventures d'en Pinotxo* (1934) i *Emili i els detectius* (1935). Per contra, la producció de literatura estrictament infantil catalana fou molt reduïda.

Durant el període que durà la guerra, només els organismes oficials pogueren fer-se càrrec de l'edició de llibre infantil. La producció de llibres per a infants adquireix un caràcter oficial i s'intentava d'utilitzar també el llibre com a instrument de propaganda de cara a l'estranger. Un exemple és l'edició de llibres pel Comissariat de Propaganda de la Generalitat de Catalunya, que entre 1937 i 1938 en publica una col·lecció, entre els quals destaquem: *Auca del noi català antifeixista i humà*, de Josep Obiols, traduït a l'anglès, i *El més petit de tots*, de Lola Anglada, editat en català, castellà i francès.

Ara bé, la producció, respecte al llibre en espanyol, continua sent molt escassa. Un exemple és la celebració el 1935 de l'*Exposición del Libro Infantil* a Madrid, en la qual es presentaren 16 empreses especialitzades en la publicació de llibres per a la infantesa i la joventut de l'àmbit espanyol, com ara Saturnino Calleja, Araluce, Juventud, Molino, M. Aguilar, Molino. Poques d'elles publicaven en català, tot i que la majoria eren de Barcelona (és representatiu que tota la producció de Walt Disney va ser publicada per l'editorial catalana Molino, però en castellà, i va tardar molts anys a publicar-se en català).

3.3.1 Els llibres per a infants

La *Bibliografía* xifra el total de llibres publicats en aquests moments en 531 i, com en períodes anteriors, els analitzem per gèneres.

Teatre, poesia i cançons. La producció d'aquest tipus de textos descendeix moltíssim; de fet, només se'n publicaren vuit. El 1930, de Salvador Perarnau, el text *Cuques de llum. Poemes per a infants,* publicat per l'Editorial Políglota. A més d'algunes reedicions. La resta són textos teatrals de Josep Maria Folch i Torres, petites comèdies d'unes 20 pàgines publicades per La Escena Catalana. Caldria destacar l'obra del valencià Josep Maria Bayarri, *Vèrsos per als chiquets valencians*, editat a València el 1936. Iborra (1995: 132) el descriu com un petit quadern, una mena de catecisme, i destaca dos versos que mostren l'ideari de l'obra: «per a que Déu nos lliure del diable espanyol».

Lectures didàctiques. Un total de seixanta-sis llibres s'editaren amb una estructura expositiva i un objectiu explícitament didàctic. Hi destaquen els llibres d'història com la *Història de Catalunya. Primeres lectures* (Ferran Soldevila 1932), *La conquesta de Mallorca* (s.a. 1931) o *La conquesta de València* (s.a. 1931). O la publicació de *Faules i moralitats*, de Joan Puntí i Collell, el 1930, per Foment de Pietat, qui en el paratext "Advertiments" que inicia el text s'adreça als educadors de la manera següent: «L'abast d'aquest llibre no és pas pròpiament literari, sinó, més aviat, educatiu mitjançant la comentada exposició, rellevada amb gràfics i feta en vers, d'exemples i símils presentats en forma de faules. El seu títol mateix: *Faules i Moralitats* en declara simplement la forma i alhora el fons» (pàg. VI). A més, es publiquen diferents llibres per a l'aprenentatge de la llengua catalana, com el d'Alexandre Galí *Lliçons de llenguatge* (1931), i clarament escolars, que denoten l'augment de l'escolarització en català. Continua la publicació d'antologies, com l'editada per Carles Rahola *Antologia de Prosistes i Poetes catalans* (1933), i els llibres d'hàbits, com els sis publicats per Mercè Baguer titulats *Bons costums catalans* (1933); cada títol hi fa referència a una festa.

Rondalles. Continua la línia de producció de l'etapa anterior, és a dir, la traducció dels contes del corpus rondallístic europeu com l'obra dels Grimm en versió de Carner i Serra i Boldú, o de contes russos adaptats per Joan Gols que edita Proa, o la traducció de diferents contes de *Les mil i una nits*. Pel que fa a la rondallística catalana, continuen també les edicions de rondalles d'Alcover o de Serra i Boldú.

Cal destacar la recreació del món de la rondallística i de la llegenda castellonenca *Tombatossals*, de Josep Pascual Tirado, editada el 1930 amb un gran format i amb il·lustracions de Bernat Artola, Pérez Dolz i Sales Boli. Un text de difícil adscripció, amb paraules de Messeguer: «El folklore, com a motivació i com a component de l'obra, és, en tot cas, una referència obligatòria. [...] Certament, Pascual remarca a bastament la naturalesa folklòrica de l'obra, (...) Resulta, però, necessari aclarir que l'obra mateixa desmenteix radicalment les informacions de l'autor: una simple lectura demostra l'essencial originalitat de la narració tombatossalenca» (Pascual 1988: 45). Amb tot, el llibre no s'adreça específicament als infants. En el proemi l'autor diu: «Per igual interessants a grans i menuts van a ésser aquestes contalles. Són recordances, enyoraments de la infantesa... Bells romanços dits ab melosa veu de carinyós parlar, relaixos fantàstics oïts a l'ensems que a força d'engronsons se'ns volia dormir... Els que també hui conte jo als meus fillets, si no igual, per l'estil...» (Pascual 1988: 87). L'obra ha conegut diferents hipertextos, alguns d'ells de caràcter marcadament infantil, com l'obra dramàtica en vers *La collonça*, de Miquel Peris Sagarra (1978).

Traduccions

La *Bibliografía* cita les traduccions següents:

1931: Wiseman, C. *Fabiola*. Adaptació de Joan Puntí. Biblioteca Foment de Pietat.
1934: Rackham, A., *Llibre de les fades*, traducció de Marià Manent i Josep Carner, publicada per Editorial Joventut.
1935: Barrie, J. M. *Peter Pan i Wendy*. Versió catalana de Marià Manent, publicada per Editorial Joventut.
1935: Michaelis, K. *El gran viatge de Bibí*. Traducció de Ramona Roset, publicada per Editorial Joventut.
1936: Kaestner, E. *Emili i els detectius*. Traducció de Melcior Font. Il·lustracions de l'edició original alemanya i les millors fotografies del film. Editorial Joventut.
1936: Cooper, F. *El darrer dels mohicans*. Traducció d'A. Pujol de la Huerta. Distribuïdora de Publicacions.

Aquests llibres no inclouen il·lustracions d'autors catalans, sinó que utilitzen les que apareixien en l'hipotext. Casos innovadors són la traducció d'*Emili i els detectius,* d'Erich Kaestner, il·lustrada amb fotografies del film, o la del *Llibre de Fades* (1934, Joventut) d'Arthur Rackham, amb les il·lustracions de l'autor, amb versions de Marià Manent i Josep Carner. En tots els casos el format del llibre es diferencia de l'habitual en l'edició per a adults: és més gran (25.3 x 19 cm.), té tapes dures amb il·lustracions en alguns casos amb colors i il·lustracions en l'interior, sempre en blanc i negre.

No volem tancar l'apartat sobre les traduccions sense parlar de l'obra del valencià Joaquim Reig, *Contes per a infants. De la imaginació nòrdica*, publicada el 1930 (L'Estel) i que conté versions del folklore europeu com «El flautista encantat», «El gegant de la fi del món» o «Ulls-blaus». En el pròleg, després de fer menció a la preocupació que els pobles nòrdics tenen pels seus infants, l'autor parla del perquè del llibre:

> Vaig evocar més d'una vegada la plenitud del seu folklore de narracions i contes. I, després, vaig meditar sobre la migradesa del nostre. Llavors, vaig decidir-me a traslladar a la nostra ben amada llengua, alguna d'aquelles narracions. I, resultat de breus estones d'esbargiment espiritual, són les traduccions que segueixen.

L'autor no és un professional sinó, com diu Pérez Moragón en la introducció a una edició posterior: «un home de finances, un dels més importants banquers valencians del segle XX. Estimava molt la seua terra, la gent d'ací i també la seua llengua. Per això va escriure aquest llibre».

Relats de ficció. La producció d'autors catalans no va ser molt important. La Col·lecció Patufet continua amb la col·laboració regular de Ramon Blasi i Rabassa, amb uns contes de vuit pàgines, i de Xavier Bonfill i Blasi. La Biblioteca Patufet des de 1930 a 1935 publica trenta-quatre contes cada any. Les novel·les de Josep Maria Folch i Torres van ser: 1930, *Les aventures del pobre Friquet*; el 1932, *La blanca casa de la Mareselva*; el 1933, *La cruel herència*; el 1934: *L'anell perdut*; el 1935, *La família del capità Delmar* i en 1935, *Les formidables aventures d'en Pere Fi*. De Carme Karr, el 1931, *Contes de mitja nit*.

Editorial Joventut publica la segona edició del llibre de Carles Soldevila *Lau o les aventures d'un aprenent de pilot*, amb les mateixes característiques que la resta de textos publicats per aquesta empresa: en la portada apareixen il·lustracions d'una seqüència del llibre en blanc i negre i la coberta de darrere s'acompanya d'un paratext explicatiu de l'autor i l'il·lustrador.

L'autora Lola Anglada, nascuda el 1896 i morta en 1984, va ser alhora autora de textos i il·lustracions. Comença la seua tasca professional amb diverses col·laboracions en la revista *En Patufet*. I el 1920 publica el seu primer llibre *Contes del Paradís*, com a autora i il·lustradora; el 1930, *Narcís*; el 1933 *Ametllonet, El príncep cec, El príncep teixidor, Clavellina i Crisantem, Estel i Floreta* i *L'herba maleïda*, tots ells en l'Editorial Políglota i amb 16 pàgines.

Posteriorment, el 1934, *Contes d'Argent*, en Impremta Joan Sallent, i en 1937, *El més petit de tots*, Edicions del Comissariat de Propaganda de la Generalitat de Catalunya, 81 pàgines. A més d'altres llibres, en els quals participà només com a il·lustradora. Sempre està present en la seua obra la natura, però la domesticada, és a dir, el camp proper a la granja i reconegut com a català, amb les plantes i els arbres i animals propis. Com diu Valriu (1994: 110): «L'obra de Lola Anglada és considerada avui una de les més prestigioses i singulars de la il·lustració catalana del segle xx. Tradueix una visió del món serena, reposada, harmònica, clara, clàssica, essencialment mediterrània i catalana, una visió en definitiva, totalment noucentista». Després de la guerra, Anglada només va escriure quatre textos que, en cap moment, tingueren el ressò dels anteriors.

Per concloure, els trets que caracteritzen aquest període són:

1. Continuen les línies iniciades des del principi de segle, l'única particularitat és el notable descens de la producció de llibres de literatura infantil catalana enfront de l'augment del llibre escolar.
2. Tots els llibres adreçats als infants són ja publicats en col·leccions que marquen el lector infantil.
3. Només cal destacar la producció de Lola Anglada, sobretot com a il·lustradora, i els llibres publicats pel Comissariat de Propaganda de la Generalitat de Catalunya: *Auca del noi català antifeixista i humà*, de Josep Obiols, i *El més petit de tots*, de Lola Anglada, principalment aquest darrer.

3.4 La llarga postguerra

La fi de la guerra va significar la interrupció de tot el que s'havia fet i la prohibició d'avançar-hi. Des de 1939 al 1946 no es publicà cap llibre infantil en català perquè el 1939 s'havia prohibit l'edició de llibres i revistes en aquesta llengua; les úniques mostres de creació es donaran a l'exili o en la clandestinitat, però en cap dels dos casos disposem de textos per a infants:

> La Cámara Oficial del Libro no tardó en pasar una circular a editores y libreros fijando el alcance de los libros prohibidos. En un documento de septiembre de 1939, además de prohibir la edición en cualquier lengua que no fuera el castellano, se decía: "Los libros prohibidos pueden dividirse en dos grupos: 1. Los prohibidos de un modo definitivo y permanente. 2. Los prohibidos temporalmente" (Moret 2002: 14-15).

Paradoxalment, en el primer grup apareixen explícitament autors com per exemple Salgari i en concret la sèrie d'*El Corsari Negre*. El 1946 comencen a aparèixer els primers llibres en català:

> Desde 1944, fecha en que el franquismo autorizó los primeros libros en catalán ya empezaron a funcionar algunas editoriales en catalán, [...] la publicación de libros en catalán se iba normalizando poco a poco, pero sin alcanzar nunca grandes cifras, ya que la enseñanza del catalán seguía prohibida en la escuela. En 1960 se editaron 183 libros catalanes; en 1966 la cifra subía a 548, pero en 1971 volvía a bajar a 326, muy por debajo de la producción de 1936 (865 títulos) (Moret 2002: 348).

L'estudi de Ventura (1970) recull els llibres per a infants publicats en català de 1939 fins a 1970 i comptabilitza la publicació d'un total de 159 llibres en català durant aquest període; s'hi inclouen obres d'autors catalans, reedicions, traduccions i també llibres de lectura. D'aquesta xifra inicial, únicament 122 títols són d'autor català, i si restem les obres que no són de ficció, les reedicions i els llibres de lectura, només queden 17 llibres que podem considerar relats infantils editats al llarg d'aquests trenta anys. L'estricta censura del contingut, la prohibició d'editar llibres en català que no siguen d'autors clàssics o de llibres editats abans de la guerra, la desaparició de l'ensenyament de i en català en el currículum escolar i la manca d'escriptors van ser les causes d'una producció tan baixa.

L'estudi de Ventura (1970) ressenya la reedició de les novel·les de Folch i Torres publicades en la col·lecció Biblioteca Patufet, com *Marcel de Fortià* (1947), *Les memòries de Maria Vallmarí* (1947), *La cruel herència* (1947), *Cati o la filla del moliner* (1947), *La blanca casa de la selva* (1947), *Les aventures del pobre Frinquet* (1947), *L'anell perdut* (1947) o

Liseta de Constans (1948), i que tornaren a ser publicades per l'Editorial Baguñà. De Lola Anglada s'edità *Contes meravellosos* (1947). També, l'obra de Carles Riba *En Perot Marrasquí* (1950) o la nova edició dels *Sis Joans* (1951). L'esforç més interessant és el d'Ariel amb la iniciativa de la col·lecció Rondalles, que es publica des de 1949 fins al 1954, formada per autors catalans clàssics (Llull, Verdaguer, etc.), rondalles populars i el digest de Joan Sales del *Tirant lo Blanc*.

El 1954, l'Editorial Baguñà edita la col·lecció Aprèn Tot Jugant, on publica uns contes curts de Joan Ferràndiz: *En ninot de paper*, *Polussí i Polussó*. El 1956 s'editen una sèrie de col·leccions d'historietes curtes, literatura de quiosc, amb poques planes i predomini d'il·lustracions fetes en sèrie com la col·lecció Contes i Rondalles de l'editorial Artigas o Història i Llegenda de la Hispano Americana de Ediciones, on aparegueren els contes de Batllori Jofre. El 1957 apareix la traducció dels *Àlbums de Babar* feta per Carles Riba i el 1959 la versió catalana d'*El petit príncep*. El 1958, l'Editorial Arimany inicia l'edició de la col·lecció Sant Jordi de contes i novel·les per a adolescents. Deu volums d'obres dels clàssics (Verne, Andersen o Malot) i a més *El príncep bandoler* (1958) i *La noia del rostre canviant* (1960), de Roser Cardús, i *El venedor de peixos*, de Josep Vallverdú, però ja el 1960.

Pel que fa al País Valencià s'editaren uns pocs volums, que tot i no poder considerar-los literatura infantil són força citats per la crítica. Ens referim a l'obra de Manuel Gonzalez Martí *Contes del pla i de la muntanya. De la València medieval* (València, Impr. Jesús Bernés, 1947-1950) i de Francesc Martínez i Martínez, *Coses de la meua terra* (València, Impr. Diana, 1947), que recullen llegendes, rondalles, costums, etc. Enric Valor edità els volums I i II de les *Rondalles valencianes* el 1950, però en un format i una col·lecció per a adults.

El 1959 Joan Fuster publica un recull de textos per a lectures infantils, titulat *Un món per a infants* i il·lustrat per Andreu Alfaro. L'obra porta un pròleg adreçat als «Petits lectors», on diu que el llibre «ha estat fet a posta per a vosaltres» (pàg. 5). Es tracta d'una antologia, amb fragments de sermons de sant Vicent Ferrer, poemes de Goethe, Jaume Bru i Vidal, Almela i Vives o Carles Salvador; petites narracions de Josep Palàcios o Josep Maria de Sagarra; contes adaptats dels clàssics de la literatura catalana, com *El llibre de les bèsties* de Ramon Llull; i rondalles com *Història d'un mig pollastre*, d'Enric Valor. L'obra acaba amb un petit vocabulari de paraules que poden tenir dificultat per al lector.

Així, doncs, la recuperació de la literatura catalana es faria a poc a poc, però, com ja havia passat en altres èpoques, serà aquesta part de la literatura la que més tardarà a recuperar-se. La dècada següent, la dels seixanta, inicia la transició i en els anys 70 ja podem parlar de lectures normalitzades i d'expansió de la literatura infantil catalana i en català. Per tant, durant tot aquest període els únics llibres de literatura infantil que arribaven als infants eren llibres en castellà, tot i que també la guerra va provocar-hi forts canvis: així, autors coneguts i consolidats com ara Elena Fortún, Sofía Casanova, Bartolozzi o Antoniorrobles van haver d'exiliar-se i no serà fins al 1950 que podem parlar d'una renovació de temes, gràcies a autors com Ana Maria Matute, Carmen Kurtz, Rafael Morales, Montserrat del Amo, Angela Ionescu, Carmen Vázquez, etc. (García Padrino 1992: § 2.3.).

4. Els autors que marquen lectures: Riba, Folch i Torres i Anglada

En el capítol anterior hem vist com es concentra la major part de la producció des de principi de segle fins a l'acabament de la guerra d'Espanya, a causa de la manca gairebé total de llibre infantil en català durant la postguerra. Hem volgut dedicar un capítol complet a l'anàlisi de l'obra de tres autors representatius de la lectura comercial, la d'elit i la lectura política, com són Carles Riba, Josep Maria Folch i Torres i Lola Anglada amb *El més petit de tots*.

4.1 La lectura elitista i la popular: Carles Riba i Josep Maria Folch i Torres

Castellanos (2004: 19) inicia l'estudi sobre Folch i Torres i el mercat literari recordant el tòpic sobre l'autor que parla de com va ensenyar a llegir en català tres generacions. L'estudi el finalitza amb la següent conclusió:

> El fenomen Folch és un factor que hi fa un paper passiu, marginal, malgrat ser un punt de referència. Molts d'altres, en canvi, com la tradició cultural republicana, hi juguen un paper actiu. Al capdavall, potser es creen més lectors nous que no se'n reciclen. Especialment, si parlem de la literatura

> rosa, de la Biblioteca Gentil perquè, si ens referim a la revista, a *En Patufet*, és evident que d'una manera o altra havia passat per les mans de tots els lectors que a partir de 1925 llegiran Puig i Ferreter, Joan Santamaria, Carles Soldevila o Josep Maria de Sagarra. Simplement, perquè quan aquests lectors eren infants, l'única revista infantil en català amb una clara incidència era aquesta. Cal, doncs, reconèixer que és veritat que Folch va acompanyar les primeres lectures de molts catalans: molts van evolucionar en créixer, es van culturitzar i van consumir altres menes de literatura. Per a ells, Folch també havia existit i va continuar existint encara a la postguerra, amb els *Patufets* i les *Pàgines viscudes* que corrien, ben o mal enquadernats, per moltes de les nostres cases i formaven part de les poques lectures en català abastables.

En aquest estudi, es pregunta quins sectors podien tenir interès per la lectura a finals del xix, quan tot el sistema d'ensenyament era en llengua castellana i la meitat de la població de Barcelona analfabeta. La resposta és el lector femení que cerca la distracció, una lectora de fulletó que acudia als nous models de la novel·la popular: la novel·la d'aventures i sentimental. Paral·lelament, com hem comentat en el capítol anterior, descriu el context en el qual «els sectors cultes dels primers anys de segle posen atenció especial a la lectura dels infants. En part, amb tot un corrent que té Josep Carner, Apel·les Mestres, Antoni Maria Alcover o el mateix Eugeni d'Ors com a exponents, amb la modernització de la rondalla, del conte meravellós, i amb la defensa de la imaginació. Tot amb la voluntat de proporcionar lectures atractives i no pesants de moralisme i didactisme» (Castellanos 2004: 10).

Les dues tendències estan representades en la producció de literatura per a infants. Paradoxalment, no trobem moltes referències en la crítica majoritària que destaca i valora l'obra de Josep Carner i Carles Riba com si fos l'única literatura adreçada als infants i publicada en aquests anys i silencia el circuit més popular i massiu. Recordem que Carner només en va publicar una, i Riba tres, de les sis-centes seixanta-sis obres de narrativa infantil aparegudes durant el període de 1917 i 1930. Josep Maria Folch i Torres i Carles Riba representen les dues propostes lectores més representatives des de l'inici de segle fins al 1930: propostes diferenciades pel tipus d'autor que les crea, els paratextos que l'edició inclou, les editorials que les publiquen, la competència genèrica demanada als lectors, els personatges protagonistes i secundaris i les competències literàries i culturals.

4.1.1 Circuit dels autors

Carles Riba, un dels més destacats autors i intel·lectuals del moment, escriu tres obres per als infants i, segons Sullà (1987: 309), les històries van ser encàrrecs editorials; de fet, fou l'editor mateix qui va suggerir-ne els temes:

> Ara, l'esforç de Riba per obtenir uns prosa eficaç i normal fou enorme, potser els resultats no el satisferen prou i per això arribà a abandonar la narrativa, o potser deixà d'escriure contes perquè considerà que ja havia fet una contribució suficient a la formació d'aquest capítol de la prosa literària.

De fet, Quintana (2007: 75) rescata les opinions de l'autor sobre la literatura infantil quan «en una conferència de 1938, de la qual ha quedat l'esborrany, comença amb aquest apunt: "¿teoria sobre el llibre infantil? Poca afició: m'avorreixen (Pinotxo, Heidi, etc.)", i, en el pròleg a la tercera edició de *Les aventures de Perot Marrasquí* declara: "la major part de tota aquesta literatura infantil és idiota"».

Riba escriu per aconseguir uns objectius polítics i socials clars, com a autor de literatura infantil inaugura el paradigma dels autors submergits en una política cultural determinada ja que l'autor, integrat plenament en el moviment del primer terç de segle, amb una producció literària per a adults i una veu respectada en els cercles intel·lectuals del moment, planteja una petita producció per a infants per transformar el país mitjançant la pedagogia i la catalanització dels infants. Les seues obres per a infants proposen un lector dissenyat per la política cultural.

El 1917 n'apareix la primera: *Les aventures d'En Perot Marrasquí*, amb il·lustracions de Segrelles, publicada per l'editorial Muntañola en 13 fascicles. La segona edició apareix el 1924 en Editorial Catalana, ja amb el text complet. L'obra narra les aventures d'un nen molt petit, que viu amb una família de característiques normals a començaments de segle. Empès per les ganes de veure món, fuig de casa a sobre d'un colom i comença a córrer unes aventures en què sovint té com a companys diversos animals que, tot i tenir el comportament propi de la seua naturalesa, tenen la capacitat de parlar i de reflexionar de manera humana, encara que sovint les reflexions mostren a través de la ironia, o directament, l'opinió que tenen dels humans, sovint no gaire afalagadora. Finalment, amb una enyorança constant i penedit de l'escapada, en Perot aconsegueix tornar a casa. El llibre manté clares relacions intertextuals amb *Le petit poucet* de Perrault, Andersen o Selma Lagerlöff o el de la tradició catalana: Patufet. Aquesta obra, Quintana (2007: 80) la valora com: «De gust exquisit, amb una acció ben mesurada, amb un coneixement dels clàssics perfectament integrat, infinitament més ben escrit que molts d'ells. Aconsegueix no quedar inclòs en la literatura "idiota" que denunciava; ara bé, tampoc no aconsegueix ser inclòs en el repertori dels clàssics: potser perquè és massa casolà, massa mesurat, massa irònic i amb una lliçó moral massa severa».

A més dels *Sis Joans,* que comentem exhaustivament, Riba publica el 1919 *Guillot Bandoler*, àlbum de 35.5 x 26.5 cm, il·lustrat en quadricromia per Josep Llaverias. Una autèntica excepció en el panorama editorial del moment. Per a Valriu (1994: 107), Riba s'inspira en el *Roman du Renart* del cicle narratiu francès dels segles XII i XIII.

Per contra, Josep Maria Folch i Torres inicia la seua trajectòria en la novel·la modernista: «és conegut sobretot com l'autor de literatura de consum, fonamentalment de novel·la rosa, de més impacte a Catalunya. Tanmateix, en la primera dècada del segle havia publicat un conjunt de novel·les de gran importància, tant literària com històrica, que cal considerar peces claus en l'evolució de la novel·la modernista» (Castellanos 1986: 522). Posteriorment, es dedica plenament a escriure literatura per a infants, lligat a la revista *En Patufet*. Així, doncs, a diferència de Riba, es planteja el conreu de la literatura d'una forma professional, escriu i publica amb molta regularitat i compta amb un públic específic que espera les seues novel·les, és el representant més genuí de l'anomenada literatura populista i un model controvertit, com el denomina Castellanos (2004: 14), per a les noves generacions: «a través d'*En Patufet* i de la "Biblioteca En Patufet" ha aconseguit un públic i, a més, un públic addicte. I, també, perquè indirectament s'ha convertit en un 'model': la seva és, per a bona part dels joves aspirants a escriptor de la Catalunya d'aquests anys, la imatge que els agradaria de reproduir, la de l''escriptor' que voldrien ser».

Per tant, Folch i Torres representa un tipus d'autor que ja apareixia en el segle anterior en l'anomenat *roman populaire* francès o en la *novela por entregas* espanyola, i esdevé, per primera vegada en la literatura catalana, un autor professionalitzat. Però la seua forma de fer literatura va rebre força crítiques dels diferents moviments intel·lectuals de tot el període en què publicà. Com recorda Fuster (1978: 253), en els ambients intel·lectuals barcelonins es respirava un aire d'antifolquitorrisme que espantava, ambient que s'explicitava en alguns articles publicats en la premsa del moment, com l'opinió de Jordi Rubió apareguda a *La Revista dels Llibres* de 1925:

> No tenim cap inconvenient a dir avui damunt del diari, d'una manera explícita el que diem nosaltres –i diu moltíssima gent d'ofici literari i intel·lectual– d'aquesta obra (...). És prou conegut el gros èxit que entre el públic infantil té el setmanari *En Patufet*, tan lligat amb Josep M. Folch i Torres. Hem de creure que el senyor Folch i Torres i els seus companys són prou intel·ligents per adonar-se que *En Patufet* és, dins el seu gènere, una publicació inferior en diversos aspectes. Però és segur que cada dia se n'adona més gent a Catalunya. Els mèrits que té *En Patufet* no els desconeixem. Amb molt de gust li retem homenatge per la formidable contribució que ha portat a l'expandiment del llenguatge català.

Però aquestes crítiques venien també dels ambients educatius. Així, dos anys abans Artur Martorell, en l'article «Llibres catalans per a infants», publicat al número 15 del *Butlletí dels Mestres,* parlant de les novel·les publicades a la Biblioteca Patufet, totes de Folch i Torres, diu: «es ressenten de diversos mals [...] un d'ells, d'origen, és la seva forma folletinesca... un altre, l'esgotament de l'autor, que es veu obligat a una producció forçada... que el fa moure dins un cercle viciós de temes i personatges... un altre mal, els temes amorosos que barreja contínuament amb els d'aventures i de vegades decanten l'obra cap a la sensibleria...».

Castellanos el descriu com un escriptor atípic en un mercat atípic (2004: 18): «Folch, malgrat els seus inicis dins el Modernisme, és un escriptor de consum, que juga amb totes i cadascuna de les armes de l'escriptor de consum (inclosos elements com el moralisme o el patriotisme)». I el mateix Fuster (1971: 253) diu que «mirat a distància i en un judici objectiu, Folch i Torres es mereix un franc respecte per l'humor, la fantasia de les seues narracions infantils, tan jovials i amables».

Si comparem el circuit literari de Folch amb el de Riba, les diferències són notables. Riba escriu per convicció personal, política i social, s'identifica amb la política cultural del moment que vol transformar el país mitjançant la pedagogia i la catalanització dels infants, i per realitzar-lo s'utilitzaren diferents mitjans: l'escola i la biblioteca, que depenien de les institucions, i la publicació de novel·les i traduccions on intervenia la voluntat de les editorials i els escriptors d'adults.

L'actitud de l'autor enfront de l'obra també és ben diferent en ambdós. Riba predisposa els lectors perquè s'acosten al text amb una clau de lectura determinada i que afecta la intencionalitat ficcional dels fets narrats. S'adreça als pares i als educadors, però en qualitat de «bon burgès», des dels paratextos i des de la veu del narrador: «Lector impacient, he tingut un escrúpol. Acabat d'escriure l'anterior episodi jo anava passejant i rumiant-me l'aventura següent, quan tot d'una se m'ha acudit que més d'un pare i d'una mare que d'amagada em llegeixen deuen estar amb l'ai al cor quan pensen, respectivament, en el cor de papà del senyor Marrasquí i en el cor de mamà de la senyora Marrasquí» (*Les aventures d'en Perot Marrasquí*, p. 51). De manera similar ho fa en el pròleg a *Sis Joans*: «Els pares, mestres i altres benefactors que donin aquestes històries a llegir als infants [...] tenen des d'ara l'autorització de l'autor per dir-los que no són veritat. Amb tot, que vagin amb una mica de compte abans d'afirmar-los que no contenen gens de veritat». I alhora explica quina ha estat la intencionalitat de l'autor: «Vet aquí, doncs, en quin pla voldria l'autor haver situat les seves històries: estampes còmiques plenes de totes les virtuts i intencions populars que en ell són compatibles amb la seva més aviat extensa lectura». De fet, l'obra que utilitza com a hipotext, *Struwwelpeter*, incorpora el mateix paratext amb una justificació similar per la crítica que va rebre dels educadors en la primera edició i que hem comentat en l'apartat 2.4.

L'actitud de Folch i Torres és ben contrària: «De les moltes trifulgues que l'esperaven en aquesta segona etapa de la seva vida, dels fets xocants o tràgics que li van succeir i de les mil aventures que encara va passar, de tot això us parlarà en el segon llibre d'aquesta tan verídica com indubtable història», aquestes afirmacions del narrador del relat més conegut, *Aventures extraordinàries d'en Massagran*, es repeteixen constantment en la resta de novel·les.

4.1.2 La importància dels paratextos

Les diferències entre els autors es mantenen en els paratextos. Si Folch i Torres n'utilitza els que seran habituals en les obres de literatura infantil, Riba manté els de la literatura adulta. Ja hem comentat els pròlegs dels *Sis Joans* o de *Perot Marrasquí*, que s'acumulen en la segona i la tercera edició, adreçats als pares. En els mateixos textos, Riba també té paraules per als lectors, per exemple, al primer prefaci de *Perot Marrasquí* s'adreça a l'infant amb les paraules: «Llegidor que encara no ets gran, però que ja t'ofendries si et deien petit: vaig a contar-te una història», que marquen una actitud d'adult envers l'infant, i de seguida passa a explicar quina és la intenció del text: «No t'espantis. No tinc el propòsit d'ensenyar-te res; ni d'obrir cap nou horitzó científic, ni et faré cap sermó de moral», però no deixa de donar consells i acaba amb aquests mots: «I ara adéu, i que Déu te faci bon minyó».

El segon prefaci de *Perot Marrasquí* ja s'adreça als pares directament, com hem vist adés, al «possible pare de família i al pedagog que d'amagada, per un gust infantívol, o solemnement, com a previs censors, es decideixin a llegir-les», i avança que l'ús de la imaginació en fer parlar els animals no ha d'espantar «una irada mamà» o a «tu, bon burgès», perquè la lectura del llibre no té perill, ja que Riba s'avança a declarar: «Aquest llibre vol condensar, de la manera més entretinguda i més innocent que he sabut, les experiències d'un infant en el seu primer i súbdit contacte amb la realitat» i no pecarà d'usar en excés la imaginació, la mateixa por que hem vist al llarg del segle XVIII i XIX amb les lectures dels contes de fades. En definitiva, el tipus de públic al qual s'adreça l'obra de Riba queda explicitat clarament des del principi: «Les opinions falagueres d'amics meus, entre ells un dels nostres més fins educadors, i les reserves bondadoses d'altres, aleshores; i avui la col·laboració entusiasta del nostre gran Apa, si no justificar, bé crec almenys que poden explicar la meva gosadia de lliurar-me a la quàdruple crítica dels infants, de les famílies, dels literats i dels mestres d'estudi –que no sé pas qui em fa més por». Són paratextos utilitzats per l'autor perquè el primer receptor, el pare o l'educador, reba la informació prèvia necessària sobre el text i sàpiga si el contingut és adequat per recomanar-lo o comprarlo al segon receptor: el nen. Per tant, actualitzen el tipus de lectura que cal realitzar, ficcional o no, i donen la clau de lectura.

Uns paratextos que, des dels inicis, comencen a ser importants en la literatura infantil són els que conformen la col·lecció, perquè si bé al principi els llibres per a infants es publiquen en col·leccions d'adults, a mesura que comencen a tenir importància es creen col·leccions independents i amb característiques que les diferencien de la producció d'adults. Així, els textos de Riba es publiquen en editorials adreçades a un públic adult, igual que les traduccions fetes per ell i per Carner, mentre que l'obra de Folch i Torres apareix en col·leccions dissenyades, pensades i adreçades exclusivament als infants.

4.1.3 Una competència genèrica, discursiva i cultural diferent

El tipus de competències exigides per les obres de Riba i Folch i Torres difereixen tant com les relacions intertextuals que les obres dels autors estableixen. L'anàlisi de *Sis Joans* ens dóna la pauta de les competències exigides. Aquests relats, com els altres dos de Riba, entronquen amb els llibres que anomenem d'intencionalitat educativa. Com recorda Rovira (1988: 450):

> Com en totes les seves obres per a infants, hi ha sempre present una intenció moralitzadora ben explícita: cada un dels Joans té un vici diferent en el qual troba el càstig que es mereix, i aconsegueix només el perdó després d'haver assolit el mèrit d'una virtut oposada al seu pecat. [...] Dins d'un realisme casolà, de temes simples, els contes són veritables narracions on l'argument hi és essencial, escrits en un llenguatge literari, però sempre clar, amb aire col·loquial i escenes d'una gran plasticitat.

L'infant, considerat com a futur membre d'una societat a la qual hauria d'incorporar-se, ha de convertir-se en lector d'un tipus de llibres que li havien d'ensenyar conducta, normes i regles a seguir. Són llibres constants, fins i tot en l'actualitat, entre la producció de literatura infantil en qualsevol època. Són narracions que proposen un lector model, amb unes estructures ideològiques determinades, d'acord amb el model social previst en el tipus de societat on s'inclourà d'adult el lector virtual del text.

El text dels *Sis Joans* de Riba estableix relacions intertextuals clares amb el clàssic alemany *Struwwelpeter*, publicat en 1845 i escrit per l'alemany Heinrich Hoffmann (veg. cap. 2.4). L'obra va ser traduïda al català el 1913, amb el títol *En Perot l'Escabellat, històries gojoses i pintures galdoses del Doctor Hoffmann. Per als infants de 3 a 6 anys*. Segueix la llarga tradició dels llibres que, anomenats per alguns literatura preventiva, donaven instruccions sobre el comportament diari dels petits, sobre les pautes de conducta que havien de seguir, el tipus de sentiment que havien de compartir.

Per establir quin és el patró del comportament discursiu de l'obra analitzarem aquelles característiques que la particularitzen, com ara, les petjades de la narrativa oral, el tipus d'estructura narrativa, l'escenari, els personatges i la relació intertextual. En els sis contes, Riba utilitza un llenguatge literari però alhora planer, que té un fort deute amb l'utilitzat en les narracions orals, com descrivim en el següent apartat. Les històries presenten cinc seqüències narratives. En la primera, hi ha la presentació del personatge –caracteritzat per una sèrie de trets considerats vicis infantils i contraris a les normes socials de la ideologia dominant– i que, amb el seu cognom, donen títol a la història. En la segona seqüència, el fet que provoca el desenllaç, és a dir, el vici que té cadascú, és exagerat. Per exemple, Joan: «Això saps què és? Nostre Senyor que et castiga. Tu no estimes les coses, les tractes amb barroeria, i ara les coses fugen de tu». Aquesta acció la provoca la mà de Déu. En la tercera seqüència, apareixen els problemes originats per l'exageració del vici o pecat. En la quarta, el protagonista es penedeix i demana perdó a Déu. En el cas que analitzem, el Joan agenollat, resant i plorant és un bona mostra gràfica, a la manera de les icones religioses més tradicionals del penediment. I la darrera seqüència tanca el relat amb el desenllaç que, a diferència de Hoffmann, sí que té una moral i una instrucció clarament explicitades.

La darrera seqüència és la que marca de manera notable la diferència entre la proposta de Riba i la de Hoffmann, perquè en aquest les històries no donaven de manera explícita consells sobre la conducta que els petits havien de seguir, o normes sobre el comportaments socials, sinó que s'hi ficcionaven històries que mostraven situacions en què un nen desobedient transgredia les normes i la conseqüència de la seua acció era, en alguns casos, representada d'una manera hiperbòlica (procediment expressiu amb intencionalitat humorística molt habitual en el registre col·loquial), que traspassa els límits d'allò que pot ser versemblant en un món possible i provoca el riure i la situació còmica. Contràriament, en els *Sis Joans*, després del càstig que rep el protagonista, aquest és perdonat, com passa en el final de «Joan Feréstec», i manté la moral tradicional d'aquests llibres:

> Tan bell punt el ninó restà assegut a terra, per anar-se desespantant, en Joan sentí un trasbals i una transformació en tot el seu cos de ruc, però aquesta vegada amb una inefable dolcesa. I encara no havia tingut esma de palpar-se, que la germaneta ja feia un crit d'alegria: –Oh Joan, ja tornes a ésser persona! [...] I no tinc notícia de cap més cop de geni d'en Joan. Tot fa creure que la lliçó va ésser eficacíssima. Fora d'aquest record, no li restà dels seus abominables costums cap senyal, si no és aquest nom de Feréstec, que devien començar dient-li de motiu, i Feréstec es diran els seus fills i Feréstec els seus néts. Tota una família tarada amb un mal nom per culpa seva. Ja veieu si convé ésser pacient, i no respondre a les ofenses del veí més que amb paraules dolces.»

Com la resta de relats de Riba, totes les històries dels *Sis Joans* ocorren a la casa, l'escola i el barri, que queda reduït al pati de veïns. Són personatges plans, és a dir, esquematitzats, construïts al voltant d'una sola idea o qualitat i fàcilment reconeguts perquè funcionen com a arquetipus psicològics i narratius. Cada un representa un vici: Joan Feréstec és un nen molt dolent a qui li agradava arrapar la germana i un dia Déu el castiga transformant-lo en un gat, després en un buldog, en un ruc i, ja penedit, en persona; Joan Barroer, que maltracta tot allò que té i ho trenca; en la resta, el nom és suficientment descriptiu: Joan Brut, Joan que turmentava les bèsties, Joan Golafre i Joan Dropo. S'hi demana un coneixement de la tradició oral o literària que té com a hipotext els textos orals, sobretot pel llenguatge: utilitza fórmules estereotipades de caire tradicional i el narrador s'adreça constantment al lector, com en tota la seua obra per a infants. A més, reclama un lector creient i avesat a la iconografia cristiana.

Guillot, bandoler està inspirat, segons apunta Valriu (1994: 107), en el *Roman du Renart* francés, cicle narratiu medieval del segle XII i XIII, i segons Rovira (1988: 450), en el *Reineke Fuchs* reelaborat per Goethe. També podem establir relacions intertextuals amb les rondalles catalanes d'animals, on la rabosa és la protagonista principal; ara bé, el text presenta una diferència fonamental amb els seus possibles hipotextos: al final el protagonista és vençut i mort: «No hi hagué pietat per qui mai n'havia tinguda per ningú. En juí sumaríssim, fou condemnat a forca vil. El dia de l'execució, tothom oblidà una estona els seus dols i sofriments i s'abandonà a l'alegria de la victòria. Sota l'agonia de Mestre Guillot s'hi féu un gran ball popular». I la maldat i el mal que havia fet el protagonista van solucionar-se de forma força curiosa i ben allunyada de la proposada als hipotextos: «Hi ha qui diu si això fou mira política del gran Puig de Tòfores. La veritat és que del ball en sortiren festeigs, i dels festeigs casaments, i dels casaments multiplicació. De manera que al cap de no gaire, els buits que havia deixat el terrible trabuc de Mestre Guillot i els seus ja no s'hi coneixien». La il·lustració del llibre és de Joan Llaveries (Vilà 2007: 68), que les va executar amb sis colors amb plomes, llapis i tintes planes per dibuixar onze il·lustracions interiors, més la coberta. Totes ocupen un espai preeminent i el conjunt pren la forma del que esdevindrà l'àlbum il·lustrat actual.

L'obra de Riba exigeix un coneixement de la producció infantil, o adreçada a un públic infantil, que la crítica ha vinculat més a un corrent *culte*, com en el cas de *Les aventures d'en Perot Marrasquí*, el personatge del qual i algunes seqüències de la història recorden *Nils Holgerson*, de Selma Lagerlöff. Pel que fa al tipus de llenguatge, també utilitza fórmules estereotipades de caire tradicional, sobretot de començament –«Una vegada era un noi...» (*Sis Joans*)– o de tancament –«que qui la fa la paga» (*Guillot, bandoler*)– o el narrador, adreçant-se constantment al lector. Riba utilitza un llenguatge literari amarat d'expressions de la narració oral.

Per contra, en l'obra de Folch i Torres són constants les referències a les novel·les d'aventures del segle anterior d'autors com Verne, Cooper o Conan Doyle, l'obra dels quals hem analitzat (veg. cap. 2.3). De fet, Valriu (2010: 31) afirma que «la crítica el considera l'introductor de la novel·la d'aventures a Catalunya. I no és estrany, en la seva producció la narrativa d'aventures abraça tots els temes del gènere. Des de la novel·la de viatges en ambient exòtic, a les de detectius, del de l'oest o les de ciència ficció. En la seva producció no és difícil rastrejar la presència d'algunes de les característiques de l'obra de Daniel Defoe, Dumas, Jules Verne, Stevenson, J. F. Cooper o Charles Dickens». Per exemple, en *Bolavà, detectiu* (1912), en presentar el protagonista diu: «En Bolavà no era d'aquests que, com en Sherlock Holmes, expliquen a tothom les seves proeses», un gest de complicitat al lector per donar-li a conèixer la competència cultural que el pot ajudar a cercar la clau de lectura, ja que, de fet, en Bolavà és un bon deixeble del detectiu de Doyle. A més, sovint apareixen instruments o microseqüències que remeten als llocs comuns compartits amb les novel·les adés anomenades, com en la mateixa *Bolavà*, quan inventen un cotxe-embarcació, són atacats per un peix misteriós, fugen en un cometa o en un globus, fets que remeten a l'obra de Verne. En general, les novel·les de Folch i Torres estableixen relacions hipertextuals amb les novel·les publicades en el segle XIX, angleses i franceses, que originàriament s'adreçaven a un públic adult, sobretot les de viatge i aventura (§ 2.3). A grans trets, podem afirmar que la major part dels relats de Folch segueixen l'esquema següent:

— situació inicial: presentació del protagonista i la seua enamorada, sempre acompanyats de la família
— funció que obre un procés: es produeix una mancança, un perill o una necessitat i el protagonista comença un llarg viatge per solucionar-lo
— procés pròpiament dit: el protagonista corre una sèrie d'aventures que li aporten diners, posició social i maduresa
— funció que clou el procés: torna a casa i és reconegut per tothom com un heroi
— resultat: el protagonista i els seus acompanyants es casen.

Paral·lelament, introdueix microseqüències que tenen clares relacions amb les escenes del cine mut del moment. Sí que coincideix amb Riba en el tipus de narrador utilitzat: un narrador omniscient que s'adreça a un lector identificat amb el nen. Per exemple, en començar la segona part d'*Aventures extraordinàries d'en Massagran*, el narrador diu: «Els qui hagin llegit les *Aventures extraordinàries d'en Massagran* ja sabran que l'heroi d'aquesta tan certa com verídica historieta no era pas un xicot vulgar, sinó per contra, un minyó d'un cert temperament aventurer i bastant bromista, malgrat la multitud de peripècies i trifulgues que havia passat» (p. 145).

En poques ocasions, com en el cas de la primera part d'*En Bolavà, detectiu* (1912), trobem un narrador protagonista identificat amb el detectiu i un narrador omniscient que el presenta: «Però, no ens entretinguem més.

Els fets, més que les paraules, provaran als meus lectors la certitud de les meves asseveracions. A continuació copiem íntegrament les memòries escrites, a estones perdudes, pel mateix Bolavà. És, doncs, ell qui parla» (p. 8). I acaba aquesta part el mateix narrador: «El que ens va passar amb el xinès i les mil peripècies que ens varen succeir durant el viatge de la Xina, es conta amb tots els seus interessantíssims detalls a la segona part d'aquesta curiosa història». Tanmateix, ràpidament canvia de narrador en la segona part de la novel·la.

També es diferencia Folch i Torres de Riba per la tria d'escenaris on transcorren els relats: coincidint amb els que proposen un tema de viatge o d'aventura (veg. 2.3), elegeix llocs que, igual que tenien un cert exotisme per a un lector europeu del xix, continuen tenint-lo per a un lector del xx. En *Les aventures d'En Massagran,* s'embarca i, després d'un naufragi, acaba en una illa i després és rebut per un poble en un paisatge que sembla l'Àfrica; en *En Bolavà,* el detectiu viatja a la Xina; en *Les formidables aventures d'en Pere Fi,* el viatge porta el protagonista a Nord Amèrica. I Tupinet, en *La bella història d'en Tupinet,* es trasllada a Mèxic. En molts d'aquests viatges, apareixen petites seqüències narratives que recorden força els relats de Verne, sobretot *La volta al món en vuitanta dies.*

Òbviament, les diferències també arriben als personatges, perquè els protagonistes de Folch i Torres es caracteritzen a partir de la funció actancial que fan al relat:

— Subjecte: aspira a un objecte.
— Objecte: objectiu x desitjat pel subjecte; pot ser una persona, riquesa o fama per aconseguir casar-se amb l'estimada, o bé reparar una malifeta realitzada a una persona estimada o ser millor persona, etc.
— Destinatari: acostuma a ser una jove amb la qual el protagonista es vol casar.
— Ajudant: dóna suport al subjecte per aconseguir-ho; freqüentment és un jove un poc més major que el subjecte, que l'acompanya i l'ajuda.

El personatge que realitza la funció de subjecte és un nen, que es transforma en jove al final de la narració, de condició humil, que valora molt la instrucció, enamorat d'una jove i acompanyat per amics o familiars. Majoritàriament, Folch presenta uns protagonistes amb una edat semblant a la proposada en el lector model i amb una psicologia explícitament i fortament polaritzada: bons i dolents, o motivacions bones i motivacions dolentes, que expliciten de forma unívoca la coherència psicològica i ètica dels personatges, semblant a la que trobàvem a les rondalles. Per exemple, en *La bella història d'en Tupinet*, el protagonista és intel·ligent, bondadós i valent. El seu enemic és Cisquet, però gràcies a l'amabilitat de Tupinet es transforma en bon xic. Pel que fa als personatges, hem observat:

— Al llarg de la narració diferents personatges aconsellen Tupinet d'estudiar; Ninius quasi no sap llegir, però ningú no li diu res.

— Marca la diferència entre els nens de ciutat i del poble: Tupinet i Ninius donen a Lluïsa, la senyoreta de la ciutat, però més petita que ells, el tractament de *vostè* i Tupinet en descriure-la diu que «és d'una altra llei ella que tu i jo. Així com nosaltres tenim aquesta morenor a la cara, ella és blanca com un camp de fajol, i així com les teves mans i les meves són tan grofolludes i negrotes, les d'ella són llises i fines com un formatge de llet d'ovella» (p. 19)

— Els personatges negatius no són catalans ni del poble: «I és que en Jaumot i el seu fill, en Cisquet, no n'eren pas fills d'aquell gentil país on passen les coses que anem narrant, sinó que n'eren sobrevinguts forasters que s'hi havien arrelat, com la mala herba s'arrela en els camps, per al perjudici de la bona pastura» (p. 25).

— Sempre realitzen fets extraordinaris, però versemblants, perquè són aconseguits per l'astúcia. Tupinet, a Mèxic, agafa el pitjor bandit de tots: «Més ha pogut ell que la policia de Mèxic, ja es veia que era un noi espavilat» (p. 228).

— En les narracions on el protagonista arriba a països llunyans i s'ha de relacionar amb pobles exòtics, com són els xinesos o els africans, els personatges reben noms per a la formació dels quals s'han realitzat els jocs lingüístics habituals entre els nens que imiten el so o l'aparença fònica de les llengües com en *Bolavà...* on el personatges xinesos reben els noms de Pan-Xa-Gros, Yam-An-Wist, la princesa Krissantema, o una ciutat xinesa es diu: Ya-men-Ric. O en *Aventures extraordinàries d'en Massagran*, on els personatges africans es diuen KoKaseKe o Kamàndules. I quan parlen entre ells mantenen també aquest joc, com en el diàleg que reproduïm tot seguit: «–Kaplafort aket! – Komke Kavilamolt. – I ronkadevalent. – Komke téntata penka! – Kalla, Kalla, Kevelgú! – Kiserà?» (p. 272).

4.1.4 L'estil de llengua

Carles Riba, com a escriptor per a adults, sempre arrossegà una fama d'autor difícil; de fet, quan es prohibeix la seua obra durant la postguerra escriu a l'editor Gustavo Gili, en novembre de 1939: «Com a escriptor sóc l'enemic públic número 1 [...] cosa que em venja deliciosament de la meva fama d'incomprensible» (Moret 2002: 15). Però quan escriu per als infants, busca un estil amarat de formes de la tradició oral. Per exemple, a partir de l'anàlisi dels *Sis Joans*, comprovem l'ús d'un llenguatge literari però alhora planer en deute amb l'estil de les narracions orals. Exemplificant-ho amb una de les narracions «Joan Barroer», les tries estilístiques de l'autor són les següents:

— ús d'una fórmula introductòria: «Una vegada era un noi que es deia Joan»; parèmies com «dit i fet», «vet aquí»;
— comparacions com «obri els ulls com dues taronges» «una nina rossa com el cabell d'àngel», «semblava una guineu que sotja un galliner», «com un general damunt les ruïnes d'un poble conquistat», «La nina portava el seu cap a la mà, com Sant Dionís», «més delicades que mans de brodadora»;
— enumeracions com «Barroer, matusser, males-mans, dimoni, desobedient, ruïna de la família, destrossador», «En Joan, desesperat, atuït, no gosant ni tocar-se»;
— repeticions com «fer-li obrir i tancar els ulls, dues o tres vegades, fer-li aixecar un braç [...] fer-la seure [...] fer-li caminar», «I pregava, pregava»;
— exclamacions pròpies d'un registre col·loquial oral com, per exemple, «Maleïtsiga», «Però, oh meravella», «Oh, fortuna».

A la manera d'un narrador de contes que s'adreça a un públic present, el narrador de *Sis Joans* s'adreça al lector: un nen petit. En el cas de «Joan Barroer», l'exemple més clar el tenim al final del conte, quan el narrador diu: «I jo no us diré com s'estimaren...», tot i que el text n'és farcit, amb expressions com: «veureu», «Ja ni us diré si n'estava lluny del perdó», «podeu pensar», «Ara direu», «si en voleu, aleshores».

Folch i Torres fa una tria diferent. Per a Bartra (2004: 117): la fluïdesa, la frescor i l'espontaneïtat que la seva obra traspua són deguts als recursos lingüístics que Folch i Torres posà en joc i que tenen la propietat de reflectir expressivitat, implicació moral, alliçonaments, és a dir, aconseguir els objectius que Folch persegueix: funció moral i melodramàtica o humorística. A continuació, fem una breu descripció de l'estil de Folch i Torres a partir de l'esquema que planteja Bartra (2004) i que ampliem amb nous exemples i casos:[11]

1. La formació de mots i la tria dels noms dels personatges, que es produeix a través dels mecanismes següents:

— Construcció del nom propi per formar jocs de paraules: *Fidel Delfí*, a partir de repetir molt de pressa unes determinades síl·labes, a l'efecte de produir la mateixa sonoritat d'un altre mot i alhora evocar la fidelitat en l'amor del personatge i la seua noblesa.

— Unió de nom i cognom per buscar un efecte humorístic: Perfecta Fi, Josep Palanca i Piu, Pau Conill i Caçador, Joan Cantallops i Gineu, Joan Dolcet i Salat.

—Noms comuns evocadors d'objectes casolans, d'esdeveniments, animals o situacions: *Tupinet, Karpantes, llíssara, Lleganya, Krissantema*.

— Joc a partir del grafisme de les lletres per desfigurar petites oracions, compostos inventats que suggereixen accions o objectes ridículs i evocar suposadament l'ortografia i l'escriptura d'exòtiques: *Escuranya, Kukablanca, Perkamuska, Rascatripes, Mastegarrocs, Rampinya, Naspelat, Yam-An-Wist, Ya-Men-Ric, Pan-Xa-Gros*.

—Utilització de diminutius: Miquelet, Tupinet, Mariona, Teresina, Agustinet, Pepó.

— Utilització d'hipocorització: Ciset, Biel, Mel, Lela, Cisquet, Dric, Ninius, Cicu.

L'elaboració estilística de l'autor es mostra sobretot quan fa explícits els procediments (*Tupinet...*):

11. A partir de l'anàlisi d'*Aventures extraordinàries d'en Massagran, En Bolavà detectiu, Les formidables aventures d'en Pere Fi,* i *La bella història d'en Tupinet.*

Ara tu m'hauries de dir per què et diuen Ninius. La Ninius se'l quedà mirant com si veiés visions. –Ai, ai –respongué–. Em diuen Ninius perquè me'n dic de debò. –I ca! –féu en Tupinet, mirant-se-la amb aire de dubte–. Jo em penso que Ninius no és un nom. –Vaja si ho és. Com que em dic Caterina. –Ah, ho veus? –féu en Tupinet, triomfant–. Caterina és com Tonet, i Ninius com Tupinet. –Però és el mateix, perquè de Caterina n'ha anat venint Ninius. S'ha de confessar que poca relació es veu entre un i altre nom, però com que en Tupinet no era gens exigent en qüestions gramaticals, es quedà aviat convençut i donà per molt bona la simplíssima explicació de la seva amigueta.

Aquestes explicacions també les dóna el narrador quan la hipocorització prové del castellà: «En Cunitu Escuraplats es deia Joanet, encara que els criats de casa de la marquesa, amb aquesta mala idea de què els noms dits en castellà resulten més fins, varen començar a dir-li Cunitu, o sia, *Juanito* mal pronunciar» (*Bolavà*: 93). Ara bé, les implicacions ideològiques d'aquests usos lingüístics es donen quan, per exemple, només usa els diminutius i hipocorístics per als personatges de les classes populars i manté el nom propi per als de les classes mitjanes i mitjanes altes, de manera que la societat amb una delimitació clara de les classes socials queda també reflectida en l'ús del llenguatge.

2. La modalitat sintàctica i l'expressivitat. Folch fa ús de tots els mecanismes de formació d'oracions exclamatives, sobretot amb adjectiu o pronom exclamatiu desplaçat a l'inici de l'oració, que permet focalitzar aquest element i crea una estructura d'oració exclamativa a la manera dels relats infantils arcaics en la qual el narrador anticipa els esdeveniments i s'hi implica emocionalment: «Il·lusions que et fas. ¡Que complert que és vostè sempre!».

3. Els jocs de paraules humorístics: «la immensa majoria dels jocs de paraules i les figures retòriques que hi estan implicades, així com l'estil humorístic en general, posen en joc estratègies lingüístiques que afecten totes les parts de la gramàtica i que suposen un domini conscient o no dels mecanismes lingüístics pregons» (Bartra 2004: 128). Alguns exemples a partir de les paraules, les estructures lingüístiques o la fonètica són:

— noms dels protagonistes: En Benet Closcabuida.

— jocs amb homònims: «és curiós que no em recordi de res, tantes memòries com estic fent» (*Pere Fi*: 170).
— jocs amb homòfons: «–Que ja em comences a marejar! –li respongué el capità. –vostè es mareja? Això sí que m'estranya. Jo em creia que la gent de mar no es marejava mai».
— comparacions típiques del llenguatge col·loquial: «alt com un pal de telègraf».
— renecs creats: «sac de renecs fregits i encavalcat», «rave curt».
— mots d'argot: «affanat».
— al·literacions: «la cova meva cavada en el roc».
— avançament per focalització: «cama cal per caminar».
— estrafer llegües alienes: «Somi unis quantis naufraguis que havemos estato ab molto perilli», i altres exemples comentats en els apartats anteriors.

Com a conclusió del seu estil, Bartra (2004: 118) destaca:

1. Folch i Torres dóna al seu llenguatge el grau i el tipus d'elaboració que considerava apropiats per als objectius que pretenia assolir: complicitat del seu públic, catarsi melodramàtica, valoració moral dels personatges i dels seus actes, conversió dels protagonistes en prototipus socials i morals.
2. L'aparença d'espontaneïtat i frescor és motivada pel domini, en gran mesura no totalment conscient, però molt destre, d'unes competències gramaticals en part compartides amb els seus contemporanis i en part fruit de la pròpia intuïció i/o reflexió com els jocs lingüístics, que es mostra sobretot amb la manipulació d'unitats de tots els components de la gramàtica.
3. Manipulació o elaboració de les unitats lingüístiques per crear jocs humorístics o lliçons morals prou evidents per als seus contemporanis perquè els recursos que utilitza pertanyien al bagatge sociocultural i lingüístic compartit amb ells.

Cassany (2007: 48) fa una valoració similar de l'estil del Folch en referir-se a *Aventures extraordinàries d'en Massagran*: «el llibre és escrit en un català pausible. La llengua literària de Folch, per fer-se entendre pels més petits, és d'una gran naturalitat, competent, entusiàsticament expressiva, i es nota prou bé que allò que ara pot resultar estrany al lector no ho és per una elecció lingüística errònia sinó perquè lamentablement la llengua popular ha baixat molts esglaons. El sabor de l'època de la llengua emprada és més un incentiu que una trava, no provoca estranyesa sinó un efecte de retrobament amb una llengua autèntica». Pel que fa a la recepció actual, Bartra (2004: 118) comparteix l'opinió sobre les competències exigides pel text i les actuals dels lectors: «Algunes d'aquestes competències han deixat de formar part del bagatge lingüístic i cultural de molts catalanoparlants del nostre temps i els contrastos que es deriven de la comparació d'ambdós estadis de llengua són una mostra d'un petit però significatiu canvi diacrònic en el català dels darrers cent anys».

4.1.5 Conclusions

Riba, des dels paratextos i des del text, a través de la veu del narrador i de la competència cultural demanada, proposa dos tipus de lector: un adult, el pare o l'educador; i un altre, l'infant, el nen. El primer té la funció de controlar les lectures que farà el segon. Però s'adreça només a un tipus de pare, al burgès. De fet, el protagonista de les seues històries són nens de famílies benestants i només apareixen personatges d'aquesta classe social. Contràriament, Folch proposa un tipus de lector, identificat amb un nen de classe popular: el tipus de personatges que representen nens que des de petits s'han vist en la necessitat de treballar i la presència de totes les classes socials són una mostra del ventall social dels personatges folquians, molt més ampli i més representatiu de la societat del moment.

Les tres obres de Riba mantenen una clara intencionalitat pragmàtica de caràcter educatiu i moralista que s'explicita en els paratextos, en la veu del narrador, en la trama i, sobretot, en la darrera seqüència narrativa. L'únic consell clarament explícit que apareix en l'obra de Folch i Torres, adreçat als personatges, és que tinguen interès en la instrucció i l'estudi. En el cas de Riba, no cal donar-ne perquè són nens instruïts i benestants; per tant, en la narració apareixen sempre amb llibres i tenen pares que els regalen llibres i es preocupen per ells.

Mentre l'obra de Riba entronca amb la llarga tradició de textos de l'anomenada literatura preventiva, Folch ho fa amb la novel·la d'aventures del xix i segons Rovira amb alguns dels primers films de cine mut. L'obra de Riba demana un coneixement de la tradició oral o literària que té com a hipotext els textos orals, sobretot pels temes utilitzats; també un coneixement de la producció infantil, o adreçada a un públic infantil, que els estudis han vinculat més a un corrent culte. Mentrestant, a l'obra de Folch i Torres són constants les referències a les novel·les d'aventures del segle anterior d'autors com Verne, Cooper, Conan Doyle, etc.

4.2 La lectura política: *El més petit de tots*

D'entre totes les seues publicacions com a escriptora i il·lustradora, les col·laboracions en les revistes *Patufet* o *La Nuri* analitzades exhaustivament per Montserrat Castillo (2000), destaquem tres dels seus llibres: *En Peret* (Barcelona: Impremta Altés, 1928), *Margarida* (Barcelona: Impremta Altés, 1929) i *Narcís* (Barcelona: Políglota 1930) perquè són els més representatius de l'estil de l'autora de textos escrits i dels il·lustrats i formaran el corpus d'anàlisi d'aquest apartat.

4.2.1 Els llibres de Lola Anglada

El primer, *En Peret*, presenta una sèrie d'escenes sobre el personatge que dóna títol a la novel·la; està dividit en dotze capítols que corresponen als diferents mesos de l'any. Estableix clares relacions intertextuals amb la tradició oral i el relat vehicula valors com l'amor a la terra, a la tradició catalana manifestada a través de les festes i els costums, etc. Artur Martorell, des de la revista *La Paraula Cristiana* (citat per Castillo 2000: 100), diu que és un llibre necessari per a les Escoles Normals de Mestres, un model de llibre per a infants, i en destaca la qualitat, expressivitat i gràcia de les il·lustracions, que aconsegueixen la identificació amb el text. De fet, fins i tot el format està pensat per als nens: tapa dura, amb il·lustracions a tot color i tipografia clara i gran per facilitar-ne la lectura.

Margarida es publica amb un format de 19.30 cm. x 15.30 cm. i acompanya el text amb il·lustracions en blanc i negre al llarg del llibre. Cada capítol s'encapçala per una sanefa semblant a la de la portada i s'inicia amb una lletra capitular il·lustrada. Les il·lustracions interiors funcionen com a petites claus de lectura, ja que resumeixen algunes seqüències del llibre on apareixen tant referències a la ciutat com a la natura, que apareix idealitzada tant en el text escrit com en la il·lustració. *Margarida* és un text semblant a *En Peret*, però dividit en capítols segons les estacions de l'any i protagonitzat per una nena idíl·lica que viu en un barri antic de Barcelona. Amb tot, el món de la natura, com ja passava en l'anterior, espacialment identificat amb el camp de terres catalanes, és igualment present. Si l'anterior llibre és la idealització d'un nen català de masia, aquest ho és d'una nena catalana de ciutat.

Narcís va ser editat per l'Editorial Políglota en un format de 22.30 cm. x 15.30 cm. i amb una tapa de cartó dur marró, amb una estampa central il·lustrada en quadricromia enganxada al centre. En l'interior, presenta unes característiques semblants a *Margarida*: a la portada, també apareix una sanefa que encapçala la pàgina i la il·lustració del protagonista; cada capítol s'encapçala per una sanefa semblant a la de la portada i s'inicia amb una lletra capitular il·lustrada; en l'interior apareixen imatges que representen una natura idealitzada, amb animals i plantes personificats. Són textos publicats en col·leccions marcades, on el tipus de lector model proposat és un lector infantil.

4.2.2 *El més petit de tots*

Però la seua obra més coneguda, *El més petit de tots*, presenta característiques diferenciades. Rovira (1988: 454) diu sobre aquesta obra que és un «producte de la guerra amb el qual crea un personatge simbòlic, el noiet antifeixista, que es distingeix pel seu civisme i el seu amor a Catalunya, entorn del qual l'autora recrea d'una manera molt viva –encara que, com sempre, idealitzada– fets i escenes de la reraguarda a Catalunya, i acaba evocant la victòria esperada que no arribà», i Valriu (1994: 94) afegeix que «presenta un personatge sense nom propi. És *El més petit de tots*, una mena de nen diminut, vestit amb una granota com els milicians, una barretina al cap i la bandera catalana a la mà. La seva funció era encoratjar la gent perquè col·laborara en la causa republicana. L'obra es tancava amb un capítol final ple d'esperança i il·lusió, que donava la guerra per guanyada. La figura del més petit de tots es va convertir en mascota del bàndol republicà».

En la coberta apareix una il·lustració que representa el protagonista, amb la senyera i barretina, el títol del llibre i el nom de l'autora. També hi figura el nom de l'entitat editora: Edició del Comissariat de Propaganda de la Generalitat de Catalunya i l'any d'edició, 1937, a més de l'emblema de la Generalitat. El fil argumental és el següent: el més petit de tots, el protagonista, es presenta com el fill de la Revolució i apareix pels carrers de Barcelona seguit per tot el poble i cada capítol narra una escena que representa una unitat temàtica: «Els pobles aristòcrates» presenta l'altre actant del text, un col·lectiu que rep el nom de 'el poble' o 'el nostre poble'. A «La sembra meravellosa», l'acció transcorre en la tardor i el protagonista visita un pagès i l'encoratja perquè vaja al front, on altres germans «lluiten per la llibertat», i el capítol es clou amb la il·lustració del pagès transformat en milicià. El títol prolèptic anuncia quins són els fets que s'esdevindran posteriorment: en anar-se'n el pagès al front, El més petit de tots aconsegueix una «sembra meravellosa».

«Els coloms de la ciutat» transcorre en un dia d'hivern i El més petit de tots alimenta els coloms perquè ningú no ho fa, es troba un home a qui ensenya que cal preocupar-se de tots els éssers de la natura, inclosos els coloms, i educar els fills i donar-los exemple perquè també ho facen. «Els frenètics de la velocitat» té lloc als carrers de la ciutat, on un nou ric amb cotxe corre desaforadament, el protagonista explica a la gent el mal comportament de l'automobilista, però aquest no fa cas als advertiments i és castigat: «Aquest cotxe del mal patriota, frenètic de luxe i de velocitat, correrà com emblema del mal auguri, com l'esquer dels mals averanys».

En «Una tarda al port», dos grups de nens juguen a lluitar entre ells i el protagonista parla amb ells i els convenç perquè juguen tots junts i no es barallen. I, en efecte, li fan cas –«Ara el sol morent es posava en els infants i els vestia d'una aurèola d'or, de vida prometedora, d'alliberament, de grans esperances...»– i es transformen en uns bons nois. «Pels nostres carrers» transcorre als carrers de Barcelona, on desfilen els milicians, un d'ells porta un gos i el protagonista parla de la importància que tenen aquests animals i diu: «Aquesta educació jo proposo al meu poble: el respecte als inferiors, que és la cultura que adopten els grans pobles...». En el mateix capítol, es conta també com unes dones discuteixen perquè l'ordre en una cua s'ha alterat i les aconsella sobre la conducta que cal que segueixen:

«Bones dones, la lluita al front, la pau a la reraguarda. Jo us aconsello molta prudència en aquests moments de dura prova per a tot bon ciutadà, si és que volem guanyar la revolució i la guerra. Vosaltres, dones abnegades en tots moments, sigueu assenyades a no donar volum a aquelles coses fútils que ens poden conduir a la desfeta».

«Els abrandats inconscients» mostra la bellesa de les pintures i les escultures que per l'acció de la guerra han estat destruïdes i posa com a exemple «els pobles que estimen en tots moments les obres mestres dels seus grans homes. Aquest poble ha sentit la follia revolucionària d'un moment i ha aterrat els millors monuments arquitectònics, ha convertit en cendra belles pintures, ha destruït preciosos mobles (...) aquest seu poble no persistirà en la follia porfidiosa de destrucció que, apartada de l'acte revolucionari, seria un retrocés per a la nova vida que fem néixer». «Els eterns descontents» critica algunes persones que sempre estan descontentes en qualsevol situació i que no saben més que jugar a les cartes al bar i malparlar del govern i de la revolució. Ocupen «la taula dels gandulls» o «la taula dels reconcentrats». La il·lustració els mostra sense afaitar, amb el cigarret i vestits de paisans. El consell que es dóna és: «No vulgueu ésser d'aquells que tenen per enemic el seu propi germà; la Revolució veritable és la que condueix a aquell amor que tot home de vàlua espiritual i culte ha de sentir envers el seu semblant, sense altiveses ni humiliacions... Perquè la Revolució no us obliga pas a humiliar-vos com un esclau, però tampoc no us permet d'encastellar-vos com un feudal del temps de l'esclavatge, aquella època malastruga que hem anul·lat» (p. 71).

«Els pobles que canten» és una lloança als pobles com «el meu poble» o «la meva gent» que canten, i el darrer, «Si n'eren tres tambors», parla de com la pau arriba després de la guerra i tot es transforma. I acaba de la mateixa manera que ha començat, amb una descripció del protagonista:

> I heus ací que "El més petit de tots", aquest fillet de la Revolució, petit i bellugadís, assenyat i generós, ara se'ns agegantarà per damunt dels núvols, arran de les estrelles; ara és el gran colós que contemplaran totes les terres del món i estimaran com l'emblema dels caiguts en les lluites per la llibertat dels pobles; com el guió i el símbol de les noves generacions que en l'esdevenidor hauran de mantenir el foc sagrat alimentador de noves gestes.

L'estructura narrativa plantejada, tot i ser semblant a la dels altres llibres de Lola Anglada, es diferencia prou de les que hem estudiat en altres moments.

Els capítols tenen una independència, des del punt de vista de l'acció, els uns dels altres; l'única connexió és la repetició dels mateixos personatges i la intencionalitat pragmàtica proposada. En cada capítol, la narració segueix les pautes següents: 1. descripció d'una conducta antirevolucionària, 2. intervenció d'El més petit de tots, 3. discurs del nen o del narrador en discurs indirecte on explica la conducta que s'ha de seguir.

Els personatges que hi participen representen tres tipus d'actants: són personatges que representen una idea o qualitat, més que un arquetipus o una ideologia; per tant, no tenen desenvolupament i funcionen més com una mena de metàfora.

A. Subjecte. És el personatge que dóna títol al llibre i al primer capítol, és una mena de consciència divina o revolucionària. Anomenat com «El més petit de tots» o «El bordegàs», es presenta en l'inici de la narració amb una descripció física i psicològica: «Sabeu qui és, aquest noiet? Aquest noiet tan petit com bonic, intel·ligent i espavilat? És un bordegàs de cabells rinxolats i ulls molt negres; la seva mirada és serena i penetrant. (...) Aquest bordegàs d'aspecte franc, bordegàs de la rialla als ulls i el somriure als llavis (...)» (p. 5). En acabar el capítol: «(...) el fill de la Revolució. Ha nascut com una guspira de la fornal on els nostres homes, tenaços i abnegats, forgen la gran obra humana i regeneradora de l'alliberació del nostre poble» (p. 7). De fet, són moltes les vegades en les quals el protagonista és descrit com a part important de l'altre protagonista col·lectiu de la narració, el poble, com en: «"El més petit de tots" segueix les colles i camina complagut del seu poble, (...) – Jo vull que el meu poble –diu "El més petit de tots" amb anhel– sigui el millor poble del món; si ho vol ésser, que empri l'aristocràcia veritable...» (pp. 11-12).

Posteriorment, hi ha altres trets que configuren el personatge i que formen part de la tradició dels herois de les llegendes o de la tradició bíblica: «I d'on véns? – El bon atzar em porta. – De qui ets fill? – Sóc teu si em vols; i sóc de tots aquells que són bons i auguren així mateix un temps millor per al proïsme» (p. 16). Acompanyat d'una sèrie de trets màgics que el transformen en una mena d'ésser irreal: «No sabem si "El més petit de tots" està dotat d'unes ales d'ocellet o bé si les seves cames són tan lleugeres com les potetes d'una daina, perquè tan aviat el trobem a mar com a muntanya, com als pobles de Catalunya, com a les seves ciutats» (p. 9).

En l'apartat «La sembra meravellosa», el protagonista llaura el camp que el pagès ha abandonat per anar al front: «Mentrestant, "El més petit de tots" s'hi afanyava: euga i noi, treballa que treballa. L'endemà, de bon matí, la muller del bon lluitador, en pujar al tros, va trobar-se amb la sembrada feta, i com per un art de fades les pesoleres crescudes amb bones brotades de flor» (p. 18), «posseeix una mena de poder màgic pel qual li és permès d'heure al moment tot el que desitja» (p. 22). La seua funció és, sobretot, marcar quina ha de ser la conducta del poble: «Aquesta educació jo proposo al meu poble: el respecte als inferiors, que és la cultura que adopten els grans pobles...» (p. 45).

B. Destinatari. L'altre actant és el poble, presentat com a col·lectiu i identificat amb l'emissor i el personatge A: «aquest poble conscient que els dies de lleure empra la joia de les bones habituds; famílies que passen la jornada al camp i tornen a ciutat complagudes d'elles mateixes. Poble educat que ha bandejat sempre espectacles degradants de vi i escàndol, poble de grans qualitats. Poble aristòcrata que empra la veritable senyoria, l'aristocràcia del bon sentit, del bon parlar; l'aristocràcia de la grandesa d'ànima, de les generositats; l'aristocràcia de l'educació, del tracte...» (p. 12). Al llarg del llibre, unes vegades es presenta com a col·lectiu i d'altres apareixen diferents personatges que encarnen les virtuts o els defectes: el pagès que se'n va al front, les dones, els descontents, etc. No són personatges concrets, sinó personatges al·legòrics que representen virtuts i defectes del poble.

C. Oposant. Per una part, el representa la classe social que està en contra de la Revolució simbolitzada per la condició d'automobilistes, en ser aquesta una condició a la qual només podien accedir alguns. Són «Els nous senyorets», representats sobretot en el capítol «Els frenètics de la velocitat» i que «lluexien el seu minso talent i el seu poc amor a la revolució veritable» (p. 27). Però sobretot són aquells que han fet la revolució «per poder tenir una vida regalada, per fer-te una vida de plaers, exempta de sacrificis...» (p. 29).

També són els vicis que la classe popular pot tenir i que l'actant A lluita i alliçona perquè no els tinguen. En realitat, és un personatge dolent enfrontat a un altre bo, perquè el personatge A, "El més petit de tots", és un símbol, allò que amb la revolució, ha d'esdevenir el poble:

> El símbol de la ideologia més gran i més humana que hagi nascut d'una revolució: era el cor d'un poble que anhelava estimar, era tota la voluntat d'aquest poble mateix que delitava perfeccionar-se, era tota l'abnegació per heure el millor, era tot el sacrifici i amor d'un poble que vol ésser digne. Aquest símbol havia esdevingut viu i tangible en la personeta d'"El més petit de tots", joganer, simpàtic i bonic (p. 25).

L'espai en què es desenvolupen els fets és Barcelona, amb citacions referencials concretes a espais de la ciutat: la Rambla, el Pla de la Boqueria, el carrer Fivaller, la plaça de Catalunya, etc. I presentada, tant pel narrador com pel protagonista, com «la nostra ciutat». El narrador s'adreça a un lector en el decurs de la història, narra els fets i dóna pas a un discurs directe per introduir les veus dels personatges. Però, en els moments finals s'utilitza: i) el discurs transposat en estil indirecte, a través del qual el narrador fa seues les paraules del protagonista i s'adreça a un *vosaltres* identificat amb el poble, o ii) el narrador omniscient es transforma en personatge i pren la paraula dins de la narració mitjançant un *nosaltres* igual a la veu del narrador més el col·lectiu representat per B, com en «De seguida el cotxe ha emprès una carrera folla, i ens diu "El més petit de tots"» (p. 34); quan açò ocorre, aquest canvi apareix en algunes ocasions de la narració, que coincideixen en alguns capítols en la part final, és a dir, en el moment en què s'introdueix la moral de la història. Per tant, el narrador fa seua la intencionalitat pragmàtica proposada.

En definitiva, tot el relat és una al·legoria amb una doble proposta de lectura, una superficial: relats amb una mena de semiheroi com a protagonista, on intervenen diferents habitants d'una ciutat. I una altra crítica amb una intencionalitat pragmàtica educativa i moralitzant. Aquesta doble lectura, qualsevol lector està en disposició de realitzar-la, perquè el narrador l'explicita i dóna claus de lectura per poder realitzar-la. Per tant, la intencionalitat pragmàtica del narrador queda també explícita i s'identifica amb la veu de la institució política que apareix als paratextos: el personatge A, "El més petit de tots", és un metàfora de l'altre protagonista, una mena d'*alter ego* que representa el bo i millor del poble.

Cal destacar com la funció educativa és present, també en el llenguatge. La República propiciava la coeducació i per tant, la utilització d'un llenguatge no excloent amb la dona, com s'usa en el text: «ha invitat totes les noietes i tots els xavalets de Barcelona» (p. 5), «Elles i ells baixen animats» (p. 9). I ho destaquem perquè, segons les nostres observacions, és el primer llibre que les utilitza.

Ara bé, el lector proposat va més enllà del lector infantil. Contràriament al que passava en altres textos estudiats, mentre el format, el tipus de protagonista o les il·lustracions proposen un lector infantil, el text s'adreça a un de qualsevol edat, que identifica amb el col·lectiu "poble" i que pertany a una ideologia identificada amb els ideals de la República. De fet, no apareix cap altre personatge infantil i els consells que s'hi donen o els vicis que es critiquen i les qualitats que s'hi propicien no són pròpies de la infantesa sinó dels adults.

4.2.3 Conclusions

La narració *El més petit de tots* és un discurs ficcional que actua com una al·legoria, en la qual el narrador explicita les claus de la doble lectura i que s'identifica amb la veu d'una institució política palesada en els paratextos. Per a Campillo (2007: 161): «Al lector actual potser li semblarà que el llibre, tan rodó i ben acabat, pateix d'un excés d'exemplaritat, tant en les consideracions expressades per la veu narrativa com en els parlaments del protagonista. Més enllà de recordar que és un producte digníssim de propaganda, un viatge hemerotecari pot esbandir les reticències dels llepafils, en palesar amb quina eficàcia el discurs pamfletari o la consigna dura i pura són conduïts per Lola Anglada a l'àmbit de la delicadesa narrativa i al de la seva visió del món».

Tot i que molts dels paratextos del llibre i algunes característiques del text proposen un lector infantil, la lectura s'adreça clarament als adults. Possiblement, el fet que siga una proposta ideològica per a persones de poca formació literària ha provocat que tant l'autora com els responsables institucionals del llibre s'hagen decantat per aquest tipus d'obra que, sota la seua perspectiva, podria facilitar-hi l'arribada del missatge ideològic dels contes.

5. La dècada dels seixanta: transició i consolidació

En la dècada de 1960, la normativa que prohibeix l'edició de llibres en català i l'ensenyament en aquesta llengua es relaxa i les escletxes obertes propicien petites però significatives iniciatives que es caracteritzen per la qualitat, la forma de realitzar-les i per l'efecte multiplicador que tenen. Ens referim a les iniciatives editorials i educatives que creen petites empreses i construeixen un circuit lector que ja no ha parat de créixer fins a l'actualitat. De fet, sense l'estudi del circuit de lectura per a infants i joves que aquesta dècada crea o del tipus d'obres que s'editen no es pot entendre ni interpretar el present.

En aquest capítol analitzarem els trets que caracteritzen aquesta època i que fonamentalment tenen a veure amb el paper que desenvoluparen els mediadors, les editorials i els autors que seguien les directrius pensades des de les escoles actives, en les quals els pares mantenien el control ideològic sobre l'educació, i per tant de lectures, dels seus fills. Els pares, que formen part d'una classe mitjana que pot accedir a una educació privada, volen i demanen una educació en català i des de la línia ideològica dels moviments de renovació pedagògica que triomfaven a França o Itàlia.

A Catalunya, des de les noves escoles privades es creen llibres de lectura en català amb una ideologia que s'explicita al text, als paratextos i als documents que escriuen i publiquen els mediadors. Es creen editorials o revistes pensades per a un infant específic i ara, a diferència del que va passar amb l'Editorial Baguñà, pares i mediadors estan d'acord amb la lectura que hi proposen perquè són ells els responsables de pensar-les, d'escriure-les, d'editar-les i de recomanar-les. El 1960, en la conferència que inaugura la *I Semana del Libro Infantil y Juvenil,* Artur Martorell demana que el llibre es transforme en un mitjà d'influència educativa en la formació del caràcter, del llenguatge, de l'esperit cívic, de l'ètica personal, del gust estètic i de l'espiritualitat. Els llibres editats per La Galera pretenen ajustar-se a aquestes demandes i ho fan, com comprovarem en analitzar els primers llibres publicats per la col·lecció Els Grumets de La Galera.

5.1 Una generació sense llibres, una literatura sense futur

La dècada dels seixanta és un moment de transició en la lectura per a infants i joves en català, perquè les circumstàncies socials i polítiques possibilitaren la connexió i la consolidació amb el treball que estaven realitzant petits grups d'ensenyants, editors i escriptors des de l'exili o a l'interior del país. Les persones que havien participat durant la República i la guerra civil en la producció d'aquests tipus de llibre es relacionen amb les noves generacions i aquest vincle que estableixen funciona com un imant que uneix l'experiència del passat amb les possibilitats de fer coses del present. Es construeix un pont entre el que s'havia fet abans de la guerra i les accions de la dècada dels seixanta; d'aquesta manera, s'evita partir de zero i oblidar o soterrar els aprenentatges i el treball anterior. La relació d'aprenentatge que s'estableix amb el passat, també es realitza en el present, amb els moviments pedagògics i literaris més actius que revitalitzen la vida cultural i el món del llibre per a infants. Itàlia i França es transformen en llocs on mirar i aprendre el model d'escola, de llibre i de lectura més adequat per als infants catalans.

Així, doncs, els grups que comencen a treballar en la creació d'un circuit lector busquen el diàleg amb els exiliats, amb les generacions de la República i amb col·lectius de mestres i d'editors d'Europa. D'aquesta manera, es construeixen uns fonaments poderosos que van permetre no partir de zero, sinó recuperar i aprendre del treball que s'havia realitzat anteriorment i de les experiències capdavanteres de França i Itàlia. Aquests fets, i d'altres que analitzarem al llarg d'aquest capítol, van propiciar els canvis d'aquesta dècada que han tingut continuïtat fins al present i que Rovira (1988: 463) resumeix en els següents:

— La inquietud d'un sector del món intel·lectual i sobretot de la pedagogia pel problema de la lectura infantil, com ho demostren la conferència d'Artur Martorell pronunciada el 1960, l'article «Una edat sense llibres o una literatura sense futur» de Joan Triadú a la revista *Serra d'Or,* o el treball realitzat a les escoles Talitha i Costa i Llobera.

— La publicació del primer número de la revista *Cavall Fort* l'1 de desembre de 1961.

— La creació de l'editorial La Galera l'any 1963 i la convocatòria del Premi Folch i Torres per a llibres infantils i el Joaquim Ruyra, de literatura per a adolescents, que donen a conèixer i promocionen obres i autors.

— La traducció a partir de 1961 d'alguns dels llibres d'imatges més famosos internacionalment.

— El moviment d'escola activa preparat des dels anys cinquanta per una generació de professionals de l'ensenyament, que intenta crear a les escoles uns consumidors de llibres infantils en llengua catalana, col·laborant alhora amb les noves editorials, com La Galera.

Les dades claus que marquen el punt de partida són l'any 1962, amb la publicació del primer número de la revista *Cavall Fort*, i el 1963, data en què La Galera comença a publicar els primers llibres per a infants. Ambdues propostes tenen punts en contacte: les persones que hi participen estan lligades als equips pedagògics de les escoles Talitha i Costa i Llobera, els escriptors que publiquen els primers llibres a La Galera formen part del consell de redacció de la revista i dels grups de renovació pedagògica que més tard, el 1965, formaran l'Escola de Mestres Rosa Sensat.

Ara bé, com hem dit en la introducció, és important ressenyar un fet anterior a les dates apuntades per Rovira: en el mes juny de 1960 se celebra a Barcelona la *I Semana del Libro Infantil y Juvenil*, que va ser inaugurada amb una conferència d'Artur Martorell i traça la ruta ideològica que guiarà la construcció d'un circuit literari català per a infants i joves:

1. Remarca l'augment de la producció i de les vendes a Europa del llibre infantil, determinat per les noves formes i els nous temes que han fet més atractiu el llibre.

2. Assenyala la importància d'aquest tipus de llibre, l'aparició cada any al món de 9.000 títols nous i la necessitat que tots els llibres han de tenir dignitat, bellesa, puresa de concepció i d'estil.

3. Porta l'atenció a la necessitat de donar a cada edat un tipus de llibre adequat, de diferenciar entre el llibre d'esplai i l'escolar.

Al llarg de la conferència, la reivindicació de la qualitat estètica del llenguatge, dels temes, de les il·lustracions i en general del llibre per a infants és una constant (Martorell 1987: 7):

> el valor educatiu de la lectura en ella mateixa, com a coneixement instrumental indispensable per al desenvolupament de les facultats del llenguatge i de judici del nen i per tal d'obrir la seva ment al coneixement i a l'amor del món que el volta en tots els seus aspectes –formal, humà i fenomenològic; i, d'una altra part, el valor importantíssim del llibre, també en ell mateix, com a mitjà objectiu d'una alta influència educativa en la formació del caràcter, del llenguatge, de l'esperit cívic, de l'ètica personal, del gust estètic i de l'espiritualitat; aspectes, tots ells, en els quals la qualitat del llibre i les seves característiques de fons i de forma influeixen poderosament i poden exercir i en realitat exerceixen un paper de gran importància. Paper que pot resultar positiu o negatiu, beneficiós o nefast, segons quines siguin aquestes característiques.

Un any més tard, com analitza exhaustivament Bassa (1994: 44-51), la revista *Serra d'Or* publica una sèrie de cartes al director i d'articles d'opinió que, seguint una línia similar, reclamen una literatura adreçada als infants i joves. L'article que va tenir un major ressò va ser l'escrit per Joan Triadú el 1962, titulat «Una generació sense llibres, una literatura sense futur», fent referència a la conferència de Carles Riba (1925) «Una generació sense novel·la»: «Si dos poetes van parlar un dia, amb raó, d'una generació sense novel·la, avui hi ha una joventut que testimonieja de no haver tingut llibres durant els anys més aprofitables per a adquirir uns hàbits de lectura» (Triadú 1962: 34). Al llarg de l'article, Triadú parla de la manca de llibres en català per a infants i joves i de com els llibres són necessaris per als anys d'aprenentatge literari: «Avui, durant aquestes dècades, de cada cent possibles lectors en perdem noranta-nou», i després de fer un repàs sobre quines van ser les lectures en català de la seua joventut, demana que els editors publiquen llibres per a infants i adolescents per fer-los lectors en català. Aquestes opinions poden ser reafirmades per les dades obtingudes en 1960 pels «Amigos de la Cultura y del Libro», els quals fan una enquesta als escolars barcelonins de 8 a 14 anys des de l'Instituto Nacional del Libro Español, de Barcelona, publicada el 1961. Els resultats són força eloqüents i retraten molt bé la situació comentada per Triadú, perquè no hi havia llibres en un 41 % de les cases dels nens enquestats i només els en regalaven d'1 a 2 a l'any i a la pregunta «¿Cuál es el primer libro que has leído?» responen amb el nom d'alguna cartilla; un 8 % dels nens enquestats citava *El Quijote* com el primer que havia llegit o bé el que li havia agradat més, o el que volia llegir o que li regalaren. Menys d'un 2% dels nens citava un títol català.

Per tant, en l'inici de la dècada coincideixen factors importants com i) la voluntat de la família, dels ensenyants i dels editors de crear, editar, recomanar i comprar llibres de qualitat; ii) la demanda social d'una lectura d'excel·lència per als infants; iii) l'opinió compartida que la lectura és l'instrument necessari per educar una nova generació de nens i la voluntat d'educar-los d'una forma diferent sota els pressupòsits de la pedagogia d'una escola activa i, el que és més important, iv) unes condicions socials i polítiques que permeten aquests canvis.

5.1.1 *Cavall Fort*

El consell de redacció de *Cavall Fort* s'inspira en els models de les revistes europees de més qualitat per a la creació d'aquesta revista adreçada exclusivament al públic infantil i juvenil: «*Cavall Fort* va fer creu i ratlla amb la tradició pairalista i va elaborar un producte teòricament perfecte, d'una qualitat altíssima on va col·laborar bona part dels artistes, els escriptors i especialistes del país. El resultat va ser una revista formativo-recreativa que venia a suplir el buit escolar dels infants catalans» (Larreula 1983: 31).

Inicialment, va aparèixer com un apèndix al full parroquial de Vic; així, amb l'ajuda de l'Església, amb l'esforç de mestres i persones lligades al món de l'ensenyament que li donaren difusió i d'altres que provenien del món de l'escoltisme es crea una eina útil per a la qual, amb paraules d'Albert Jané (*Perspectiva escolar* 1983: 10): «La intenció bàsica era familiaritzar els nois i les noies amb el català escrit i alhora subministrar-los coneixements de cultura catalana que a l'escola els eren sistemàticament escamotejats».

Cavall Fort aviat va esdevenir un punt de llançament d'escriptors i d'il·lustradors i alhora un lloc d'encontre on podien experimentar. En les seues pàgines començaren autors després força coneguts com Joaquim Carbó, Josep Vallverdú, Ramon Fuster, Aurora Bertrana, Núria Albó, Maria Novell, Montserrat Ribalta o Oriol Vergés. Es venia per subscripció i incloïa còmics, textos literaris, pàgines de divulgació de llibres coordinades per Marta Mata i d'altres de divulgació científica i de temes diversos que pogueren interessar els lectors, com ara la cuina, el folklore o els esports.

La revista era utilitzada i llegida a l'escola com a material de base per a la biblioteca escolar, com recorda Jané (*Perspectiva Escolar* 1983: 10):

> Feia uns anys que existia preocupació per tenir una revista en català per a nens i joves ja que, ateses les circumstàncies polítiques, tothom s'adonava que el català com a llengua de cultura era quasi desconegut per les noves generacions. No el sabien escriure, no sabien que existís el català escrit, i la solució més adequada semblava fer una revista infantil. Es pensava que, si més no, amb una publicació –com anteriorment *En Patufet*– que arribés regularment als infants, podrien començar a iniciar-se en el català escrit. Tampoc no era possible des d'un punt de vista legal, i després de moltes gestions es va arribar a un acord amb l'Església –que era l'aixopluc habitual de l'època– i així es va crear *Cavall Fort*, amb la combinació de diversos esforços compartits que podríem integrar en dos: el dels professors de català, que començaven a agrupar-se en un moviment incipient; i el d'elements que procedien de l'escoltisme. La intenció bàsica era, com he dit, familiaritzar els nois i les noies amb el català escrit i alhora subministrar-los coneixements de cultura catalana que a l'escola els eren sistemàticament escamotejats.

5.1.2 L'editorial La Galera

La cobertura de lectors de *Cavall Fort*, l'impuls d'organitzacions escolars com Rosa Sensat i de personalitats de l'educació com Marta Mata creen a poc a poc un espai de converses que es transformarà en un circuit lector. Però per completar-lo era necessari crear una editorial: La Galera.

El projecte editorial s'inicia sota la supervisió d'un grups de mestres. Andreu Dòria ho recordava amb aquestes paraules: «Vam començar a fer uns llibres amb la intenció de reprendre, partint de zero, una literatura infantil catalana [...]. Eren contes, però tenien un fons de didactisme, és a dir, que eren contes que ens aportaven petites dosis de cultura perquè a l'escola també es pogués utilitzar aquest llibre fent una suplència del llibre escolar» (*Perspectiva Escolar* 1983: 10). Aviat, al voltant de La Galera es reuniren les mateixes persones que es trobaven al consell de *Cavall Fort*, a les escoles capdavanteres del moment o a la institució Rosa Sensat. Lògicament, com a conseqüència del moment històric, dels interessos dels qui assessoraven el projecte i de la manca de textos escolars, la finalitat didàctica del projecte estava present des dels primers llibres, que es pensen des d'una voluntat política i pedagògica definida prèviament.

Les dificultats inicials de l'empresa foren moltes, però possiblement la més important provenia del trencament que la guerra i els anys posteriors havien creat amb una tradició literària infantil i juvenil, i que provocava una absència de referents culturals i narratius. L'escriptor Joaquim Carbó ho expressa així (*Perspectiva Escolar* 1983: 11): «A l'hora de produir els primers contes que s'hi publicaren, vam tenir el problema de saber quins temes havíem de tocar i com els havíem de tractar, perquè aquest trencament que hi va haver des del 38 fins el 61 feia que no es pogués mirar endarrere». Per això, el pont que es va crear amb la generació dels mestres de la República, com Àngels Garriga, és una de les claus de l'èxit del projecte.

5.2 La creació d'un circuit cultural de lectura

La comunicació literària que s'estableix entre els participants de la literatura infantil difereix en alguns aspectes amb la que proposa el sistema de la literatura adulta (Lluch 2003: cap. 1). El sistema infantil i juvenil es divideix en dues esferes que creen una forta dissimetria: d'una part, els productors del text, que en un sentit ampli són els autors, els mediadors (editors, institucions, escola...) i els primers receptors (mestres i pares). I d'una altra, el segon receptor: el lector real del text, el petit o el jove. Aquesta comunicació la representàvem en el Gràfic 5 (Lluch 2003):

Parlar de lectura de creació per a infants i joves és parlar majoritàriament de relats que se situen en la frontera de l'edifici literari, al costat dels relats de tradició oral, de la paraliteratura i de tots aquells textos que s'escriuen pensant en les característiques específiques del lector concret que els consumirà (Lluch 2005, 2010). L'editor de llibres per a infants, aconsellat pels mediadors, proposa a l'autor un tipus de relat amb unes característiques discursives marcades per la tradició, la didàctica, la ideologia, etc. La característica compartida per la majoria d'aquestes lectures té a veure amb la repetició en els tres àmbits de la comunicació literària: en la producció (per exemple, motivada per les característiques de les col·leccions o per la influència dels textos ideològics o dels documents legislatius), en els elements paratextuals (lligats al disseny i característiques de la col·lecció) i en la textualització (per exemple, tipus d'estructura o personatges). A continuació, revisarem la influència que autors, editors, mediadors i pares han tingut en la proposta lectora d'aquesta dècada.

5.2.1 L'autor

L'autor habitual de la dècada dels seixanta s'identifica amb la figura de l'instructor, és a dir, el mestre o familiar que escriu per a un lector conegut com per exemple un fill, amic del fill o un deixeble i inicialment proposa la seua obra en un circuit privat o l'autor que escriu seguint un ideari ideològic concret i marcat prèviament. En els capítols precedents, hem analitzat autors d'aquest tipus com R. L. Stevenson (veg. 2.3) o Carles Riba (veg. 4.1). En la dècada dels seixanta, l'autor forma part d'un grup organitzat, cohesionat i condicionat per uns valors professionals i ideològics: són mestres, bibliotecaris o pares. És a dir, els autors són els mateixos que després recomanen o compren els llibres que escriuen, il·lustren, editen, premien o dissenyen i, fins i tot, en alguns casos un autor pot compartir la major part d'aquests papers.

Analitzem els inicis de l'editorial La Galera: Andreu Dòria és alhora editor i, com a pare, relacionat amb l'Escola Talitha, Àngels Ollé és l'autora dels primers textos publicats per l'editorial i mestra de l'escola, Fina Rifà és il·lustradora i també mestra de l'escola i Marta Mata col·labora a la biblioteca de l'escola, és directora de la institució Rosa Sensat, directora de les primeres col·leccions de l'editorial i membre del consell de redacció de *Cavall Fort*. Bassa (1994: 151), en l'anàlisi que fa d'aquest període, afirma que, dels autors la professió dels quals ha pogut esbrinar, el 44 per cent de les obres publicades en aquest període estan escrites per mestres com Àngels Garriga, Marta Mata, Jordi Cots, Àngels Ollé o Josep Vallverdú; el 8 per cent, per bibliotecàries com Aurora Díaz Plaja o Maria Novell.

Per tant, els autors dels primers llibres de La Galera formen part de l'Escola Talitha, de la institució pedagògica Rosa Sensat o de *Cavall Fort*; comparteixen una mateixa professió, són mestres o bibliotecaris i, fins i tot, com ressenyen alguns documents (La Galera 1988), estableixen relacions personals. En definitiva, creen un grup cohesionat tant per uns valors ideològics compartits amb l'anomenada escola activa i catalanista dels anys 60 com per unes relacions professionals o personals.

Un exemple el trobem en *Un rètol per a Curtó*, d'Àngels Garriga. El llibre inclou diferents textos que fan referència a l'autora i que comparteixen característiques, com el la de la introducció, que es titula «De com Àngels Garriga va escriure llibres» i descriu el caràcter de l'autora des de l'òptica de la redactora del text, Marta Mata, que en l'últim paràgraf parla de la relació familiar que la uneix amb l'autora: «Tot això us ho he pogut explicar perquè Àngels Garriga era la meva mare i ella m'ensenyava com parlar als nois i noies».

La descripció que Marta Mata fa de l'autora destaca la relació que tenia amb la lectura, l'estudi o els professors quan era petita i amb els nens ja adulta i la presenta com a bona estudiant i mestra. Com serà habitual en aquests tipus de paratextos, l'autora es fa present amb un jo i s'adreça directament al lector amb un vosaltres. Les relacions personals i el joc d'identificacions que text i paratext creen van molt més enllà perquè, a través de diferents indicadors, el lector pot identificar clarament l'autora, mestra de professió, amb la mestra coprotagonista i guia de la narració.

Podem concloure dient que el tipus d'autor més freqüent durant la dècada de 1960 es caracteritza per una política cultural que s'explicita en els nivells textuals i paratextuals del llibre. Però, l'autor no pot garantir la ideologia proposada davant de les institucions educatives i polítiques (com és habitual en la història de la lectura), perquè aquestes encara són contràries a l'ensenyament en català i a la ideologia que amara els llibres; per tant, els autors garanteixen la proposta educativa dels textos als primers receptors del text, els pares i els mestres, que són els que demanen aquest tipus de lectura.

5.2.2 L'editor

Dels llibres infantils publicats durant aquest període, el 51 per cent són de La Galera i la resta, d'editorials com Arimany, Tàber, Estela o E. Meseguer. Altres editorials publicaren col·leccions, sobretot de traduccions, com Teide, amb Avui sabreu, una col·lecció de llibres amb tema històric d'Enric Bagué, o de la natura, de Maria Rius; Estela, que publica la col·lecció Àlbums bíblics (1963-1968), per difondre el nou esperit de renovació eclesiàstica del Concili Vaticà II, i Llibres infantils Estela (fins a 1965), de traduccions.

Edicions 62, Lumen i Joventut publiquen la traducció d'àlbums com *Tintín*. Com ja hem comentat, la proposta editorial més important és La Galera, creada el 1963 sota la direcció d'Andreu Dòria i dedicada exclusivament a llibres per a infants. Els seus orígens són ben significatius, com ho expliciten els documents de l'editorial (La Galera 1988):

> 1963. A les reunions de pares que tenien lloc a l'escola Talitha, on anaven les filles de l'Andreu Dòria, una escola pionera, en aquells temps, de l'educació de la llibertat, on es respectava la personalitat de l'alumne i es fomentava tot tipus d'activitat formativa, més d'una vegada sorgia el tema de les lectures dels infants i es constatava el gran buit existent en la literatura infantil en general i, sobretot, no cal dir-ho, en la literatura infantil en català. Diferents converses il·lustratives i encoratjadores amb la Marta Mata, que orientava i tenia cura de la biblioteca de l'escola, culminaren en la decisió d'emprendre l'edició d'uns llibres que combinessin la innegable finalitat lúdica amb uns continguts, estil i presentació que recollissin les orientacions que aconsellava la pedagogia moderna. I ens vam proposar de dur-ho a terme precisament amb gent del país, a fi que els llibres, a més de la llengua, reflectessin també, de manera espontània i natural, el tarannà, la vida, els costums i els paisatges més propers al nen: els de la seva pròpia terra.

Per tant, al voltant d'aquests mediadors ens trobem amb una escola, una bibliotecària, una pedagoga d'una organització reconeguda, una mestra dels moviments de renovació pedagògica, unes finalitats educatives explícites i uns potencionals lectors, considerats, no per la seua simple condició de nens, sinó com a escolars catalans. Durant aquesta dècada es forma el que serà el circuit literari infantil en català a Catalunya, amb una dependència de l'escola: no és l'editor qui fa una proposta de lector o de text, són els mediadors educatius; de fet, la necessitat de lectura es crea per recomanació del docent.

5.2.3 El receptor, el lector i els mediadors

En el sistema literari infantil diferenciem dos tipus de lectors: el primer receptor és el comprador del llibre (els pares), ajudat pel mediador que en recomana la compra (el mestre), i el segon receptor és el lector del relat, el nen (Lluch 2003). A l'apartat 4.1, ja hem analitzat com Carles Riba proposa dos tipus de lector, el nen i l'adult d'una classe social determinada:

el «bon burgès», el pare culte. En la dècada dels seixanta, el primer receptor del text és un tipus de pare o de mestre que coincideix amb una ideologia determinada pels punts següents: ideologia nacionalista catalana, interès per l'educació de qualitat, creença en una educació en català i en una educació activa, de caràcter coeducatiu i democràtic.

Per tant, els llibres s'adrecen a un primer receptor homogeneïtzat i que s'identifica per compartir uns trets similars. Sobre el segon receptor, el lector empíric, tenim poca informació; només algunes estadístiques que hem ressenyat en l'inici del capítol faciliten informacions relatives a la seua relació amb el llibre.

Els mediadors o els responsables de declarar els llibres com a lectura infantil, també canvien en la comunicació que s'estableix entre els actors de la comunicació literària infantil. En primer lloc, perquè les persones que actuen com a mediadors no són crítics; en segon terme, perquè la finalitat de la seua tasca no és declarar les lectures com a literàries sinó com a aptes per al consum infantil i, finalment, perquè aquesta tasca la desenvolupen els mediadors legislatius, els educatius, les editorials i els premis.

Els mediadors legislatius són els que tenen una incidència més forta perquè les lleis prescriuen com ha de ser un llibre adreçat a un públic infantil. Com en els llibres per a adults, la normativa condiciona la creació, l'edició i la difusió de publicacions destinades als infants i als joves, fins al punt que poden arribar a la prohibició d'una determinada obra.

El 1962, el Consejo Nacional de Prensa creà la Comisión Asesora de Publicaciones Infantiles y Juveniles, integrada dins del Consejo Nacional de Prensa, que assumeix les funcions que tenia assignada la Junta Asesora de Publicacions Infantils, la primera institució especialitzada en la censura de publicacions infantils. Els membres que integraven aquesta comissió eren dos representants de la Comisión Episcopal de Prensa e Información, dos del Ministerio de Educación Nacional, dos del Consejo Superior de Protección de Menores, dos de la Sección Femenina de FET y de las JONS, dos del Frente de Juventudes, dos del Gabinete de Lectura de Santa Teresa, dos de l'Asociación Católica de Nacional de Padres de Familia, dos del Servicio Nacional de Asociaciones Familiares de FET y de las JONS, dos de la Comisión Católica Española de la Infancia i el director de l'Escuela Oficial de Periodismo. La comissió tenia com a missió: «todo lo relativo a la orientación y conocimiento general de cuanto puede afectar, a través de los medios informativos de difusión, a la formación de la infancia y de la juventud, así como estudiar y proponer las medidas y disposiciones que en este orden estime necesarias» (Cendan 1986: 59).

La promulgació de la Ley de Prensa e Imprenta del 1964 va representar un pas endavant; posteriorment, el 1967 s'aprovava l'Estatuto de Publicaciones Infantiles y Juveniles, que encara mantenia la censura sobre aquests llibres. D'aquest Estatuto, vigent fins al 1977, podem destacar la definició de l'objecte: «Se entiende por publicaciones infantiles y juveniles las que por su carácter, objeto, contenido o presentación aparecen como principalmente destinadas a los niños y adolescentes» (art. 2n). Per a tota mena de publicacions, la llista d'aspectes prohibits té a veure amb l'apologia de fets o conductes immorals; arguments que ressalten la violència, l'erotisme, el suïcidi o l'eutanàsia; l'admissió de l'ateisme i, en definitiva, atemptar contra els valors «que inspiran la tradición, la historia y la vida patriótica, familiar y social en que se basa el orden de convivencia de los españoles». Per tant, són mediadors que condicionen fortament la proposta de lectura. És significatiu, per exemple, que fins la dècada dels vuitanta no trobem un sol personatge en aquest tipus de llibre que es declare ateu o agnòstic, com tampoc no en trobem cap que se suïcide.

Els mediadors educatius influïren notablement. Ja hem comentat la tasca dels moviments pedagògics i de mestres presents en la creació dels llibres i en les pautes marcades per a la creació de noves propostes. Cal recordar que a l'àmbit català fins a 1955 no funcionen les primeres organitzacions de mestres que participen de la renovació pedagògica que es dóna arreu d'Europa; quan els primers moviments s'organitzen reivindiquen una educació diferent i un ensenyament en català.

La Institució Rosa Sensat va ser-ne la més important, ja que hi col·laboraren els mestres d'avantguarda. Per a Monés (1981: 248-250), els punts més positius d'aquesta institució van ser la promoció d'un clima a favor de l'activisme pedagògic, la introducció a l'escola de tècniques educatives modernes, l'aplicació de sistemes coeducatius, els esforços per aconseguir la participació activa dels pares, la recuperació de la nostra tradició pedagògica, la vinculació als corrents educatius moderns i, de manera primordial, la introducció del català a l'escola. El mateix autor

(1981: 20) destaca com a trets aglutinadors dels membres de la Rosa Sensat la pertinença a la generació dels cinquanta, un interès per l'escola de qualitat, una pregona preocupació religiosa, un germen catalanista important i també, la preocupació per la problemàtica socioescolar i indirectament per la situació política i la influència en el món educatiu.

La influència de l'organització també era patent en el tipus de lectura que s'hi proposava. Potser els documents amb més incidència van ser les llistes de llibres recomanats elaborades pels mestres de les escoles Talitha i Costa i Llobera entre 1958 i 1962, impresos amb ciclostil. S'adreçaven als pares i destacaven uns llibres de lectura sobre d'altres, a més d'informar de les característiques que havien de tenir els llibres per a cada edat. Les recomanacions s'elaboraven en dates habituals d'adquisició de llibres com ara el Nadal, Sant Jordi o les vacances d'estiu. Dos anys més tard, en 1964, les biblioteques d'aquestes escoles publiquen ja les llistes en uns llibrets titulats *¿Qué libros han de leer los niños?* afegint-hi petites informacions com la filosofia del documents (Escuela Activa de Padres 1964: 4):

> Deseando ayudar a los padres, en la tarea de escoger los libros con que suelen obsequiar a sus hijos, y atentos precisamente a este aspecto de honda trascendencia para la educación infantil, presentamos a continuación un detallado estudio orientativo, responsablemente trabajado por algunas escuelas, en el cual hallaremos, aparte de lo que podríamos llamar ideas más o menos teóricas, una selección de los libros que, a lo largo de un período de experimentación, han ofrecido serias garantías de indudable valor educativo.

Consideren la lectura com a activitat comuna que contribueix a la formació del nen (Escuela Activa de Padres 1964: 6):

> Hemos visto que la formación literaria comienza con el aprendizaje de las primeras letras y la lectura de los primeros cuentos y por ello pretendemos orientarla desde un principio, convencidos de que:
> 1. El niño que lee, penetra las cosas por caminos que otros hombres trazaron mediante la palabra escrita. Esta permite la asimilación por la lectura, el gozo de cuantas relecturas se deseen y una nueva contemplación –más rica, más profunda– de la realidad.
> 2. Leyendo, el niño ejercita aquellas facultades –comprensión, imaginación, memoria, sensibilidad, relación lógica, etc.– que le servirán no sólo para profundizar en la lectura, sino también en la propia vida.

3. El campo limitado de la vida del niño se amplía considerablemente con el conocimiento humano de personas, problemas y ambientes que quizás nunca llegue a ofrecerle la vida real, y además la lectura le prepara para afrontar mejor los que la vida le ofrezca.

Al full informatiu apareixen una sèrie de llibres recomanats classificats per l'edat del lector i el criteri preferent de selecció són «los valores educativos» (Escuela Activa de Padres 1964: 12) i la qualitat literària. S'hi comenta la mancança de bones adaptacions, llibres de poesia, biografies, llibres de tema religiós que hi ha al mercat i que impedeix de recomanar-ne.

Les referències als llibres francesos són constants a causa de la manca de títols catalans al mercat. Llibres, sobretot, influïts pels mètodes de l'Escola Nova o l'activisme pedagògic, com els de Paul Faucher, que va crear els *Albums du Père Castor* amb un caràcter més pedagògic que recreatiu, pensats com a joc educatiu, recomanats en les llistes abans esmentades i que aviat van ser publicats en català en la col·lecció Llibres Infantils Estela, de l'Editorial Estela.

L'interès dels pares per aquestes llistes féu que se'n publicaren periòdicament i que s'hi interessaren d'altres organismes, com l'Escola de Mestres Rosa Sensat, que més tard publicà periòdicament uns llibres titulats *Quins llibres han de llegir els nens?*, fets amb l'ajuda de mestres, bibliotecàries, llibreters i editors. Aquests llibres, publicats en períodes de cinc anys, són la continuació dels fulls comentats en els paràgrafs anteriors i que tenen com a objectiu «orientar la lectura».

Durant els anys 60, quallava un relació entre les escoles que tenien l'ensenyament en català o de català i determinades editorials, que continuaria fins l'actualitat, l'exemple modèlic de la qual foren els primers anys de l'Editorial La Galera i de la revista *Cavall Fort*. Des de les poques escoles que ensenyaven català, es demanava a les editorials una literatura per als infants i joves amb unes característiques molt determinades, una literatura que donara a conèixer la història del país, els costums i les tradicions que encara no podien ser matèria d'estudi a l'escola, amb una ideologia liberal, que demanara la participació dels petits. També, que publicaren llibres d'altres llocs.

Els primers llibres responen a aquestes demandes, entre altres raons perquè van ser els mateixos mestres els que els feren i els que participaren d'una manera activa en la seua creació i són: «una autèntica suplència del llibre escolar en català perquè s'hi incloïen vocabularis il·lustrats, qüestionaris, suggeriments d'activitats diverses, senzills experiments, manualitats» (La Galera 1988).

Les editorials, sobretot a partir de 1970, comencen a posar en marxa diferents activitats, la finalitat de les quals és sobretot la promoció dels seus productes, l'ampliació del ventall lector i comprador i la definició del tipus de llibres que editen. Durant la dècada de 1960, aquestes tasques no feien més que iniciar-se i de totes la que tingué una importància decisiva va ser la creació de premis, el més important dels quals fou el Premi Folch i Torres: «destinat a estimular la producció de llibres per a infants» d'entre vuit i deu anys, fundat per l'editorial Spes i instituït per l'Òmnium Cultural, es va crear l'any 1963, però aquest anys va ser declarat desert. Els guanyadors de les edicions posteriors van ser: el 1964, *Tres narracions per a infants*, Montserrat Mussons; 1965, *El zoo d'en Pitus*, de Sebastià Sorribas; 1966, *Les presoneres de Tabriz*, de Maria Novell; el 1967, va quedar desert; 1968, *Rovelló*, de Josep Vallverdú, i 1969, *I tu què hi fas aquí?*, de Joaquim Carbó.

Els textos premiats van ser publicats a la col·lecció Els Grumets de La Galera. El jurat de les vuit convocatòries estava format per ensenyants o experts en literatura infantil, com Artur Martorell, Teresa Rovira, Josep Tremoleda, Jordi Cots, Antoni Sàbat, Martí Olaya, Maria Martorell i Eulàlia Valeri. Marcaren la línia dels premis i alhora la de la principal col·lecció de La Galera. Artur Martorell, pedagog que uneix aquesta generació amb tot el treball realitzat abans de la guerra; Jordi Cots i Eulàlia Valeri, mestres i membres de la institució Rosa Sensat; Maria Martorell, filla d'Artur Martorell; Josep Tremoleda, director de la revista *Cavall Fort*, i Teresa Rovira, bibliotecària.

El *Premi Joaquim Ruyra* distingia obres adreçades a un públic entre onze i quinze anys, fou creat el 1963 i el publicava l'editorial Estela, però al llarg de la seua trajectòria tingué força problemes que obligaren a no convocar-lo a partir de 1970 o a declarar-lo desert. Els premiats van ser: 1963, *L'abisme de Pyramos*, de Josep Vallverdú; 1964, *Un paraigües sobre Vall-Ferrera*, de Carles Macià; el 1965, va quedar desert; 1966, *Entre juliol i setembre*, de Robert Saladrigas; 1967: *Les rates malaltes*, d'Emili Teixidor, el 1968 no es convoca i l'any següent queda desert. De la mateixa manera que en el premi anterior, les persones que formen part dels jurats estan lligades a l'ensenyament o hi són pròximes.

Així, doncs, durant aquesta dècada la dissimetria s'aguditza fortament i s'estableixen dos estaments diferenciats. Per una part, formant un grup cohesionat, els productors i mediadors del text que creen la necessitat, pensen, dissenyen, escriuen, il·lustren, editen, declaren aptes per al consum infantil, compren i recomanen el llibre infantil. I, per una altra, l'anomenat segon receptor del text: el lector, el nen, del qual no podem sentir la seua veu.

5.3 La producció de llibres

Estadísticament, els llibres publicats durant aquest període figuren a la Taula 4.

En la columna 1, les xifres són de llibres en català publicats durant aquest període, segons Vallverdú (1987: 113); la segona columna correspon a les xifres que hem extret de la relació de llibres publicats durant el període de 1939 a 1970, que consta en la tesina de fi de carrera de Núria Ventura (1970), i en la tercera la relació de llibres infantils publicats per La Galera.

Els llibres que Ventura (1970) considera textos per als infants representen un 19 per cent de la producció total de llibres en català; però en aquesta relació apareixen llibres de lectura, de coneixements i traduccions.

Taula 4

	Llibres publicats en català	Llibres publicats per a infants en català	Llibre publicats per l'editorial La Galera
1960	183	7	0
1962	270	22	0
1963	309	60	2
1964	368	89	5
1965	430	131	13
1966	548	75	7
1967	469	99	10
1968	460	75	8
1969	393	99	13

5.3.1 Traduccions

Algunes editorials de literatura per a adults inicien col·leccions de llibre infantil o juvenil, com Edicions 62, que publica el 1964 l'àlbum il·lustrat *El lleó feliç* de Louise Fatio, i la col·lecció El Trapezi (1965-1975), que es presenta a la coberta posterior amb el text següent:

> La joventut del nostre temps és cada vegada més independent; la seva revolta és una exigència de participació en la societat contemporània; és el refús d'una tutela sovint injustificada. Pel que fa a les seves lectures, Jules Verne, Salgari, J. Fenimore Cooper no són els autors més apropiats per a aquesta nova actitud, sinó més aviat els representants de la literatura juvenil d'un món ja periclitat. La joventut reclama una lectura d'avui, moderna i adequada als nostres temps.

Tanmateix, la col·lecció no va reeixir perquè: «els plantejaments responen totalment als temps que corren –èpoques de contestació universitària, manifestacions contra l'*establishment*, inici del pop– però el mercat no està preparat i la col·lecció no té èxit. Els mateixos títols, publicats vint anys després, trobaren els seus lectors» (Mañà 1989: 24).

El 1963, Lumen publica els àlbums de Janosch *Història de Yalek, el cavall* i *Josa i el violí màgic*, traduïts per Martí i Pol, i el conte antibel·licista *Els timbalers per a un món millor*, de Reiner Zimnik. Estela crea una col·lecció de traducions dels francesos *Albums du Père Castor*, relacionats amb els moviments d'escola activa, que figuraven a les llistes de llibres recomanats que comentàvem adés.

Els llibres d'animals publicats a Europa al llarg del segle XX entronquen amb les antigues faules, però amb alguns canvis com, per exemple, la presentació d'uns animals que adopten comportaments humans referits al treball, els jocs, els hàbits socials i fins i tot els vestits. Per tant, tot i que conserven de la faula la finalitat moralitzadora o educadora, adopten comportaments socials i estructures familiars a imitació de les humanes.

Majoritàriament, són relats curts i dirigits als lectors més petits. Al català es traduïren els *Àlbums del Pare Castor*, una sèrie de llibres d'animals per als lectors que encara no saben llegir. El primer àlbum en francès d'aquesta col·lecció havia aparegut en 1932 i durant 25 anys arribaren a editar-se 250 contes; en paraules de l'autor: «Je crois que la lecture intelligente, celle qui éclaire et enrichit l'esprit, dépend non seulement de l'acquisition du mécanisme de la lecture, mais de toute une "éducation préalable". Cette éducation préalable, cette pre-lecture est précisément la raison d'être de certains de nos albums. Ils ont été réalisés en équipe, suivant un plan médité, voulu, dirigé» (Bortolussi 1985: 39).

L'altra col·lecció d'àlbums en francès traduïts van ser els de Babar, publicats per Joventut. La col·lecció creada per Jean de Brunhoff narra els fets que viu un elefant que escapa de la selva, arriba a la ciutat i s'enamora de la civilització burgesa de principi del segle XX i torna a la selva vestit com un burgès i conduint un automòbil; allí funda un estat ideal en el món dels animals on és el rei. El primer títol aparegué el 1931: *Histoire de Babar*; més tard, *Le voyage de Babar* i *Le roi Babar*. Atenent l'èxit editorial que representaren, l'editorial Hachette demanà al fill de Jean de Brunhoff (1899-1937) que continuara l'obra del pare i des de 1946 naix el següent Babar: *Babar et ce coquin d'Arthur*. Babar no segueix el model habitual de relat, amb fets que mantenen una progressió lineal en una seqüència quinària o ternària, sinó que els àlbums són una successió d'anècdotes o una acumulació d'imatges on no hi ha suspens ni s'espera el desenllaç, amb una quinzena de personatges que mostren moments de la seua vida a través de les imatges (Bortolussi 1985: 52).

En la mateixa línia, hem de ressenyar la traducció dels llibres de la col·lecció *El Club dels 7 secrets,* d'Enid Blyton, (Joventut) o el llibre de Gianni Rodari *Jip en el televisor* (Lumen, 1964). A més, continua la publicació de traduccions de clàssics de la literatura juvenil com *Petites dones* (Bruguera, 1964) i *Aquelles petites dones* (1965), de Louise Alcott, o la *Mary Poppins* (Joventut, 1967), de Pamela Travers. En una línia diferent, però també important, cal ressenyar la publicació dels àlbums del ratolí Mickey, de Walt Disney, i altres de la mateixa factoria com *Dumbo* o *Bambi*.

5.3.2 Llibres catalans

Lògicament, en parlar de la literatura infantil catalana dels anys seixanta hem de parlar sobretot de la produïda per La Galera. Des de l'inici, els textos s'inclouen en col·leccions caracteritzades per l'edat del lector al qual s'adrecen. L'edició s'inicia l'any 1963 amb la col·lecció La Galera d'Or, contes amb un format d'àlbum amb tapes dures i il·lustració en quadricromia i amb un fons de didactisme amb l'objectiu de ser utilitzats a l'escola perquè els textos eren adequats «a la capacitat i interessos dels lectors» (La Galera 1988).

L'any 1965 Aurora Diaz Plaja proposa tres noves col·leccions: La Ruta del Sol, de tema fantàstic; Nous Horitzons, formada per grans àlbums de contes fantàstics d'autor contemporani, i Desplega veles, dedicada a explicar aspectes socials com el món del treball, els emigrants o el camp, i que acaba amb un desplegable amb tots els elements del text. Però la col·lecció amb més èxit és la d'Els Grumets de la Galera, destinada a un públic de 10 a 14 anys, amb relats sobre temes diversos «que procuren destacar aspectes positius i constructius de la convivència» (Oller 1988: 466). El primer llibre de la col·lecció publicat fou el guanyador del Premi Folch i Torres de 1965 *El zoo d'en Pitus*, de Sebastià Sorribes, que iniciava el tema de les colles i propiciava els valors de la solidaritat i l'amistat en un escenari urbà. La inclusió de les dones entre els protagonistes és una conseqüència lògica de l'escola activa que propugnava la coeducació.

El 1966, el premi fou per a Maria Novell amb *Les presoneres de Tabriz*, que inaugura un tema amb molta importància durant aquesta dècada: la narració històrica on predomina la intenció formativa. Dels següents premis, cal destacar la novel·la d'aventures *La casa sota la sorra*, publicada el 1966 i escrita per Joaquim Carbó, l'èxit de la qual va generar una versió en còmic i la continuació de les aventures dels protagonistes en altres títols de l'autor.

Una temàtica recurrent i premiada durant aquesta dècada i la següent és la novel·la històrica que ficcionalitza fragments de la història de Catalunya. Era una manera de fer entrar uns aprenentatges que estaven prohibits en el currículum oficial i als quals accedien els estudiants per les lectures: *Viatge al país dels Lacets* de Sebastià Sorribas i *Les captives de Tabriz* de Maria Novell, en són un exemple.

La novel·la realista la inaugura el 1966 Sebastià Sorribas amb *El zoo d'en Pitus*. L'èxit del llibre va ser tant que el 1982 portava nou edicions i se n'havien venuts uns 70.000 o 80.000 exemplars. Els mateixos personatges apareixen en altres narracions del mateix autor com en *Festival al barri d'en Pitus*, i en la mateixa línia el 1969 Joaquim Carbó publica *La colla dels 10*.

La novel·la d'aventures està representada pel títol *La casa sota la sorra*, de Joaquim Carbó, que aparegué el 1966 i donaria origen a tota una col·lecció. Bassa (1994: 103-145) analitza el 77 per cent dels llibres publicats durant aquest període per estudiar quin ha estat el missatge pedagògic transmès i d'entre les seues conclusions destaquem les següents:

1. Els valors ètics tenen a veure amb la realització de bones obres i d'ajuda a altri, però fer bones accions en el sentit de transmetre un missatge de solidaritat i col·laboració, és a dir, construir un parc infantil en un solar, arreplegar diners per a l'operació d'un nen malalt, etc., a més a més comporta accions que es duen a terme amb una participació col·lectiva.
2. Els valors personals que s'hi destaquen més són l'amistat, la col·laboració, la generositat i la realització d'accions solidàries.
3. El món escolar és el tema més tractat: apareix un tipus d'escola renovada, la mateixa que proposen els agents de transformació.
4. En els textos, trobem dos tipus de models de comportaments respecte al sexisme: narracions amb un missatge coeducatiu igualitari i d'altres que mostren una separació i segregació dels petits per sexes.

Concloem destacant l'interès que per aquest tipus de llibre es generava en la societat i que va fer que, a més de la tasca desenvolupada des de les escoles, la revista *Serra d'Or* incorporara una secció de crítica especialitzada des del 1966 i que en el primer catàleg de llibres en català de 1967 s'incloguera un apartat dedicat al llibre infantil, amb un total de 435 títols.

5.4 Una col·lecció paradigmàtica: Els grumets de La Galera

L'editorial La Galera inicia en 1966 la col·lecció Els Grumets de La Galera, adreçada a un públic a partir dels 12 anys. S'hi editaven els Premis Folch i Torres i els primers títols ja dibuixen clarament la línia de la col·lecció: 1966, *El zoo d'en Pitus*, de Sebastià Sorribas[12] i *El berenar de sega*, de

12. En aquest apartat, per a referir-nos a aquests llibres ho farem de la manera següent: *El zoo d'en Pitus* EZP, *El berenar de sega* EBS, *Les presoneres de Tabriz* LPT, *Un rètol per a Curtó* URC; *La colla dels deu* LCD, *Festival al barri d'en Pitus* FBP, *Viatge al país dels lacets* VPL, *Dídac*, *Berta i la màquina de lligar boira* DB i *Rovelló* R.

Maria Guasch; 1967, *Les presoneres de Tabriz*, de Maria Novell i *Un rètol per a Curtó*, d'Àngels Garriga; 1969, *La colla dels deu*, de Joaquim Carbó, *Festival al barri d'en Pitus*, de Sebastià Sorribas, *Viatge al país dels lacets*, de Sebastià Sorribas, *Dídac, Berta i la màquina de lligar boira*, d'Emili Teixidor, i *Rovelló*, de Josep Vallverdú.

L'elecció del mateix nom de la col·lecció cerca crear un tot amb el de l'editorial i forma part del mateix camp semàntic en utilitzar la paraula 'grumet', que es relaciona amb el lector petit a qui la col·lecció s'adreça. Els principals factors textuals que condicionen la proposta de lectura són els paratextos, l'esquema narratiu, el tipus de protagonista i la veu del narrador.

5.4.1 Paratextos

El format és de llibre de butxaca amb tapa dura, la il·lustració interior queda reduïda a una desena d'imatges en blanc i negre, però la portada adquireix importància amb una il·lustració en quadricromia, que habitualment representa els protagonistes de la història. La portada posterior inclou tant l'anagrama de l'editorial com el de la col·lecció; en edicions posteriors incorpora també un text informatiu sobre l'autor i un altre sobre el llibre. En la portada i la portadella apareixen els noms de l'autor, de l'il·lustrador (que no apareixia en la portada), de l'editorial i del premi rebut.

Abans del relat, hi ha un paratext que s'adreça directament als lectors, tant per la informació que inclou com per les referències a un «nois i noies» que apareix en el text i en el títol: «Als nois i noies que llegiran aquest llibre». Un text de característiques semblants s'inclou en la darrera pàgina, tancant el text narratiu.

Alguns llibres de la col·lecció inclouen endreces que tenen com a destinatari un nen en qualitat de fill o d'escolar i en edicions posteriors s'afegirà un text informatiu sobre les característiques de la col·lecció.

El paratext que precedeix la narració el signa «Artur Martorell, President del Jurat del Premi Folch i Torres» i manté la mateixa estructura en tots els volums: un primer paràgraf on es fa referència al tipus de llibre que publica l'editorial; un segon, resum temàtic del llibre i ressenya d'algunes de les característiques; i es tanca amb el darrer paràgraf, amb una forta càrrega conativa, adreçat als nens lectors animant-los en la lectura. En definitiva, és una presentació que introdueix la lectura, suggereix l'actualització que cal fer dels coneixements necessaris per acomplir-ne la proposta i argumenta per què és important la lectura.

També es repeteix en tots els llibres de la col·lecció un paratext final, «Parlem d'aquest llibre», format per preguntes de comprensió de l'argument i propostes de treball de tipus didàctic. Tenen, per tant, una finalitat didàctica que possibilita treballar els textos com a part del currículum escolar i que acompleix una de les demandes principals dels mediadors i dels pares.

Els títols dels llibres són majoritàriament temàtics i fan referència al fet principal de l'argument o al protagonista de l'acció. Els dels capítols també són temàtics i funcionen com un guiatge de lectura, amb una funció descriptiva dels esdeveniments i en alguns casos amb una de clarament prolèptica que, en avançar els fets futurs, ajuda a la lectura de la narració.

5.4.2 Esquema narratiu

L'estructura narrativa dels llibres és senzilla: en la primera seqüència es presenten els protagonistes; en la segona es planteja un problema (alliberar les presoneres de Tabriz, aconseguir un indicador de carretera per al poble de Curtó, muntar un zoo per ajudar un amic malalt, ajudar un amic a demostrar la innocència del seu pare, etc.); en la tercera, els personatges infantils duen a terme una sèrie d'accions per resoldre'l. Òbviament, aquesta és la part més important, on es proposa als nens un projecte col·lectiu l'èxit del qual té unes conseqüències clares: enfortir l'amistat entre els protagonistes o la unió de la colla.

Les accions proposades sempre es realitzen amb «alegria» i «sense discussions violentes» i les decisions es prenen en assemblea, de forma democràtica, i en ocasions es formen comissions per realitzar-les. Per exemple, en *Un rètol per a Curtó,* la mestra diu als alumnes: «Donar importància al poble és cosa de tots: grans i petits. Jo em penso que tothom hi estarà conforme. Però caldrà que ens ajudin. I els ho haurem de fer entendre» (p. 42), o més endavant: «Si tothom ens hi ajuda, sí que es podrà fer, homes i dones, a més de nosaltres, perquè el poble és de tots» (p. 63), o «Molta gent fa molta feina» (p. 97). A més, per dur endavant la tasca, els nens de l'escola de Curtó formen comissions, cadascuna de les quals s'ocupa d'una qüestió. El mateix ocorre a *El zoo d'en Pitus*, on la colla del barri forma la Junta del zoo, que s'encarrega d'organitzar i formar les comissions de treball.

Finalment, en la quarta seqüència es resol el problema: en *Les presoneres de Tabriz*, les presoneres són alliberades; en VRC, el rètol és atorgat a Curtó; en *El zoo d'en Pitus*, s'aconsegueixen diners per al malalt i les proves per alliberar el pare d'en Llovet. I finalment, s'inclou una darrera seqüència on es destaca els valors que han portat els protagonistes a realitzar l'acció proposada. Per exemple, en *El zoo d'en Pitus*, la generositat i el treball en equip milloren un espai comú com és el poble i el narrador guia l'atenció del lector als guanys de creixement personal que han aconseguit els protagonistes i que tenen a veure amb el procés de maduració humana. En *Un rètol per a Curtó*, desapareix l'antiga rivalitat i l'odi amb el poble veí; en *Les presoneres de Tabriz,* els protagonistes, que a l'inici de l'acció eren joves, tornen adults; i en *La colla dels deu*, els integrants de la colla aconsegueixen un velomotor, metàfora de l'entrada en el món de la joventut.

Volem també fer menció d'alguns fets que, tot i no formar part de la trama principal, són presents i que descriuen diferents tipus de circumstàncies socials i polítiques de la realitat que envolta el lector i que trobem per primera vegada en la literatura infantil catalana, com ara referències a persones que viuen al barri amb problemes econòmics, o a una dona que es guanya la vida venent loteria (EZP, 99), la referència als nens que treballen abans dels catorze anys (DB, 97) o una petita menció a la realitat lingüística d'alguns països: «Cada dia neixen nous països de la cendra de les colònies africanes o asiàtiques. Són nacions joves que ho han d'aprendre pràcticament tot, la llengua també, perquè, no cal dir-ho, rebutgen l'anglès, el francès o el portuguès dels antics colonitzadors» (EZP, 95).

L'acció narrada ocorre en espais molt concrets. Mentre que en els llibres de les col·leccions El club dels cinc o El club dels set el conflicte era un misteri per resoldre, com una adaptació de les novel·les de misteri i detectius per a adults i molt pròxima als escenaris creats pel model Sherlock Holmes, en els textos catalans es fa incidència en els mons més propers al lector, com l'escola o la família. Els conflicte es produeix al barri o al poble en el present: en *La colla dels deu*, la representació il·lustrativa de la colla com a col·lectiu, a diferència dels textos anteriors, es representa a les cases i el barri. L'escola també és present de forma especial, caldria fer menció a *Un rètol per a Curtó,* on l'escola que apareix és la representació idíl·lica que mediadors i pares tenien del que havia de ser un centre educatiu. De fet, era molt pròxima a l'«Escola Nova» que havien conegut durant la República Alexandre Galí, Artur Martorell (membre del jurat que atorgà la condició de finalista al premi Folch i Torres al llibre) i l'autora, Àngels Garriga, i que volien reproduir a l'escola Talitha de la qual formaven part.

Les il·lustracions expressen gràficament el text: decisions assembleàries acordades pels escolars, incidència del seu treball en la vida del poble, formació de comissions per a la realització de les tasques, una formació present en la vida quotidiana de l'escolar, etc. I el diferent tipus de tasques que s'hi realitzen queda descrit, com: «Perquè a l'escola de Curtó, hi havia moltes feines, en començar el dia. Ara us en direm algunes: Treure la pols de taules i cadires. Estendre les estoretes al racó dels menuts, que s'hi poguessin asseure al damunt. Anotar les temperatures que marcava el termòmetre, mesurar l'aigua recollida al pluviòmetre (cas que hagués plogut) i mirar, amb una canya i una serpentina enganxada al cim d'on venia el vent» (URC, 22).

En definitiva, en molts dels casos, una aventura iniciàtica d'entrada en el món dels adults, similar a la plantejada en el corpus rondallístic i en la novel·la d'aventures del segle XIX, però en un espai casolà, de barri o de l'escola. Llevat dels exemples de novel·la històrica, com *Les presoneres de Tàbriz,* on l'aventura, en el sentit que té el terme en la novel·la del XIX, s'associa al viatge i pren el seu significat complet.

5.4.3 La colla com a protagonista

En 1922, comencen a publicar-se els primers títols de l'escriptora anglesa Enid Blyton i el 1942, els seus llibres més coneguts, que aviat van ser traduïts al català. La seua proposta textual incloïa un element nou en la narrativa infantil catalana: la inclusió d'un protagonista col·lectiu en una trama que compartia moltes característiques amb la novel·la d'aventures i de misteri. Els llibres d'Enyd Blyton eren recomanats per a lectors d'entre vuit i dotze anys; la col·lecció que va editar-se més vegades va ser Famous

Five, el primer títol de la qual aparegué en l'edició original el 1942 (Tucker 1981: 193).

Certament, en els seus llibres tot es fa sempre de manera gratificant i fàcil. El vocabulari tendeix a ser tan repetitiu com les trames i, fins i tot, les nocions simples poden ser reforçades per transmetre el seu significat dues vegades. Els escenaris es localitzen quasi sempre al camp, suggerit ràpidament per uns quants clixés, poblat per persones principals, superficials i estereotipades. Cadascú pot tenir una característica, tanmateix, que es distingeix amb claredat, com un misteriós poder per domesticar animals, un gust per les bromes o un nerviosisme excessiu davant del perill. Tanmateix, una vegada establerta la caracterització singular, els personatges continuen les seues històries d'aventures, sense ser pertorbats per la introspecció, el dilema moral ni per cap sentit raonable de la realitat.

La trama dels llibres va servir per realitzar una sèrie televisiva, que donà lloc a una nova col·lecció, Famous Five TV, les il·lustracions de la qual n'eren fotogrames. Posteriorment, aparegué la col·lecció Secret Seven, de característiques semblants. Abans, podem trobar exemples de relats que tenen la colla com a protagonista en alguns títols més aïllats i que no generaren continuacions, com ara, *La guerra dels botons*, escrita en 1912 per Louis Pergaud, o *Tom Sawyer*, de Mark Twain. Blyton va ser traduïda al català durant els anys 60 i la seua esdevingué una proposta textual paradigmàtica.

També en els seixanta, els autors catalans comencen a incorporar aquest tipus de protagonista. De fet, en cinc de les nou novel·les del corpus que analitzem, la colla és el personatge principal: *El zoo d'en Pitus, Un rètol per a Curtó, La colla dels deu, Festival al barri d'en Pitus* i *Viatge al país dels lacets*. I els personatges comparteixen les mateixes característiques: l'edat oscil·la entre nou i dotze anys –similar a la del lector–; són plans, caracteritzats per un sol tret del comportament; cada membre de la colla és un personatge esquematitzat fàcilment reconegut i individualitzat: un tipus de personatge que no sorprèn el lector, sinó que li agrada perquè actua com s'espera. A més, funcionen com a arquetipus psicològics i narratius, que no evolucionen amb la trama del llibre i es presenten en l'inici de la narració i mitjançant la il·lustració amb el nom davall de cadascun perquè puguen ser fàcilment identificables pel lector.

L'estructura narrativa és tan senzilla que només ens trobem amb un tipus d'actant: el subjecte materialitzat en el personatge col·lectiu de la colla i que conjuntament aspira a un mateix objectiu. No ens trobem amb oponents clars. Ong (1982: 148-151) considera aquest tipus de personatge com una derivació de la narració oral primària. De fet, en rondalles del tipus *L'Esclafamuntanyes*, on l'heroi protagonista apareix secundat per la colla d'amics o germans, en el principi de la narració podem trobar característiques compartides amb el protagonista d'aquestes novel·les. És sobretot la coherència psicològica i ètica dels personatges que integren el col·lectiu i que no canvia al llarg de la narració ni ofereix matisos, el principal tret compartit amb el personatge rondallístic.

Seguint un criteri descriptiu, els personatges que s'integren en la colla tenen una edat semblant a la del lector proposat (a partir dels onze o dotze anys), estan escolaritzats; viuen en barris de Barcelona o en pobles de la geografia catalana. Els adults apareixen distants d'aquest món; fins i tot, en alguns casos, semblen no existir. Tanmateix, si els adults pràcticament no hi són presents, la ideologia que s'hi proposa és clara i entesa com a concepció i organització del món on viuen. De fet, són presents perquè contínuament, mitjançant el diàleg, els protagonistes expliciten de manera unívoca els tipus de comportament o d'opció ètica que els pares o educadors n'esperen en qüestions que tenen a veure amb l'acompliment de les màximes conversacionals o amb la cortesia.

Els mons possibles plantejats segueixen, per una part, les pautes socials vigents i per una altra part, l'ideari proposat des de les escoles, és a dir, la valoració del joc, de l'organització, del treball col·lectiu, la potenciació de l'amistat: «La seva amistat amb Pere es mantingué tota la vida» (LPT, 117) o «S'adonà del que perdia no essent-ne amic, d'ells» (LCD, 58).

Una conseqüència de la presència de les pautes marcades pels grups educatius és la intervenció dels personatges femenins en la trama narrativa. S'hi fa d'una forma explícita i argumentada a través del discurs del narrador o en els discursos que cita com, per exemple, dient que la seua intervenció en l'acció és a causa de la seua igualtat amb els nois. La utilització d'un llenguatge coeducatiu que integra tant el nen com la nena, i que ja havia estat una reivindicació durant els anys de la República, s'explicita més clarament en l'obra d'Àngels Garriga, educadora dels anys republicans i pont entre la generació d'ensenyants dels seixanta i la dels trenta. De fet, la seua obra *Un rètol per a Curtó* és la primera que incorpora la colla mixta, com ho mostren la il·lustració de l'inici del llibre i la presentació dels personatges que la integren: «Per la banda de la capella de Sant Pere s'acostaven els germans Castelló, que vivien en una masia de més avall. Al davant, la Cristeta amb les seves dues trenes no gaire llargues, d'un castany fosc, duent de la mà el petit, en Daniel (...). Poc abans d'arribar a la placeta se'ls va ajuntar la Gemma i la Cioneta Vinyes, que tot i ser germanes no s'assemblaven de res» (URC, 14).

Els altres autors només proposen colles de nens, com fa Sorribas en *El zoo d'en Pitus*, tot i que en la narració intervenen de forma activa les noies, i així ho explicita el narrador: «els nens i les nenes estaven disposats a fer el Zoo» (EZP, 94). Tres anys més tard, en *Festival al barri d'en Pitus,* ja incorporarà el personatge femení: «Ara, a la colla, també hi ha noies... Això, va ser cosa de la Mariona, la germana d'en Cigró. Després de l'aventura del Zoo, la Mariona i les seves companyes es presentaren un dia en una reunió de la colla, i hi demanaren l'admissió. De primer alguns –el Fleming i en Juli– s'hi van oposar... Deien que això de les colles no feia per a les noies... Però la Mariona va respondre que, quan es va fer el Zoo, les noies van demostrar que podien arribar allí on arribaven els nois» (FBP, 9). I, més tard «A l'entorn de la taula, les cosidores –i els cosidors, ja que a l'equip també hi havia nois– treballaven en silenci» (FBP, 94).

5.4.4 Veu del narrador

Tots els textos coincideixen en la presència d'un narrador omniscient: «Aquest llibre, doncs, s'acaba aquí, ara que ja els perdem de vista. Però com que als de la colla dels deu ja els coneixem i sabem...» (LCD, 133) i que es mostra amb un *nosaltres* que inclou el *jo* narrador + el *vosaltres* lectors: «I ja sabem que els fòssils no es troben sinó enterrats entre capes de terres i roques» (URC, 11).

El narrador és el principal exponent de la ideologia (entesa com a valors socials i educatius proposats i defensats al text) explícita al llarg del text. La seua veu es fa present amb comentaris que destaquen valors educatius com: «Per molta feina que tinguessin, res del món no els havia privats de fer el canvi de llibres el dissabte al matí. No ho haurien volgut els llegidors ni ho haurien permès els bibliotecaris» (URC, 28). O valors humans: «Eren, només, un grup d'amics que jugaven per divertir-se i per fer exercici, no per presumir... Pensaven que hauria estat una falta de companyonia voler figurar més que un altre. Així, s'ajudaven a l'hora de jugar i a l'hora de treballar o estudiar» (LCD, 28), «Van resoldre que havien guanyat tots, encara que en Nolàs no va estar gaire conforme; però aviat l'alegria va fer-li oblidar la petita ferida de l'amor propi» (URC, 140), «La seva amistat amb el Pere es mantingué tota la vida» (LPT, 117), «L'home ha de voler descobrir allò que abans ningú no ha descobert... Ha de voler descobrir allò que abans ningú no ha descobert... Ha de voler ser cada dia millor que el dia abans...» (VPL, 125).

6. La lectura en català al País Valencià[13]

Com comentàvem en la introducció, hem volgut dedicar un capítol independent a la lectura per a infants i joves al País Valencià perquè els estudis sobre el tema centren l'atenció majoritàriament a Catalunya. A més, el nostre estudi finalitza en la dècada dels seixanta i parlar de literatura infantil valenciana abans dels anys vuitanta del segle passat equival a analitzar petites mostres de relats publicats de manera esparsa i sense crear un veritable circuit de lectura. Per poder descriure un panorama dels inicis i de la consolidació en aquest marc és necessari parlar del període anterior a 1983 i del posterior.

La publicació de la Llei d'Ús i Ensenyament del Valencià l'any 1983 és un moment històric: abans d'aquest any s'inicien alguns projectes de lectura en català per a infants que es consoliden entre un públic molt reduït; després de 1983, l'obligatorietat d'estudiar català a les escoles crea un futur lector i una necessitat que engega una indústria editorial i un circuit literari en català majoritàriament adreçat als infants i joves. Aquest capítol revisa els projectes, les editorials i els contextos educatius que propiciaren i crearen una lectura per a infants i joves valencians.

13. Agraïm a Jesús Huguet la informació aportada per a la redacció d'aquest apartat.

6.1 Els antecedents

La voluntat pedagògica de crear una narrativa infantil en llengua pròpia apareix especialment en la dècada de 1930, però amb la mateixa rapidesa que apareixen les propostes també s'esvaeixen. No deixen de ser intents singulars per a públics molt concrets.

El primer període acaba el 1939. El 1930, es publica *Tombatossals* de Josep Pascual Tirado, un llibre emblemàtic de la narrativa infantil i de la simbologia mítica castellonenca. L'obra, editada en gran format i il·lustrada per Bernat Artola, Pérez Dolz i Sales Boli, és de difícil adscripció: un aplec eclèctic d'elements rondallístics, de materials folklòrics castellonencs i, fins i tot, de referències a la gastronomia o a la geografia castellonenca.

Lanuza i Pérez Moragón (1982: 48) descriuen altres iniciatives d'aquest període com, per exemple, la col·lecció setmanal *Nostra Novel·la*, on es publiquen dotze narracions, algunes de les quals eren les premiades en un concurs de conte infantil que convocava la col·lecció: «Eren obres d'escassa volada, d'un sentimentalisme i d'un moralisme exacerbats, de personatges classificats amb uns criteris absolutament maniqueus, molt pobres pel que fa als recursos lingüístics –poc adaptats per a la comprensió dels xiquets– i narratius». Els investigadors també comenten la iniciativa de l'editorial Artes y Letras, que el 1934 edita una sèrie de 10 contes de 16 pàgines en la col·lecció Contes Infantils, tots de Josep Cebrian i Navarro, amb títols com *Els reis dels pobres, El coixet, Aquell any de falles, Allà en els moros, En la fira de Nadal, Un héroe de cartó, El home feliç, Paella* i *El xiquet francés*.

Les entitats culturals actives durant la II República, com l'Associació Protectora de l'Ensenyança Valenciana, l'editorial Arte y Letras i el Centre d'Actuació Valencianista (CAV), intentaren potenciar la creació i edició de llibres infantils. Per exemple, el CAV publicà contes infantils com *Remordiment*, de J. Cebrian i Navarro, o *La flor del lliri blau*, d'Angelí Castanyer. Altres iniciatives van ser aturades per la guerra.

Més enllà de les plataformes editorials, en aquest període es posen en marxa dues institucions culturals i educatives importants per a la literatura per a infants. D'una banda, l'Associació Protectora de l'Ensenyança Valenciana (1934-1938), que seguia la pauta de l'Associació Protectora de l'Ensenyança Catalana (1899-1939), i on es van congregar aquells que tenien una visió unitària de la llengua i confiaven en les seues possibilitats formatives: el pedagog i gramàtic Carles Salvador (1897-1955), el també pedagog Enric Soler i Godes (1903-1993) i els escriptors Emili Beüt (1902-1993) i Enric Valor (1911-2000), entre d'altres. «L'AEPV va elaborar diverses publicacions per als mestres i realitzà una activa campanya a favor d'un Decret de bilingüisme al País Valencià, que no va materialitzar ni la Segona República» (Ferrando i Nicolás 2005: 373). I d'una altra, el Centre d'Actuació Valencianista, creat el 1931, focus iniciador del que podríem definir com una literatura amb aspiracions pedagògiques. És important remarcar la voluntat didàctica de les associacions perquè aquest serà el seu objectiu central, més enllà de la simple dedicació a crear una narrativa pròpia o de la voluntat mercantil editorial. Per això, entre els textos que publicaren les dues institucions destaquem títols com *Col·lecció d'endevinalles per a xiquets* o *La flor del lliri blau*, qualificats com a literatura pedagògica.

Un bon exemple és un projecte singular posteriorment rescatat per l'editorial Tàndem (1993) amb una bona acceptació del públic i de la crítica, del qual hem parlat. I el titllem de singular perquè l'autor és un important banquer valencià del segle xx, que «estimava molt la seua terra, la gent d'ací i també la seua llengua. Per això va escriure aquest llibre» (Pérez Moragón 1993: 93). Així, el 1930, L'Estel publica l'obra de Joaquim Reig, *Contes per a infants*, subtitulada *De la imaginació nòrdica*, que ja hem comentat en el capítol 3.

Poques iniciatives més poden ressenyar-se d'aquest període. Meseguer i Cortés (2001: 35) mostren com la qüestió de la llengua dels infants valencians era un tema central en les reunions pedagògiques. Destaquen *La República de les Lletres* (núm. 2, octubre-desembre 1934, p. 25), que informa de la tercera Assemblea de l'Associació de Mestres Valencians celebrada el 26 i 27 de juliol de 1934, en què es projectà celebrar una Setmana Pedagògica de Primavera l'any següent. En la mateixa direcció s'encaminava la notícia apareguda en el darrer número de *La República de les Lletres* (8, abril-juny 1936), que anunciava la transformació en diverses col·leccions: Sembra sobre «llibres de doctrina, d'història, de literatura pedagògica, biogràfics i de diverses disciplines de la nostra cultura; i de lectures preferentment per a les nostres dones i els nostres infants» i una Biblioteca de La República de les Lletres popular que inclouria títols per als infants. Però són projectes que no es transformen en realitats.

6.2 El període de les voluntats: de 1939 a 1970

En el següent període pràcticament no es publica cap obra per als infants; les poques edicions foren tan minoritàries que formen part de biblioteques privades o d'algunes públiques però de molt difícil accés i pràcticament són desconegudes per la majoria dels valencians. Paral·lelament, durant els anys quaranta s'inicia l'escola valenciana del còmic, que publicarà integrament en castellà obres de lectura popular i amb molt d'èxit com *Roberto Alcázar y Pedrín*, *El Guerrero del Antifaz* o *Bartolo, el as de los vagos*.

Les poques obres en català que s'editen per a joves tenen un caràcter menor com, per exemple, uns poemes d'Enric Soler i Godes publicats el 1952 per Lletres Valencianes, *Bestioles (ni epigrames ni faules)*; un relat de Josep Mascarell i Gosp, *Joaquim i els seus amics*, el 1953, o els contes de Leopold Martínez Vidal, *Pere Patufet* (1954), *Les vacances de Jordiet* (1954) i *Els somnis de Jordiet* (1955).

Major transcendència per la importància de l'autor va tenir l'antologia de Joan Fuster *Un món per a infants* (publicada el 1959 i reeditada el 1988 per la Conselleria de Cultura), il·lustrada per Andreu Alfaro de la qual hem parlat en l'apartat 3.4. Josep Lluís Bausset (Vallés 2000: 139) recordava el naixement d'aquesta obra en l'àmbit familiar:

> Francesc Soriano [administrador del diari *Levante* i promotor de cursos de valencià] decidí editar una coseta amb motiu de la proclamació de la seua filla Ampariu com a regina dels Jocs Florals de València de l'any 58. En comptes d'un detallet –com es fa avui a les bodes o les comunions– Francesc em digué que duia la idea de regalar als convidats un llibre fet expressament per a l'ocasió. Volia que fóra una publicació amena, amb col·laboracions d'escriptors de totes les èpoques i pensada per a un públic infantil.

El llibre, subtitulat *Primer llibre de lectura*, és una selecció i adaptació de textos feta per Joan Fuster, amb una finalitat descrita al pròleg del mateix autor: «Aquest llibre que teniu a les mans vol ensenyar-vos a llegir. Sí, ensenyar-vos a llegir. Vosaltres em direu que ja en sabeu, perquè heu après les lletres i confegiu les paraules sense equivocar-vos. Bé. Ara es tracta d'una altra cosa: us ha arribat l'hora de començar a llegir per comprendre i per recrear-vos».[14] El llibre recull poemes de J. W. Goethe, Jaume Bru i Vidal, Carles Salvador, Francesc Almela i Vives i Ricard Santmartí; rondalles d'Enric Valor i textos de Ramon Llull, sant Vicent Ferrer, Josep Maria de Sagarra, Vicent Sorribes, Joan Maragall, Josep L. Bausset, Bernat Bono i Barber, Rabindranath Tagore, Ernest Martínez Ferrando, G. Viladot Puig, Josep l'Escrivà, Josep Palàcios i Joan Fuster.

6.3 Les primeres obres: de 1970 a 1982

Ja durant el tercer període comencen a publicar-se les primeres obres dels que esdevindran en pocs anys els autors més importants de la literatura per a infants valenciana, tot i que encara no hi ha una infraestructura local suficient i, per tant, es publiquen en editorials catalanes (sobretot La Galera), o en editorials valencianes que excepcionalment editen llibre infantil en català.

Carme Miquel edita dues adaptacions de contes populars a La Galera: *Marieta o les bromes d'un rei* el 1972 i, un any més tard, *La rabosa*. Abans, el 1970, va publicar un conte breu, *Un estiu a la Marina Alta*, arran d'una iniciativa de Manuel Tarín, el *Concurs Infantil Joanot Martorell*. El text conta l'experiència d'un xiquet de la Marina en la verema i, seguint aquest fil expositiu, descriu les tasques que s'hi realitzen i presenta el vocabulari de les accions, els oficis i les eines relacionades.

El 1974 és un any emblemàtic perquè es publicaran diversos llibrets de la sèrie Sóc, il·lustrats per Manuel Boix, com *Sóc el foc*. El llibre de lectura *Veles i vents*, de Ferran Zurriaga i dibuixos de Boix, s'edita el mateix any igual que el *Llibre de Pau*, subtitulat, *1r llibre per a l'ensenyament de la llengua* i escrit per Teresa Pitxer, Maria Victòria Navarro i Alfred Ramos. El 1978, Empar de Lanuza guanya el premi Folch i Torres amb el recull de contes *El savi rei boig*. L'obra fou potser el primer clàssic de la lectura infantil valenciana.

14. Citem a partir de la reedició de la Conselleria de Cultura, Educació i Ciència de la Generalitat Valenciana, València, 1988.

La Federació d'Entitats Culturals del País Valencià convocà el concurs «Joanot Martorell» per als xiquets i xiquetes valencians i publicà les obres guanyadores, oferint uns llibres de lectura als primers escolars. A *Els xiquets i les xiquetes escriptors* (1975), Maria Conca recopila els guanyadors de les edicions de 1969 a 1974, i *Gandia vista pels seus xiquets* (1979) és editat per Teresa Pitxer. La Federació creà el Premi «Enric Valor», destinat a obres de literatura per a infants, que en les primeres edicions va ser concedit a escriptors com Maria Conca o Vicent Pardo.

Una altra iniciativa va ser la publicació de la primera col·lecció de literatura per a infants, l'any 1982: la col·lecció Joanot (que actualment edita Bullent), on aparegueren entre d'altres contes d'Empar de Lanuza, *Història de mans* (1982), o de Rosa Serrano, *Ara va de caps* (1984). Els investigadors Lanuza i Pérez Moragon (1982: 46) valoren que durant aquest període: «no hi ha un gènere, amb una mínima tradició que puga ser anomenat així. El que hi ha és una sèrie de llibres solts que, en general, no s'adscriuen a cap projecte seriós i mantingut de proveir els xiquets del país d'una lectura suficient en català». Entre les causes que els autors assenyalen hi ha una «escola absolutament castellanitzada –amb les excepcions salvables dels últims temps; manca de consciència nacional en la immensa majoria dels pares; una burocràcia docent forastera o castellanitzada sense cap interès pels nous corrents pedagògics, feblesa de les estructures editorials excepte, potser, en les empreses productores de còmics –escrits tots, però, en castellà–, etc.».

6.4 Una data clau: 1983

El punt d'inflexió està marcat per una data, el 1983, que inicia un darrer període que arriba fins a final de segle. És l'any de publicació de la Llei d'Ús i Ensenyament del Valencià (LUEV). Entre finals d'aquest any i principis del següent, es publiquen tres col·leccions institucionals i es crea la primera editorial valenciana especialitzada en literatura infantil: plataformes que serviren per consolidar, en uns casos, i descobrir, en la majoria, els que avui són els escriptors i il·lustradors de la literatura per a infants valenciana.

La *LUEV* significa la introducció del valencià com a llengua de l'ensenyament obligatori en els diferents nivells escolars i aquest fet és un dels que provoca l'esclat d'una narrativa que adquirirà un relleu manifest. La necessitat de servir-se de materials complementaris en els processos educatius primaris propiciarà l'aparició d'alguns projectes que conjuminen escriptors i dibuixants que, a la vegada, oferiran en poc de temps una proposta editorial destacada. Encara que la iniciativa privada posteriorment serà important, és la pública la que originàriament ajudarà a crear un catàleg de publicacions rellevant.

La Institució Alfons el Magnànim, el 1984, comença l'edició de la col·lecció Fullets per a l'escola, on apareixen uns quaderns d'ajuda per a les primeres classes de valencià a la Primària. Alguns títols com *Cants de treball*, de Ferran Zurriaga, *La paraula és una aventura*, de Rosa Serrano, o *Estimem la nostra llengua*, de Carme Miquel, esdevingueren emblemàtics.

La Diputació de València, dirigida en aquells primers moments democràtics per Manuel Girona, creà el Premi de literatura infantil Tirant lo Blanch, que s'atorga per primera vegada en 1981 a *El pardalet sabut i el rei descregut*, amb text de Josep Palomero i il·lustracions de Manuel Boix. El llibre, editat en gran format el 1982, esdevindrà una proposta ambiciosa de literatura infantil que unirà un contingut literari destacat amb uns dibuixos molt bells i una formulació editorial riquíssima. En anys successius, el premi s'atorgarà a escriptors com Josep Lozano i il·lustradors del nivell professional d'Enric Solbes o Miguel Calatayud.

El 1984, des del Servei de Publicacions de la Conselleria de Cultura, Educació i Ciència de la Generalitat Valenciana, coordinat amb les tres diputacions valencianes, s'inicià el que podríem denominar «proposta decisiva» per bastir un catàleg notable de literatura infantil i juvenil: la Biblioteca Infantil. Conscient de la manca de lectures adequades per als més menuts, a preus assequibles i amb un format àgil i còmode, la Conselleria creà una col·lecció que en menys de deu anys va superar els quaranta títols, amb tiratges que oscil·laven entre cinc mil i quinze mil exemplars.

El rossinyol del pou d'avall, narracions de Bernat Capó amb dibuixos de xiquetes i xiquets de les escoles de Benissa, fou el primer número de la sèrie. Els llibres es distribuïen a escoles públiques, biblioteques municipals i, evidentment, pels canals habituals de venda. D'aquell primer, es va fer un tiratge total de quinze mil exemplars. La col·lecció, malgrat correspondre la majoria de títols a narracions, es presentava temàticament i formalment una mica eclèctica. Junts a contes i relats trobem aproximacions a l'etnografia i l'ecologia (és el cas dels tres llibres de la parella Miquel Peris, escriptor, i Pere Rambla, il·lustrador: *El món de les bestioles, El món de les eines* i *El món dels vegetals*), a la cultura popular (*Món i misteri de la Festa d'Elx*, amb text d'Alfons Llorenç i dibuixos d'Enric Solbes i Vicent Marco), o a l'intent pedagògic, en la darrera etapa de la col·lecció especialment, d'acostar els infants a les formulacions artístiques i culturals actuals (*Un museu d'arqueologia*, de Rosa Enguix i Enric Solbes; *Els instruments de vent*, d'Anna Chafer i Vicent Serra; *El llenguatge musical*, de Benito Martínez i Ricard Huerta; *Un viatge al món de les corals*, del musicòleg Vicent Galbis, amb il·lustracions d'Esperança Martínez, o *Un museu de belles arts*, de Ximo Garcia i Francesc Santana).

La Biblioteca Infantil va ser una proposta original i ben rebuda en el panorama literari valencià, amb títols destacats que comencen a configurar un cànon de la literatura per a infants tant de text com d'il·lustració. *La serp i el riu*, amb textos de Josep Palàcios i il·lustracions de Manuel Boix, va ser premiat com millor llibre espanyol de l'any 1986. El mateix Boix i també Enric Solbes van rebre diversos premis arreu d'Europa d'il·lustració i disseny de llibres infantils. Editorials franceses i italianes inclourien als seus catàlegs títols procedents de la col·lecció. Autors ja reconeguts internacionalment, com l'escultor Andreu Alfaro, la dibuixant Pilarín Bayés i pintors com Rafael Armengol o Fernando Krahe, van participar en la Biblioteca amb les seues aportacions plàstiques. I si hi col·laboraren il·lustradors importants també ho van fer els autors literaris més reconeguts com Joan Fuster, Vicent Andrés Estellés, Empar de Lanuza, Josep Franco, Enrique Cerdan Tato, Carme Miquel, Vicente Muñoz Puelles o Enric Llobregat.

Tant el Premi Tirant lo Blanch com la Biblioteca Infantil tenien un objectiu clar: crear un fons de material de lectura a casa o a les escoles en llengua pròpia que encara no podien garantir les editorials privades, ja que el 1983 és l'any del naixement de la primera editorial que publica majoritàriament llibre valencià per a infants i joves: Gregal. Les principals col·leccions, iniciades el 1984, van ser Els Llibres de la Granota (per a primers lectors), Gregal Juvenil i Gregal Literària.

És curiós analitzar els períodes anteriors, perquè abans d'aquesta data només existien sis editorials; la resta es creen després de 1983, moment en el qual la incorporació del valencià al currículum escolar crea demanda de llibre de text i de llibre de lectura. De fet, totes publiquen majoritàriament (quan no exclusivament) llibre d'ensenyament, però sobretot literatura infantil i juvenil. De les editorials dedicades a la producció per a infants i joves, les dates de creació són: 1983, Bullent; 1986, Bromera; 1987, Denes; i 1989, Tàndem (gràfic 6).

Amb aquestes iniciatives s'havia conclòs una etapa, però restava oberta la possibilitat que la literatura infantil valenciana fóra molt més que un desig mai no satisfet. Ara l'empresa privada havia agafat el propòsit.

6.5 De 1984 fins a la fi del segle XX

Deu anys després de publicada la LUEV, realitzàrem una enquesta entre les editorials valencianes del moment (Taula 5) i els resultats mostraven com la majoria editaven llibre de text o literatura per a infants i joves, també de consum escolar. Fins i tot, Tres i Quatre, que publicava llibre per a adults, confirmava que el seu llibre més venut era *La flexió verbal*, d'Enric Valor, llibre de suport per a l'ensenyament del català. Per tant, afirmàvem que si la LUEV havia propiciat la creació d'una indústria editorial de llibre per a infants i joves, forta i innovadora, deu anys després s'havia consolidat i ja podíem parlar d'empreses que donaven seguretat al món del llibre, tot i que era un mercat que depenia molt de l'ensenyament i que només es movia en el circuit escolar de la lectura recomanada.

La producció de totes aquestes editorials a finals del segle XX va aconseguir que la literatura per a infants al País Valencià compartira bona part dels encerts i de les mancances de la resta de mercats editorials, és a dir, que disposara de col·leccions per a totes les franges d'edats que participen de les característiques prototípiques de la resta; tot i que majoritàriament es publicaren autors valencians, també s'editaven llibres d'altres autors de l'àmbit cultural i es traduïa bona part de la millor literatura europea. Els il·lustradors valencians han tingut una forta presència en el panorama de l'edició literària.

Taula 5

Editorial	Llengua	Llibres	Tipus de lector	Títols eds. 1994	Més venut
Agua clara Alacant (1982)	Castellà Català	Poesia Ensenyament Lij	Estudiant	4	Rondalles d'Alacant
Albatros València (1961)	Castellà Català	Assaig	Adults	3	Observaciones d'A. J. Cavanilles
Bromera Alzira (1986)	Català	Lij Poesia Teatre	Estudiant General	137	Diari d'un jove maniàtic
Bullent València (1983)	Català	Lij Assaig Ensenyament	Estudiant General	36	Rondalles d'Enric Valor
Denes València (1987)	Català	Diccionaris Lij Ensenyament	Estudiant	14	Vocabulari valencià-castellà
ECIR València (1942)	Castellà Català	Ensenyament	Estudiant	6	
La Guerra València (1986)	Català	Poesia Art	Adults	6	Compàs d'espera
Saó València (1976)	Català	Religiós	Estudiant		Catecisme
Galaxia València (1990)	Català	Ensenyament	Estudiant		
Germania Alzira (1994)	Català	Poesia Assaig	Adults	20	Sense música ni pàtria
Marfil Alcoi	Castellà Català	Ensenyament	Estudiant	55	

La Màscara València (1991)	Castellà	Música Cine Eròtica	Joves	23	Guns'N Roses
Tabarca València (1990)	Català	Ensenyament Lij	Estudiant	8	Diccionari
Tàndem València (1989)	Català	Ensenyament Lij Adults	Estudiant General	35	Xino-xano
3i4 València (1968)	Català	Novel·la Poesia Teatre Assaig	Adult General	57	La flexió verbal
Voramar València (1991)	Català	Ensenyament Lij Atles Diccionaris	Estudiant	50	Diccionari

II. LA INVESTIGACIÓ DE LA LECTURA

No podem ignorar la dificultat d'interpretar de manera objectiva i metòdica experiències com les de lectura en les quals intervenen sentiments, sensacions o vivències; justament per això, és necessària una investigació que propicie una mirada analítica sobre l'objecte observat. La investigació sobre les pràctiques de lectura obté les dades pertinents, construeix un marc des del qual interpretar-les objectivament a partir del mètode d'investigació adient als objectius i el corpus seleccionat, proporciona les eines per a una avaluació dels resultats de les pràctiques, més enllà de la vivència personal i de la perspectiva subjectiva.

El pluralisme metodològic habitual en les investigacions sobre lectura pot resumir-se en les següents vies d'accés: la perspectiva històrica, la comparativa, l'analítica, la qualitativa i la quantitativa. Si en la primera part d'aquest llibre hem aplicat una mirada analítica sobre els textos més significatius de la lectura en català adreçada als infants i una revisió històrica del circuit lector i el context que els ha generat, en aquesta segona, revisem altres perspectives per entendre, analitzar i avaluar les pràctiques de lectura actuals.

La perspectiva quantitativa d'investigació reuneix una sèrie de tècniques de caràcter descriptiu, relacional i inferencial amb l'objectiu d'obtenir i mesurar dades de la realitat social, per exemple, el nombre de llibres llegits o el percentatge de préstecs bibliotecaris. L'objectiu serà descriure i quantificar els assoliments de les pràctiques de lectura, establir relacions causals o realitzar inferències de les dades obtingudes. La perspectiva qualitativa engloba una sèrie de tècniques que s'insereixen «en la lógica de la comprensión, siendo un componente esencial la interpretación subjetiva y por ello el lenguaje y los discursos: se trata de captar los motivos, los significados, las emociones y otros aspectos subjetivos de las acciones e interacciones de los individuos y los grupos» (Berganza 2005: 32). Ens referim a tècniques com ara l'observació participant, els grups de discussió, l'entrevista oberta i en profunditat, les històries de vida i l'anàlisi del discurs. L'objectiu és la interpretació de les accions socials relacionades amb la lectura com, per exemple, el canvi d'actitud davant del llibre o el saber o l'estudi. Alhora, l'anàlisi dels discursos generats pels actors de la pràctica permet obtenir dades per validar la fiabilitat dels resultats. Òbviament, les tècniques qualitatives es realitzen sobre pràctiques concretes i volen interpretar situacions concretes; per tant, les conclusions són més provisionals que les dades obtingudes per les tècniques quantitatives i no permeten la generalització dels resultats. Al final, el repte de l'investigador és poder donar compte d'una pràctica de lectura amb l'ús de metodologies explícites i acordades amb l'objectiu de conèixer-la i distingir-la, d'examinar-la i avaluar-la.

Abans de passar a descriure el contingut dels capítols que formen aquesta segona part del llibre, voldríem recordar quines són les cinc característiques del mètode científic, enfront d'altres mètodes de coneixement, que han d'estar presents en una investigació com la que proposem ací (a partir de Wimmer i Dominick 1996: 10-12, citat per Berganza 2005: 26-27):

1. La investigació científica és pública: ha de ser transferida, valorada i citada d'uns experts a d'altres.

2. La ciència és objectiva: l'investigador ha de respectar una sèrie de regles explícites i de procediments, acatar els resultats que obtinga, realitzar un treball de forma que dos o més persones en el mateix context i circumstàncies de treball d'investigació i actuant per separat puguen obtenir els mateixos resultats. Això implica la descripció clara i precisa de la metodologia de l'estudi en les diferents fases.

3. La ciència és empírica: el coneixement està basat en la pràctica de qüestions cognoscibles i potencialment mesurables de la realitat, sense eludir les qüestions abstractes i conceptuals.

4. La ciència és sistemàtica i acumulativa: no es pot realitzar investigació científica sense conèixer, avaluar, mostrar i enriquir els treballs anteriors.
5. La ciència és predictiva: elabora coneixements que serveixen per predir esdeveniments o comportaments.

Els objectius dels capítols que agrupem en aquesta part són, en primer lloc, descriure el protocol de la investigació: els actors, l'objecte, els objectius, els mètodes i les tècniques, les fases de la investigació i les tasques realitzades en cada moment, sense oblidar la forma de comunicar-la. En segon lloc, aplicar l'aparell metodològic presentat a l'estudi d'un cas concret de projecte de lectura pública en un poble català: *Municipi Lector*. El cas analitzat permet investigar els sistemes de comunicació que es creen i les relacions comunicatives que s'estableixen en diferents contextos al voltant del llibre i de la lectura en l'espai observat i avaluar com un projecte de lectura pot cohesionar ciutadans de diferents edats i professions.

Tot i que parlem de lectura perquè les pràctiques més esteses se centren únicament en ella, defensem la necessitat (com apareix al tercer apartat) d'ampliar el concepte al de l'escriptura, però en el seu sentit social i públic, no com a escriptura escolar si l'entenem com a l'aprenentatge d'un codi o la reflexió metalingüística per a l'adquisició d'un codi. En el context de la promoció de lectura que situem la investigació, parlem d'una escriptura pública que dóna la veu al ciutadà, fins i tot, quan parlem del nen i de l'adolescent, perquè en aquest context ells hi participen no com a escolars sinó en qualitat de membres d'una societat en la qual, a través d'aquest tipus de pràctiques, prenen la paraula i s'expressen públicament. En els dos casos, lectura i escriptura no queden relegades al format de paper o llibre; per això, es fa necessari entendre el concepte de lectura en plural, perquè abraça qualsevol tipus de lectura en qualsevol tipus de format.

7. La investigació sobre les pràctiques de lectures

En aquest capítol, proposem i descrivim un protocol per a la investigació de les pràctiques de lectures i escriptures públiques. Com hem descrit a la introducció, el treball que hi aportem naix del projecte d'investigació «Lecto-escrituras y desarrollo en la sociedad de la información», realitzat des del CERLALC-Unesco i l'AECID durant els anys 2007-2010. L'equip estava dirigit per Jesús Martín-Barbero, coordinat per Gemma Lluch i Roxana Morduchowicz i format per Pablo Andrade, Patricia Correa, Alma Martínez i Anderson Tibau. És una investigació inductiva, realitzada a partir de la selecció, l'acompanyament i l'avaluació de nou experiències de lectura de set països, entre elles Municipi Lector que té lloc al poble del Bruc. El projecte prenia individualitat perquè entenia que una experiència de lectura i escriptura no és un procés aïllat, sinó un àmbit de comunicació en el qual es provoquen canvis culturals. El que millor caracteritza aquest projecte d'investigació ha estat la reubicació espacial i social de les pràctiques de lectura i d'escriptura pública perquè l'espai de treball creat pel grup d'investigació les ha situades a la família, al barri, al museu o a l'hospital i ha creat un espai estratègic de creuament i d'interacció entre els grups, les cultures i les escriptures diverses que alimenta la vida de la ciutadania d'avui. Aquest és el marc conceptual de la investigació.

El marc metodològic és el de la investigació-acció perquè, com descriurem en aquest apartat i el següent, els resultats de la investigació proposen des d'un canvi d'actitud dels actors fins a la revisió de les estratègies d'actuació amb la finalitat de millorar la pràctica investigada. Tota investigació té un interlocutor clar, la comunitat investigadora amb la qual es dialoga, s'intercanvien resultats, aparell metodològic o dades. Però en la investigació en lectures els resultats de la investigació també s'adrecen (Martín-Barbero i Lluch 2011: 11-12) als polítics per mostrar-los que parlar de polítiques de lectura és parlar de la creació d'espais i de mitjans en els quals el ciutadà pot contar la seua història, que els temps de les polítiques no són els mateixos que els de les cultures o com les polítiques culturals només perviuen si s'insereixen en les memòries i en les experiències socials de les comunitats i de les persones. De fet, la investigació que realitzàrem va demostrar que, quan les polítiques s'individualitzen i s'apropen als ciutadans, aquests les personalitzen i acaben per transformar-les en pròpies.

Així, doncs, la investigació que proposem se situa en la metodologia de la investigació acció perquè aquest enfocament permet: a) analitzar pràctiques de lectura, i d'escriptura, en àmbits públics o escolars però no entesos com a activitat escolar; b) avaluar els assoliments de les pràctiques; c) reformular i dissenyar pràctiques que posen en relació les lectures (i escriptures) amb els temes d'àmbit social determinats per l'investigador, el mediador o el gestor; per exemple, la inclusió social de les persones i les col·lectivitats, la cohesió o la participació ciutadana; d) analitzar de quina manera poden dissenyar-se pràctiques que posen en relació la lectura i l'escriptura amb la societat de la informació des de dos criteris: la transformació de les pràctiques en espais mediadors entre les diverses cultures i la pluralització efectiva del llegir i l'escriure.

Una investigació que parla d'experiències personals o de pràctiques que formen part de les converses diàries dels amplis grups d'actors que hi participen necessita reubicar la terminologia que utilitzarà el grup de treball. Si tota investigació requereix un estadi previ que consisteix a definir una terminologia comuna, és a dir, construir un patró comú d'identificació per definir els conceptes clau de la pràctica que s'investiga, aquest tipus d'investigació ho necessita més encara perquè tradicionalment s'han usat termes com lectura, llibre o document amb significats diferents.

En la primera part d'aquest llibre, hem descrit els significats contraposats que la paraula lectura tenia en els diferents grups socials i com han canviat, en cada moment històric, les maneres de percebre la diferent adequació de determinades lectures per a lectors diversos, la concepció canviant de la biblioteca, etc. Treballar amb conceptes que es perceben de maneres diferents tant diacrònicament com sincrònica exigeix consensuar i construir a partir dels estudis previs, de les metodologies emprades per a la investigació o la pràctica elegida el concepte de lectura o de lectures, el d'escriptura o escriptures, el concepte de mediador o què s'entén per promoció de la lectura pública. Una raó més per a aquest consens té a veure amb el fet que la perspectiva de la investigació acció obliga a compartir part de la terminologia usada per l'equip investigador amb els mediadors i els gestors de les pràctiques investigades per acomplir-ne els objectius i reclama construir i compartir un marc comú.

És important que en la perspectiva que situem la recerca, el treball de l'investigador puga permetre als mediadors i als gestors respondre clarament a preguntes com: què entenem per llegir?, què per escriure?, quin model de lectura i d'escriptura volem o tenim?, quina és la finalitat de la lectura o quins formats de lectura s'hi proposen o s'investiguen?, què volen aconseguir els mediadors i els gestors polítics amb la posada en marxa de la pràctica?, quin tipus de pràctica s'investiga?, etc.

Aquestes qüestions han de ser contestades i compartides en el context concret de l'equip d'investigació. Serà l'investigador qui propose uns criteris bàsics que seran coneguts i consensuats per l'equip de treball que gestiona i acompanya la pràctica perquè el procés siga objectiu, compartit i justificat amb tots els implicats.

En aquest apartat, definim les tasques dels actors de la investigació, els objectes que poden ser analitzats, els objectius que un projecte de recerca pot plantejar-se, descrivim els mètodes i les tècniques més adients per desenvolupar una investigació qualitativa en lectures i les fases de la investigació. Hem inclòs un apartat per tractar el tema de la comunicació de la investigació, ja que el marc general és el de la investigació acció i les dades obtingudes són utilitzades per millorar les pràctiques de lectura objecte de la investigació; per tant, comunicar-ne adequadament els resultats al mateix equip, als mediadors i gestors culturals o als responsables polítics o mitjans de comunicació és imprescindible.

7.1 Els actors

En la investigació sobre pràctiques de lectura els actors que intervenen en el procés de la investigació són, a més de l'investigador, el mediador que gestiona la pràctica i els participants.

7.1.1 L'investigador

En el marc metodològic triat l'investigador és, en primer lloc, un observador competent, capaç de realitzar observacions precises, de separar el que és propi del context en el qual investiga del que és susceptible de ser generalitzable. La seua funció és analitzar i interpretar per produir coneixement capaç d'enriquir-ne la pràctica i, en conseqüència, la comunitat en la qual es porta a terme. Amb la participació més concreta i immediata del mediador, pot obtenir-ne resultats de l'anàlisi i de l'avaluació per contribuir a crear noves iniciatives que ajuden a millorar les pràctiques que es porten a terme.

L'investigador, en la perspectiva de la investigació acció, realitza l'anàlisi en el context d'una comunitat determinada. Però alhora cal ampliar el marc geogràfic perquè una de les finalitats del procés de tota investigació és superar el nivell de l'anècdota, és a dir, ser capaç d'abstraure el model d'actuació d'una pràctica concreta per crear un protocol susceptible d'adaptar-se a contextos diferents. Des d'aquesta perspectiva, la participació de l'investigador es desglossa en les accions següents:

1. Observar i explorar, perquè el seu rol permet fer l'observació dels aspectes de la pràctica determinats en els objectius de la investigació amb la finalitat d'obtenir dades per analitzar-la i avaluar-la, però també per, amb el suport del mediador, construir accions per millorar-la.
2. Analitzar i interpretar les dades obtingudes, afinant-ne l'anàlisi per distingir el que funciona des del punt de vista de tots els agents actius.
3. Recopilar, organitzar i avaluar la informació.
4. Escoltar els agents implicats i ajudar el mediador perquè actue des d'una distància prudent.
5. Comunicar els avanços i resultats de la investigació al mediador que participa en la pràctica, als responsables de la seua execució i als participants.
6. Proposar accions que milloren el projecte perquè la investigació pot aportar una visió sobre les pràctiques i unes propostes de treball per canviar-les.

7.1.2 L'equip d'investigació

Cada vegada és més necessari formar equips diversos geogràficament i interdisciplinaris per aportar mirades diferents a la investigació; la recerca ha mostrat que un equip que investiga lectura pública hauria de caracteritzar-se per dues característiques: d'una part, per la diversitat geogràfica que permet transcendir el marc local però partint d'unes pràctiques concretes en un context delimitat i, d'una altra, per la interdisciplinarietat. Perspectives diferents però complementàries com l'antropologia, la sociologia, la comunicació, els estudis sobre la literatura, la lectura o les tecnologies permeten un mirada analítica plural per captar els processos socials i culturals lligats a la lectura i l'escriptura que es gesten als espais públics.

Per tant, una de les primeres accions que és necessari emprendre és una traducció cultural perquè els investigadors no provenen de cultures, metodologies i visions similars. Per això, entenem que paral·lelament a les accions d'investigació que es posen en marxa, cal formar un equip on discutir, intercanviar opinions i pràctiques, construir coneixement conjuntament i dissenyar una sèrie d'accions amb l'objectiu de crear formes de treball compatibles, capaces de construir coneixement des de perspectives diferents però complementàries. Per aconseguir aquest objectiu cal iniciar accions com les proposades a Martín-Barbero i Lluch (2011a: 48-50):

1. Traduir culturalment els llenguatges utilitzats a través del disseny d'una terminologia comuna que funcione com a mecanisme de comunicació entre els actors culturals per reportar els assoliments i les transformacions.

2. Crear un marc conceptual comú que puga definir els conceptes de lectura(s) i escriptura(s) des de l'orientació de polítiques unides al desenvolupament i concretar-ne la terminologia usada per investigadors, mediadors i gestors.

3. Desactivar els marcs comuns no adequats sobre, per exemple, el significat de les campanyes de promoció de la lectura, el concepte de lectura, els formats de lectura i els objectius, la lectura social fora del marc escolar, el paper de l'escriptura social no lligada a tasques educatives, etc.

4. Crear una construcció teòrica comuna des d'una teoria emergent i empírica des del procés d'investigació que permeta consensos sobre els models metodològics per a aquest univers complex.

5. Conèixer la multiplicitat de pràctiques de lectura que ajude a desactivar el desconeixement mutu del treball realitzat.

6. Establir protocols consensuats d'actuació útils per a tot l'equip i amb els mediadors i els gestors.

7. Crear canals i espais de comunicació interns per a la consolidació de l'equip d'investigació.

7.1.3 El mediador o gestor de pràctiques

Un dels actors fonamentals de tota pràctica de lectura és el mediador. Tradicionalment, ha estat lligat a les àrees d'educació, biblioteconomia, ciències socials o literatura; però els canvis tecnològics, la inclusió de l'escriptura o la nova concepció de la lectura més enllà de la literària i del format llibre demanen nous sabers i habilitats que estan lligats al món de la comunicació o de l'art. L'escenari actual reclama un mediador amb capacitats i mirades plurals capaç d'incentivar el creuament i la interacció dels llenguatges orals, gràfics, audiovisuals i virtuals.

Hem de diferenciar entre tres tipus de mediadors amb responsabilitats i perfils diferenciats:

1. El mediador de l'àmbit familiar o de l'àmbit més pròxim al grup: no és un professional sinó un pare o un familiar o una persona amb interès personal dins del grup que forma part de la pràctica i que amb una formació concreta pot implementar-ne les accions i ajudar en el treball del mediador professional.
2. El mediador d'una pràctica de lectura: relacionat amb la biblioteca, el centre educatiu... És el més habitual i gestiona i implementa la pràctica diàriament. En la investigació, proporciona dades a l'investigador per a la millora i ajuda en l'avaluació. Està relacionat amb els usuaris de la pràctica però no necessàriament forma part del grup.
3. El gestor polític dissenya, avalua, proposa, executa i comunica els elements de la pràctica. Forma part de l'administració i la gerència, crea les condicions polítiques, econòmiques i socials perquè la pràctica tinga un context adequat per al desenvolupament i perquè el mediador puga realitzar el treball en les millors condicions.

Històricament, els tres tipus de mediador no sempre han tingut un paper rellevant, per exemple, en el capítol 5, hem analitzat la importància que en la dècada dels seixanta van tenir els mediadors de l'àmbit familiar, els pares, i els de les pràctiques de lectura, els mestres i els bibliotecaris, en un moment en el qual l'acció dels gestors polítics era inexistent.

Un dels objectius de l'investigador que es deriva del procés de la investigació és el de millorar, avaluar i objectivar el treball del mediador perquè puga adoptar una actitud diferent davant del seu treball, acompanyar la investigació des d'una mirada crítica i capaç d'obtenir i d'avaluar dades objectives que li permeten la millora de la pràctica. Aquest canvi de mirada el pot convertir en una peça clau del procés de treball perquè el mediador que participa en la investigació pot aportar dades o plantejar preguntes des de l'observació participant.

Ara bé, perquè un mediador ajude en la investigació, requereix de certes destreses com, per exemple, observació competent, mirada analítica, reflexió crítica, comprensió teòrica i una capacitat de generalització que li permeta transcendir l'àmbit del concret. D'aquesta manera, el mediador insert en la comunitat lectora és una part fonamental de l'equip d'investigació, fa part dels exercicis d'observació i interpretació. No podem oblidar que el mediador és el millor situat per a l'observació i qui millor pot utilitzar el coneixement resultant de la investigació per enriquir la pràctica que coordina.

7.2 L'objecte

Ja hem comentat en la presentació d'aquest capítol com l'ús d'una terminologia comuna és un dels principis de la investigació. El concepte de promoció de la lectura, de pràctica o projecte s'utilitza en documents de tipus divulgatiu, didàctic o polític amb significats diferents, per això, és necessari acordar una terminologia que permeta ordenar el corpus de treball. En aquest línia, la proposta que realitzem (Martín-Barbero i Lluch 2011a: 82) és reservar la paraula *pràctica* com a terme genèric, que denomina qualsevol acció o accions que tenen la finalitat de fomentar les lectures i l'escriptura social.

I diferenciem entre activitats i experiències. El terme *activitat de lectura* es reserva per a les pràctiques que es caracteritzen per ser concretes, ja que tenen lloc en un període curt de temps i no tenen una continuïtat temporal que les dote de sustentabilitat i, a més, es realitzen de manera aïllada sense relació amb d'altres. Però aquesta pot millorar i créixer quan forma part d'un projecte, un programa o d'una experiència de lectura i, en aquest conjunt, respon a uns objectius comuns i forma part d'una programació que les coordina, les enllaça; només d'aquesta manera adquireixen fonamentació i cos. Concretament, ens referim a activitats com ara el sopar de biblioteca, el club de lectura, el dia del llibre o l'hora del conte (Lluch 2012: § 8).

Per contra, el terme *experiències* de lectura es reserva per a les pràctiques que es caracteritzen per ser una experiència vital per als actors, inclosos els mediadors, perquè tenen una durada temporal suficient i una solidesa d'objectius i accions que les formen. Funcionen amb èxit en contextos diferents per als quals només necessiten adequar-se a les participacions socioculturals i responen als objectius programats que poden ser, per exemple, donar visibilitat a la diversitat dels actors socials, dels territoris o les cultures, cohesionar un grup social, etc.

Els projectes o programes de promoció de la lectura estan formats per activitats que poden ser susceptibles d'esdevenir experiències i responen a uns objectius unitaris, com expliquem en la tercera part.

7.3 Els objectius

Abans de definir quin són els objectius de la investigació cal plantejar-se quin és el propòsit de la investigació, dibuixar quin serà l'objectiu general, decidir quina serà la pràctica de lectura i en quin context, construir quines són les preguntes de la recerca, etc.

A continuació, adaptem la guia que proposa Creswell (1998, citat per Vasilachis 2006: 75) per dissenyar un document que orienti l'objectiu d'una investigació en lectura, és a dir, una guia que permet construir i definir el propòsit de la recerca a partir de la formulació de preguntes (Taula 6):

Taula 6

El propòsit d'aquest estudi és...	*Definir de manera clara i precisa els objectius generals i concrets de la investigació, per exemple, analitzar, entendre, descriure, enriquir, crear teoria, millorar una pràctica de lectura, etc.*
La investigació es realitza sobre la pràctica de lectura...	*a) Concretar la pràctica de lectura elegida, descriure-la d'una manera objectiva i delimitar el període de temps durant el qual es realitza la investigació.* *b) Presentar els criteris que s'han utilitzat per seleccionar aquesta pràctica i no una altra (veg. § 7.4 Estudi de casos).*

La pràctica de lectura es duu a terme...	*Concretar la pràctica de lectura elegida a partir del context on es realitza, el tipus d'actors que hi participen, les acciones que s'hi inclouen, els documents que la pràctica ha generat, etc. És a dir, documentar tota la informació prèvia de la pràctica abans d'iniciar-ne la investigació.*
Per realitzar la investigació partim de...	*a) Definir clarament i descriure la metodologia i les tècniques que s'utilitzarà a partir de les fonts documentals que referim al final del document.* *b) Concretar si s'utilitza les mateixes que proposen els documents referits o si introduïm adaptacions per les raons que adduïm, com ara, pel tipus de pràctica o de context que reclamen l'adaptació de la metodologia o de les tècniques proposades en un determinat estudi.*
En aquesta investigació ens preguntem...	*Elaborar la pregunta de la investigació que indica de manera precisa i clara què volem saber o comprendre amb la investigació (veg. § 7.6).*

Alhora que es fonamenta l'objectiu general de la investigació, és necessari definir i formular clarament quins en són els objectius, és a dir, què volem investigar, perquè una formulació precisa i adequada serà imprescindible per construir adequadament aquesta guia i conseqüentment la investigació.

Com a orientació als objectius que s'hi poden plantejar, recorrem als resultats de la investigació realitzada (Martín-Barbero i Lluch 2011a: 120-124) on diferenciàvem entre els objectius centrats en les pràctiques de lectura, en els actors, els que poden investigar les accions que s'hi realitzen o analitzar-ne les dades.

7.3.1 Sobre les pràctiques de lectures

Si la investigació se centra en l'anàlisi i avaluació de les pràctiques, els objectius poden ser:

1. Analitzar la gènesi i el seguiment de pràctiques concretes, per valorar-ne els assoliments i formular-ne indicadors que permeten l'avaluació dels instruments, els destinataris, els mediadors, els espais, les accions i el pla.
2. Analitzar les causes per les quals determinades pràctiques transcendeixen la simple formació de lectors i es transformen en experiències de vida.
3. Classificar i tipificar les pràctiques a partir d'un mapa de trets relacionats amb les dimensions socials, culturals i polítiques que aporten.
4. Detectar i analitzar, a partir de criteris objectius i avaluables, pràctiques modèliques caracteritzades per la innovació, per la gestió, la pluralitat de lectures, etc.
5. Analitzar els discursos que les pràctiques de lectura generen i comparar entre els diferents actors per detectar-hi diferències i similituds, per millorar la comunicació entre els actors, etc.

7.3.2 Sobre els actors

Els objectius de la investigació centrats en els destinataris volen conèixer i analitzar les motivacions dels actors a participar en una pràctica centrada en les lectures (i escriptura), és a dir, per què hi són o què volen aconseguir. Es poden plantejar objectius descriptius com ara:

1. Descriure les relacions generades més enllà de la pràctica concreta de lectura, per exemple, la participació, la cohesió o la inclusió ciutadana.
2. Detallar els processos desenvolupats per la pràctica i els subjectes que s'hi involucren.
3. Detallar els components centrals que articulen el projecte, els corresponsals, els lectors i el context territorial.

O plantejar-se objectius analítics com, per exemple:

1. Analitzar els impactes i efectes de la pràctica en el grup.
2. Analitzar de quina manera la proposta motiva l'acció col·lectiva encaminada a la construcció de subjectes actius i creatius que actuen en comunitat i societat.
3. Analitzar de quina manera una pràctica de lectura i escriptura pública més enllà del fet lector crea visibilitat dels membres que hi participen, cohesió social en el grup que la duu a terme, etc
4. Analitzar la pluralitat de discursos que cada actor genera per detectar-ne tipologies, registres, etc.

7.3.3 Els objectius d'acció

Les dades aconseguides durant la investigació permeten ampliar els objectius propis amb uns altres que tenen a veure amb l'acció, és a dir, amb allò que es fa i es pot fer i que són objectius de protocol com ara:

1. La creació de protocols d'actuació útils per als mediadors i els gestors culturals en contextos diferents.
2. L'elaboració d'un marc conceptual on es defineixen nocions pertinents sobre lectures, escriptures i altres assoliments.
3. L'elaboració de protocols d'avaluació capaces de detectar pràctiques que puguen ser proposades com a «model de bona pràctica» per obtenir informació sistematitzada, assoliments concrets i indicadors que permeten la comparació entre pràctiques diferents.
4. L'elaboració de protocols que permeten l'adaptació de bones pràctiques a altres contextos.

Els objectius d'acció poden centrar-se en les pràctiques, com per exemple:

1. Dissenyar pràctiques caracteritzades socialment per ser capaces de crear un espai d'aprenentatge obert i tolerant i on interactuen cultures diverses: oral, lletrada, audiovisual, digital; perquè projecten el treball escolar i l'amplien a l'espai ciutadà, etc.
2. Dissenyar tècniques i instruments de mesura per comprovar i explicitar els assoliments de les pràctiques.

D'una manera més global, les dades aconseguides durant la investigació permeten:

1. El disseny de pràctiques susceptibles de transformar-se en experiències que posen en relació les lectures i les escriptures amb el desenvolupament dels actors que hi intervenen, no com a subordinació utilitarista sinó com a enriquiment de l'acció.
2. El disseny de pràctiques que posen en relació les lectures i les escriptures amb la societat de la informació, és a dir, les pràctiques han de transformar-se en un espai mediador entre les diverses cultures orals, lletrades i audiovisuals que habiten els ciutadans, de manera que practicar les lectures i l'escriptura social signifique una pràctica intercultural. I, també, pluralitzar de manera efectiva la lectura i l'escriptura social amb la finalitat de vincular-les als llenguatges audiovisuals i virtuals.

Finalment, la investigació ha d'ajudar a:

1. Formular línies estratègiques de treball que permeten avançar projectes de formació dels actors des de les perspectives anteriors.
2. Dissenyar indicadors qualitatius que relacionen els impactes de la lectura, en els diferents formats i modalitats, amb les dimensions de la vida col·lectiva.

7.4 Les dades

Les dades obtingudes de la investigació han de permetre conèixer què hi havia abans d'iniciar la pràctica, avaluar com avança i finalitza i, finalment, ajudar a dissenyar nous objectius i fites. Però, des d'una perspectiva més concreta, les dades han de construir un mapa de la comunitat i extreure coneixement per saber com funciona la pràctica, ser conscient de les relacions socials que es donen entre els participants i de les relacions discursives que estableix la comunitat, oferir al mediador i a la comunitat informació del context comunicatiu i social sobre el qual s'experimenta la pràctica. En aquest sentit, les dades obtingudes seran correctes si permeten desenvolupar una avaluació per establir una situació diagnòstica fonamental per al futur.

En tots els casos, és important disposar de les dades de la comunitat en la qual té lloc la pràctica i també dels subjectes que hi participen, per poder realitzar els contrastos de resultats en cada fase de la investigació.

Diferenciem entre dades quantitatives i qualitatives. Les quantitatives fan referència, per exemple, a la quantitat i el tipus dels habitants de la població general en què té lloc la pràctica, els índexs de lectura, la quantitat de llibres llegits, comprats o consultats a la biblioteca; el tipus i el nombre de recursos d'accés lliure; usos de la lectura i de l'escriptura, etc. I les qualitatives fan referència a la capacitat d'apropiar-se de les pràctiques, els problemes de relació, el paper del mediador en la comunitat, les relacions entre les persones, etc.

Sobre les dades necesàries, elaborem una llista que pot servir d'exemple:

Dades sobre la població:
— Població participant en la qual es durà a terme la investigació de la pràctica i la del seu context: edat, sexe, consums culturals, etc.
— Relació dels participants amb l'escriptura, la lectura i les tecnologies de la comunicació i la informació abans d'iniciar el projecte i en finalitzar-lo.
— Dades sobre els consums culturals: d'on parteixen i on arriben.
— Escolaritat, alternatives d'aprenentatge, tipus de lectures que freqüenten, pertinença dels llibres, exercicis de l'escriptura, accés a les tecnologies de la informació i participació dels diferents grups de la comunitat.
— Nivell d'informació, interès i compromís amb l'objectiu proposat abans de començar el projecte.
— Dades sobre el tipus de material que llegeix o consumeix i escriu o produeix la comunitat abans d'engegar la pràctica, usos que dóna a cada material, llocs on els gaudeix, etc.

Dades sobre els mediadors
— Coneixement sobre el perfil del mediador abans de formar part de la pràctica: de quina professió procedeixen, quin tipus d'especialitat tenen, on han treballat abans, de quina comunitat formen part, quines habilitats posseeixen, etc.
— Dades sobre els consums culturals: d'on parteixen i on arriben.

7.5 Els assoliments i indicadors

El moment de l'avaluació és el de la interpretació de les dades, quan l'investigador analitza el procés del treball i en mostra els resultats finals. Les dades recollides es transformen en assoliments i indicadors quan les comunica a la població aliena a l'equip d'investigació: els protagonistes de la pràctica, els mediadors, els gestors, els polítics o els mitjans de comunicació.

Pfenniger (2004: 4) fa un breu resum de quan i com comença a parlar-se d'indicador cultural. Data els anys setanta com el moment en el qual el tema dels indicadors culturals va començar a discutir-se a nivell internacional. Als anys vuitanta, el projecte "Framework for Cultural Statistics" (FCS) de la Unesco es crea per treballar el tema i a mitjan noranta creix la consciència de la falta d'estadístiques culturals a la comunitat europea, la qual cosa determina finalment la creació d'un Grup d'Orientació Específic (LEG) sobre estadístiques culturals a la Unió Europea, amb la finalitat de crear un sistema d'informació coherent i comparable entre els estats membres. Després de la publicació del *Primer Informe Mundial de la Cultura* de la UNESCO (1998), el debat entorn dels indicadors culturals torna a prendre impuls. Una de les prioritats d'investigació d'aquest informe va ser la de la creació d'indicadors culturals del desenvolupament.

Carrasco (2009: 45-46) defineix l'indicador com una manera de mesurar de forma clara, sintètica, ràpida i comunicativa els resultats de la investigació; una eina dissenyada a partir de les dades obtingudes en la investigació que facilita la comprensió dels assoliments; la traducció dels resultats de la pràctica de lectura i el desenvolupament al llenguatge específic dels polítics, els mediadors i els mitjans de comunicació:

> Los indicadores deben ser capaces de transmitir de manera correcta, fehaciente y coherente una realidad. Los indicadores deberán compartir una estructura común que permita identificar y establecer posibles relaciones entre los diferentes indicadores que configuran el sistema de indicadores de seguimiento y evaluación cumpliendo en su conjunto una serie de requisitos generales como: Sostenibilidad, es decir, tiene que tener viabilidad: financiera, técnica y continuidad en su utilidad. Legitimidad, proporcionar información valiosa, rigurosa, creíble y validable. Comunicabilidad, que permitan la transferencia flexible y ágil de la información a los distintos niveles de planificación. Coordinabilidad, que permita y asegure la coordinación entre los diferentes socios involucrados en la estrategia (Carrasco i Escuder 2007).

Per tant, definim l'indicador com la mesura dels resultats de la investigació per comunicar-los a la comunitat; han de ser accessibles i rellevants per a les polítiques o les accions, s'han de formular de manera fiable i clara, han de poder transferir-se en el temps i en l'espai, cal presentar les fonts de verificació i han de permetre l'avaluació de polítiques per ajudar a prendre decisions.

D'una altra part, mentre l'indicador és generalitzable, l'assoliment és particular d'una pràctica, expressa en forma d'oració una acció i equival a les dades que mostren la realització dels indicadors o els fets o els canvis en la conducta.

La Taula 7 reprodueix la llista d'assoliments de les pràctiques investigades en el projecte de Cerlalc (Martín-Barbero i Lluch 2011a: 113-183).

Taula 7

Sobre la lectura, els llibres i la biblioteca
Augmenta la lectura i l'exercici de l'escriptura
Augmenta les visites a la biblioteca i es revaloritza el seu paper en la societat
Canvia la concepció del llibre, de la lectura i del lector
Sobre les lectoescriptures
Facilita i propicia el pas a les lectoescriptures
Diversifica les lectoescriptures
Ensenya nous usos de les lectoescriptures
Sobre l'escola
Millora l'actitud en l'escola
Mostra i exemplifica el sentit real dels aprenentatges escolars
Transforma els aprenentatges escolars en reals
Multiplica les pràctiques de lectoescriptures de l'escola
Sobre les persones
Augmenta l'autoestima dels participants
Augmenta la sensació de felicitat i de satisfacció

Sobre la família
Millora la convivència i la comunicació entre pares i fills
Crea espais de comunicació familiar
Potencia i amplia els aprenentatges dels pares
Sobre els ciutadans
Visibilitza els individus i potencia la seua individualitat
Millora la convivència dels diferents grups socials que hi participen
Cohesiona els diferents grups socials
Crea una identitat ciutadana pròpia
Sobre la ciutat
Canvia la manera de comunicar la ciutat
Potencia el compromís cívic
Facilita i potencia la integració en la societat
Sobre la comunicació
Genera nous espais de comunicació i de diàleg
Crea espais públics virtuals de comunicació
Amplia la visió de els persones
Sobre els valors i drets
Augmenta la valoració de la democràcia
Potencia la interculturalitat
Valora les diferents identitats
Valora el passat
Valora l'opinió pròpia
Possibilita l'accés a la informació
Valora l'escriptura com a exercici ciutadà
Sobre els consums culturals
Potencia els consums culturals de qualitat
Diversifica l'ús del temps lliure
Dóna a conèixer i valora la comunitat virtual
Sobre l'eficàcia administrativa
S'aprofiten millor els recursos i els sabers previs

7.6 Els mètodes

El mètode és un procediment o conjunt de procediments que orienta la manera de fer la investigació. Els passos del mètode científic (Rodríguez 2006: 14) són l'observació desenvolupada per l'investigador per adquirir la major quantitat de coneixement sobre el tema, a partir de l'observació o de la lectura de documents; la hipòtesi, que és la suposició provisional que funciona com a base de la investigació; la comprovació de la hipòtesi, que s'efectua mitjançant els mètodes i les tècniques aplicables al cas i a les conclusions o resultats de la investigació.

Els mètodes utilitzats en la investigació sobre la lectura per produir el coneixement suficient que permeta aconseguir els objectius proposats al punt 7.3 són d'investigació quantitativa i qualitativa. Olaz (2008: 16-18) explica com el primer recorre a models matemàtics, que són *per se* models axiomàtics, abstractes i formalitzats i s'auxilia de tècniques estadístiques i càlculs probabilístics com a instruments posats al servei de la investigació. Mesura el fenomen en la mostra, busca la generalització amb un marge d'error controlat pel qual destaca els aspectes coincidents i basa la seua essència en preguntes tancades afavorint que l'investigador impose la visió que té de la realitat al subjecte investigat. Per una altra part, les tècniques qualitatives no pretenen realitzar generalitzacions sinó que ressalten els elements que són divergents; tot i ser conscients d'aquesta limitació, procedeixen durant l'anàlisi a trobar l'estructura subjacent en els discursos i el sentit. El marc d'investigació és obert i d'una major aparent fragilitat, no imposant-se les qüestions i els aspectes a tractar al subjecte investigat (com ocorre amb el qüestionari de la quantitativa, que es troba teledirigit per l'investigador). El subjecte investigat marca a través del desenvolupament discursiu la seua apreciació de la realitat davant l'investigador i, per tant, noves vies d'accés a la comprensió del fenomen.

La investigació quantitativa ha estat la més utilitzada als estudis sobre lectura i ha mesurat habitualment el component lector. Un exemple d'aquest tipus d'investigació és el que s'ha utilitzat tradicionalment en els plans nacionals de lectura. Isaza i Peña (2005: § 3.7) analitzen els plans nacionals d'Iberoamèrica i els estudis que hi inclouen per diagnosticar la lectura de cada país.

Destaquen que tots els estudis que s'hi relacionen són investigacions quantitatives, majoritàriament estadístiques i sobre els hàbits lectors o el consum de llibres. Els resultats assenyalen les tendències generals sobre el nombre de lectors, la distribució per edats, el percentatge de lectors habituals i esporàdics, el nombre de llibres llegits per any, les tendències lectores per grups de la mateixa edat, els diners despesos en la compra de llibres, les formes d'accés als productes impresos, les motivacions i els interessos dels lectors, els tipus de textos preferits, la freqüència, el temps i el lloc on es llegeix o l'assistència a les biblioteques. Per tant, majoritàriament, són estudis que tenen l'objectiu de saber què i quant llegeix una determinada població i si existeixen diferències de comportament entre els grups estudiats i, habitualment, els lectors són classificats segons la quantitat i la naturalesa dels textos impresos llegits en un període de temps.

Són estudis típics d'aquest enfocament quantitatiu sobre comportament lector que es basen en informació estadística a partir de la qual és possible inferir les tendències en el comportament lector d'una població donada; per aquesta raó, es realitzen sobre una població àmplia i es basen en el disseny de mostres probabilístiques i estratificades. Isaza i Peña (2005) conclouen que aquests estudis permeten assenyalar tendències generals en els aspectes adés descrits.

En aquest apartat, descriurem els mètodes qualitatius més habituals, com l'estudi de casos, l'etnografia i l'observació. I, com ja hem dit, donat que és una investigació que majoritàriament utilitza les dades aconseguides per millorar les pràctiques de lectura, el marc elegit és el de la investigació acció.

7.6.1 La investigació-acció

Tota investigació sobre pràctiques de lectura (i escriptura pública) pot ser concebuda com un projecte d'investigació i acció, una estratègia metodològica que permet varietat de mètodes i tècniques que s'articulen en un model horitzontal on es construeix el coneixement de manera conjunta. Aquesta metodologia (Blaxter 2008: 82 i McKernan 2008: 45-51):

— Implica la col·laboració directa amb totes les persones que hi participen.

— Considera els participants com a membres de grups socials.
— Es transforma en educativa perquè considera els implicats, no com a simples objectes de la investigació, sinó com a subjectes actius que s'hi enriqueixen.
— Es basa en una relació en la qual les persones implicades són participants en el procés de canvi.
— Parteix del context i el moment concret en els quals té lloc la pràctica i s'orienta a la construcció de futur a partir de les propostes de millora que realitza.
— Implica una intervenció que comporta canvis per a les persones i els elements implicats.
— Consisteix en un procés cíclic en el qual la investigació, l'acció i l'avaluació estan vinculades entre si.

La utilització d'aquest mètode d'investigació permet examinar la pràctica a través de tècniques variades que permeten la recol·lecció de dades diverses, idear una intervenció concreta al context i adequada als objectius dissenyats, avaluar-la amb els mediadors tant en els assoliments com en les tasques i aportar estratègies per al millorament de la pràctica.

És un enfocament de la investigació que requereix un continu flux d'anada i tornada que duu a l'equip format per investigadors i mediadors de la reflexió a l'acció i de l'acció a la reflexió. És a dir, la investigació està ancorada en el fer, en la iniciativa que desenvolupa la comunitat, analitzant els passos i les etapes que viu cada pràctica, per tornar a ella i actuar.

7.6.2 L'estudi de casos

Adaptant les paraules de Cohen (2000: 185), l'estudi de casos en la investigació sobre lectura sondeja en profunditat i analitza exhaustivament els fenòmens múltiples que constitueixen el cicle de vida d'una pràctica concreta, amb la idea d'establir generalitzacions sobre una població més àmplia. Per a Coller (2005: 21-51), és un mètode que permet la investigació exploratòria i qualitativa, analítica i quantitativa o la combinació d'ambdues, d'altres de tipus històric centrats en processos socials o sincrònics en l'anàlisi d'objectes. Concretament, la classificació de tipus d'estudi de casos que fa

Coller (2005: 32) la resumim a la Taula 8.

Taula 8

Criteri	*Tipus*
Segons l'objecte d'estudi	Un procés social
	Un objecte
Segons l'abast de l'estudi	Específic: un cas rellevant, únic i extraordinari
	Genèric: il·lustra una característica que es troba en altres casos
Segons la naturalesa del cas	Exemplar: un exemple il·lustratiu d'una teoria, un fenomen social, etc.
	Polar: un cas extrem en comparació a d'altres
	Típic: un cas més del grup
	Únic, contextual, irrepetible, pioner, excepcional: per ser desviat o estrany o per ser teòricament decisiu, únic o irrepetible
Segons el tipus d'esdeveniment	Històric o diacrònic: casos que van tindre lloc en el passat i que interessa recuperar per reconstruir un esdeveniment, etc.
	Contemporani o sincrònic: casos que tenen lloc en el moment de la investigació.
	Híbrid: es recorre a la història per contextualitzar el cas que analitza.
Segons l'ús del cas	Exploratori: són de naturalesa descriptiva.
	Analític: estudien el funcionament d'un fenomen o d'una relació entre fenòmens.
Segons el nombre de casos	Únic
	Múltiple: és de naturalesa comparativa i pot analitzar casos paral·lels o dissimilar.

Per exemple, l'anàlisi de Cerlalc (2005) sobre els Plans Nacionals de Lectura i la repercussió en la compra de llibres o l'índex de lectura és un estudi d'un cas concret com a procés social mentre que el treball de Miret (2010) sobre la biblioteca escolar es tracta de l'estudi d'un objecte. La investigació sobre el fòrum de Laura Gallego com a primer lloc creat per un autor i que genera converses sobre la lectura (Lluch i Acosta 2012) és un cas específic, rellevant i únic en el moment de la investigació perquè a Espanya és l'única autora que ha aconseguit generar un lloc de converses amb els adolescents sobre lectures i llibres. Mentrestant, «Municipi Lector» (§ 8) es tracta d'un cas genèric, un projecte de lectura per a tot un municipi no és un cas únic; de fet, la investigació realitzada il·lustra característiques que poden trobar-se en casos similars. «Palabras que acompañan» (Martín-Barbero 2011b: 118-154) és l'estudi d'un cas de lectura i escriptura únic desenvolupat des de 2007 a Cesar, Colòmbia, històricament un dels departaments on s'ha concentrat el conflicte armat a Colòmbia.

Així, doncs, l'estudi de casos permet la recollida formal de dades, presentant-les com una opinió interpretativa d'un cas únic a través de bases de dades que suposen una col·lecció sencera de la informació recollida i organitzada durant la investigació. És a dir, la informació d'una pràctica concreta durant un període perllongat de temps contant-ne l'evolució. Pot realitzar-se a través de la narració, de la descripció o de l'exposició, recollint tots els elements possibles de manera que l'investigador actua com un cronista que informa del que observa però també com un investigador que aporta dades i possibles interpretacions. Resumint Blaxter (2008: 82-85), l'estudi de casos ha de relacionar-se amb un marc de treball teòric que al seu torn ha d'ajustar-se a mesura que els resultats de l'estudi de casos llancen noves dades, procedeix de les pràctiques de les persones fortament basades en la realitat, permet les generalitzacions d'una instància concreta a un aspecte més general, pot oferir fonts de dades de les quals es poden fer anàlisis posteriors, a més, pot vincular-se a l'acció i contribuir a canviar la pràctica.

De fet, un estudi de casos pot ser un subconjunt d'un projecte d'investigació acció més ampli. Ara bé, la investigació en lectura es realitza sobre una pràctica concreta i per transcendir l'àrea de l'objecte d'anàlisi és necessari aplicar altres mètodes que permeten passar del concret a l'abstracte per oferir un model d'actuació similar aplicable a diferents contextos.

7.6.3 L'etnografia

La definició d'etnografia més citada és la de Hammersley i Atkinson (1994: 15-16), que la descriuen com un mètode d'investigació social on l'etnògraf participa de la vida quotidiana de persones durant un temps relativament extens i mira què passa, escolta allò que diuen, pregunta coses, és a dir, recull tot tipus de dades accessibles per poder donar llum als temes que ha triat estudiar. L'etnografia té una triple accepció: enfocament, mètode i text. Guber (2001: 12-18) les descriu de la manera següent:

1. Com a enfocament és una concepció i pràctica de coneixement que cerca la comprensió dels fenòmens socials des de la perspectiva dels seus membres. Reporten l'objecte empíric d'investigació, que pot ser un poble, una cultura o una societat i a més constitueixen la interpretació/descripció sobre allò que l'investigador ha vist i sentit.
2. Com a mètode és el conjunt d'activitats que es designen com a treball de camp i el resultat s'empra com a evidència per a la descripció. Pot utilitzar-se l'enquesta, l'observació participant, les entrevistes no dirigides, etc.
3. Com a text és el producte del recorregut, la descripció textual del comportament en una cultura participant, resultant del treball de camp.

L'etnografia es planteja en un context de descripció profunda que busca el retrat de la realitat observada i la interpretació amb la finalitat d'establir una aproximació conceptual als processos de sostraure informació. L'eix vertebrador, com indica Vasilachis (2006: 124-131), és l'observació participant a partir de la qual es construeix el producte etnogràfic. L'entrevista en profunditat no directiva o entrevista etnogràfica és l'altra eina clau per avançar en el coneixement sociocultural i aprofundir en la comprensió dels significats i punts de vista dels actors socials i el registre de la informació constitueix l'altre element clau.

Els resultats de l'etnografia creen noves categories conceptuals a partir dels discursos dels entrevistats, les categories emergents i conceptuals que els mateixos subjectes construeixen utilitzant part dels enfocaments desenvolupats en la *Grounded Theory*. L'observació etnogràfica, basada en la descripció densa que esmenta Cliford Geertz, permet establir unitats d'observació diverses que van des del territori al subjecte i viceversa.

Hammersley i Atkinson (1994: 256-257) conclouen el seu treball valorant que l'etnografia té avantatges definitius respecte a d'altres mètodes, ja que pot usar-se en qualsevol fase del procés d'investigació social, genera descripcions que valuoses per si mateixes, facilita l'elaboració teòrica, els resultats són de major validació ecològica que els produïts per altres mètodes i la diversitat de les fonts de dades permeten la triangulació i això possibilita una comprovació i un control dels efectes de la investigació. Per contra, té importants limitacions perquè no pot usar-se per estudiar esdeveniments del passat, la capacitat de discriminar hipòtesis és feble i, en contrast amb les enquestes, és molt limitada per tractar casos a gran escala.

L'etnografia virtual o l'observació digital amplien les observacions als nous espais d'expressió com el ciberespai i observa pràctiques i relacions que solament es desenvolupen en un context digital, identificant «els habitus» dels internautes, és a dir, el sistema de disposicions durables i transferibles –estructures estructurades predisposades a funcionar com a estructures estructurants– que integren totes les pràctiques passades i funciona a cada moment com a matriu estructurant de les percepcions, les apreciacions i les accions dels agents cara en una conjuntura o esdeveniment i que contribueix a produir (Bourdieu 1972: 178).

L'estudi de Hine (2004) sobre etnografia virtual planteja una revisió teòrica sobre com els usuaris arriben a comprendre les capacitats i possibilitats d'Internet, de quina manera afecta l'organització de les relacions socials en el temps i l'espai, quines són les conseqüències d'Internet sobre els sentits d'autenticitat i d'autoria o com s'experimenta la virtualitat. Per exemple, a Lluch i Acosta (2012) s'observa durant 3 mesos la participació dels adolescents en el fòrum de Laura Gallego i alhora les converses que generen els fòrums a twitter per analitzar els intercanvis escrits sobre lectura i sobre un nou llibre de l'escriptora a la web 2.0.

7.6.4 L'observació [no] participant

És un mètode que permet l'observació en els diferents àmbits dels actors (casa, escola, biblioteca, consums culturals, creences, etc.) per descriure els recursos materials, patrimonials i sentimentals dels quals parteixen els participants en la pràctica i la seua evolució. La finalitat és interpretar els processos i les causes relacionades amb les pràctiques a partir de l'anotació i anàlisi dels esdeveniments que tenen interès.

L'observació es realitza a l'espai de participació, un espai d'interacció entre els resultats obtinguts del procés d'investigació formal i el diàleg entre els actors, on interactuaran els diversos sabers conseqüència del procés investigador. L'observació pot realitzar-se participant en la pràctica o mantenint-se com un simple observador, Mckernan diferencia (2008: cap. 3):

— L'observació participant és manifesta i interactiva: l'investigador s'implica en el rol de les persones que estudia, es transforma en un membre normal del grup prenent part activa en les activitats, els esdeveniments i la cultura del grup social de la pràctica.

— L'observació no participant és poc visible i no reactiva: l'investigador es manté apartat i allunyat de l'acció, no es compromet en els rols i el treball del grup com a membre d'ell, deliberadament no simula pertànyer a ell. Li interessen les conductes dels participants i utilitza tècniques poc visibles per aconseguir dades amb la finalitat de no interferir en la seqüència natural dels esdeveniments.

En el cas de l'etnografia, com hem comentat en el punt anterior, l'observació participant és l'eix vertebrador per construir el producte etnogràfic.

7.7 Les tècniques

Les tècniques permeten obtenir les dades per saber, per exemple, de quina manera els actors vinculats a una pràctica de lectura, hi han estat inclosos per desenvolupar les propostes creatives de participació, quin univers cultural tenen els actors, quina relació afectiva tenen amb la lectura o l'escriptura pública en els diferents formats, etc. O d'altres quantitatives com per exemple quantes persones hi participen, quants llibres llegeixen, quins recursos culturals té a mà la gent o què té a casa. Són dades obtingudes en els diferents àmbits de les pràctiques de lectura: des de la casa a l'escola o la biblioteca, des de l'ordinador fins a la plaça o el cinema, sense oblidar la història personal per indagar, per exemple, amb quins recursos l'actor arriba a la pràctica.

Si la proposta és fer una investigació inductiva, entesa des del punt de vista de la investigació acció, es requereixen tècniques que permeten flexibilitat en la recol·lecció de dades atès que aquestes seran dades numèriques i textuals, qualitatives i quantitatives i per tant requereixen diferents estratègies d'anàlisi. Les tècniques proposades que descrivim a continuació són la revisió documental, entrevistes, qüestionaris, informes i històries de vida.

7.7.1 La investigació documental o el context conceptual

La investigació documental fa referència als documents o fonts que consultem, analitzem, seleccionem, documentem i utilitzem com a base de la investigació i per dur-la a terme. Varien depenent de la fase de la investigació. Per exemple, en la fase inicial es refereixen els estudis concrets sobre les situacions prèvies a la investigació, com ara els estudis que proporcionen una revisió teòrica de les lectures, la societat de la informació, el capital cultural i social, el llibre i la lectura, l'espai públic o la participació ciutadana; en definitiva, estudis que radiografien el marc previ a la pràctica de lectura, a través de la base de dades sobre consums culturals o estudis de la població que permeten conèixer la població abans d'iniciar-ne la pràctica i que documenten el context legislatiu en el qual es posarà en marxa la pràctica.

Per exemple, l'anàlisi d'Isaza i Peña (2005) sobre els plans nacionals de lectura a Iberoamèrica descriu el diagnòstic de lectura de cada país; en la majoria dels casos, destaquen que el diagnòstic és un component dels plans i són estudis i investigacions prèvies realitzades pels ministeris d'educació i de cultura, pel sector editorial i les entitats o fundacions que treballen en el foment de lectura. És a dir, la documentació diagnostica a) quin és el context en el qual es desenvoluparan els plans de lectura a partir de compilar les dades d'investigació prèvies de tipus quantitatius i que hem descrit a 7.4; b) la competència lectora, és a dir, l'avaluació de la capacitat que tenen els lectors per aplicar els seus coneixements sobre el llenguatge a la comprensió i l'ús de diferents tipus de textos en les situacions i els contextos concrets de la vida en societat; c) l'estat de les biblioteques, és a dir, la cobertura, l'estat físic, les col·leccions, l'assistència d'usuaris, etc. d) els projectes i les experiències en desenvolupament; e) la producció editorial, distribució i llibreries: d'acord amb els plans, aquest és un aspecte important, encara que no té la mateixa força que els anteriors, com ho demostra el fet que no tots els països inclouen aquest component per determinar la situació de la lectura al seu país. Les preguntes o les problemàtiques assenyalades pels països tenen a veure amb aspectes com ara la política editorial, producció, concentració de l'oferta editorial i quantitat de llibreries existents, etc. Així doncs, en tota investigació sobre lectures la revisió documental prèvia té a veure amb:

1. Revisió d'investigacions prèvies sobre la lectura, el lectors i la promoció.
2. Consulta d'estudis sobre la població en la qual tindrà lloc la investigació.
3. Estudi de les metodologies i les tècniques d'investigació sobre lectura.
4. Estudis sobre la població on té lloc la pràctica.

Bàsicament, aquest primer procés de la investigació pot seguir els passos següents (adaptat de Rodríguez Campos 2006: 126-127). En primer lloc, una lectura exploratòria sobre els mètodes i tècniques d'investigació que acaben en una selecció dels principals documents, una anàlisi crítica dels mètodes més adequats per utilitzar en el cas elegit. Cal recordar el caràcter interdisciplinari de la investigació en lectures i en la necessitat d'una mirada plural.

La consulta i lectura analítica de les investigacions prèvies que s'han realitzat sobre casos similars als que volem investigar ajuden a construir el nostre mapa de la investigació. És fonamental realitzar fitxes de lectura de cada investigació consultada i cada fitxa, a més d'anotar la referència bibliogràfica de l'estudi, resumirà: els objectius de la investigació, el corpus en el qual es realitza, els criteris que s'han utilitzat per seleccionar-lo, la metodologia i les tècniques utilitzades, les conclusions a les quals arriba la investigació i, òbviament, les fonts documentals de treball.

El context conceptual el defineix Vasilachis (2006: 76-82), a partir de Maxwell 1996, com el sistema de conceptes, supòsits, expectatives, creences i teories que donen suport i informen de la investigació. Aquesta manera de treballar permet ubicar l'estudi dins dels debats de la comunitat científica, vincular-lo amb les tradicions teòriques generals i específiques del tema, avaluar el tipus d'aportació teòrica que realitzarà, per exemple, expandir la teoria, enriquir-la o superar-la a partir de la creació de conceptes nous i donar suport a la resta dels components dels disseny, especialment a les preguntes de la investigació.

La funció del context conceptual és il·luminar els aspectes rellevants de les dades o dels fenòmens socials. S'elabora a partir de l'experiència vital de l'investigador i de les pròpies especulacions o idees, del coneixement i domini de les tradicions teòriques referides a la temàtica estudiada i l'anàlisi crítica de la bibliografia i dels estudis i investigacions previs.

7.7.2 L'entrevista

Les entrevistes en profunditat són una tècnica per sostreure, fer recerca o recol·lecció de dades. Guber defineix l'entrevista (2001: 75) com una estratègia per fer que la gent parle sobre allò que sap, pensa o creu, una situació en la qual una persona (l'investigador-entrevistador) obté informació sobre alguna cosa a partir de l'interrogatori a una altra persona (entrevistat o informant). La informació sol referir-se a la biografia, al sentit dels fets, als sentiments, opinions i emocions, a les normes o estàndards d'acció i als valors o conductes ideals.

Pot ser estructurada, semiestructurada o oberta i s'entén com l'elaboració i execució de guions que aprofundeixen els testimoniatges dels participants per analitzar els canvis tant en el nivell personal com en el sociocultural dels membres de la pràctica i per definir les transformacions que s'hi generen. Concretament, Olaz (2008: 27-30, a partir de Mayntz 1975) classifica les entrevistes atenent:

a) El grau d'estandardització. Diferencia entre les entrevistes no dirigides o qualitatives, no estructurades que s'empren per obtenir les primeres informacions abans de delimitar amb precisió el problema de la investigació.

Les entrevistes intensives o en profunditat en les quals l'entrevistador compta amb un guió temptatiu d'aquelles qüestions sobre les quals es vol aprofundir, és el tipus recomanat quan es pretén ampliar el coneixement sobre un problema mínimament estructurat. Les entrevistes per mitjà de qüestionari estandarditzat i que responen a qüestions formulades exigint una opció entre diferents alternatives.

b) Manera de realització. Diferencia entre l'entrevista oral, l'escrita i l'autoadministració.

c) Nombre d'entrevistats. Diferencia entre entrevista individual, entrevistes o discussions en grup que poden transformar-se en un grup de discussió limitant-se l'entrevistat a formular preguntes i suggeriments.

El tipus d'instruments que es poden utilitzar varia de l'entrevista individual a la grupal i es diferencia entre entrevista estructurada en la qual l'investigador parteix d'una llista de preguntes especifiques, un qüestionari que s'administra de manera oral i entrevista no estructurada o semiestructurada on les dades que es volen obtenir es deixen a l'entrevistat, en el moment que aquest parle d'aspectes que interessen a l'investigador se li pot demanar que se n'estenga.

La fase final de la investigació té com a objectiu codificar el discurs de l'entrevista i classificar les dades obtingudes per categories. S'entén per categoria la conceptualització de les expressions dels entrevistats que es posen en relació amb les variables i els significats atorgats pels entrevistats als discursos realitzats. Rodríguez (1993, citat per Olaz 2008: 73-78) diferencia tres tipus d'anàlisi: l'anàlisi descriptiva que resumeix sintèticament allò que l'entrevista ha relatat, l'anàlisi temàtica que classifica els temes aportats i cerca allò que es diu de cada tema i amb quines connotacions i l'anàlisi simbòlica que analitza les figures literàries, destaca les metàfores, la sinècdoque i la metonímia.

7.7.3 L'enquesta

L'enquesta utilitza qüestionaris estructurats com a instrument bàsic de captura de la informació i mostres que pretenen representar a la població objecte d'estudi (Alvira 2011: 7). Els qüestionaris són la formulació de preguntes precises per trobar respostes als temes d'interès que habitualment suprimeixen el contacte cara a cara amb l'entrevistador. Es poden realitzar per telèfon, per escrit, cara a cara pel mediador o ajudants, a Internet, etc. Han de realitzar-se des del punt de vista de l'objectiu de la investigació, però sempre han de passar per una revisió del mediador de la pràctica amb la finalitat d'afegir, eliminar o canviar els apartats que consideren oportuns i adaptar el vocabulari als contextos culturals que seran enquestats.

Alvira (2011: 16-18) destaca que, des d'un punt de vista metodològic, el disseny i la realització d'una enquesta resulten de la confluència de dos processos claus: a) el procés de medició que mitjançant l'instrument de mesura, el qüestionari, recull les respostes dels entrevistats, és a dir, la informació bàsica per a la medició dels conceptes i els constructes de l'enquesta. Els conceptes/constructes derivats del tema i els objectius de les enquestes han de ser adequadament traduïts i operacionalitzats en un qüestionari que recollirà la informació necessària en forma de resposta per part dels entrevistats. En aquest context poden aparèixer errors en la translació dels conceptes que originen problemes relacionats amb la validesa. A més, les respostes dels entrevistats poden ser fiables o no, és a dir, ser estables i repetibles. b) El procés de la representació mitjançant el qual una vegada definida una població se selecciona una mostra de la qual es recollirà informació susceptible de ser generalitzada a la població. Aquesta fase és fonamental per aconseguir una bona representació en l'enquesta per aconseguir una validesa externa i una fiabilitat de les mesures.

Alvira (2011: 16) descriu aquests dos processos per poder identificar els problemes i els possibles errors amb la finalitat d'evitar-los en el disseny de l'enquesta i en l'anàlisi i estimació de la qualitat de la informació d'aquesta una vegada realitzada.

En la investigació sobre lectura que proposem, diferenciem entre les enquestes realitzades abans de posar en marxa la pràctica, durant el procés de posada en marxa i d'implementació i en la finalització. Es tracta de qüestionaris realitzats a partir dels objectius concrets de cada pràctica de lectura i de les fites proposades per investigar-ne l'impacte. Un exemple del tipus d'enquesta realitzada habitualment en el camp de la lectura ja s'ha descrit en el punt 7.4 a partir de l'estudi d'Isaza i Peña (2005: § 3.7). De cara al grup d'investigació, cal incloure en el disseny dels qüestionaris els elements que el conformen. Per exemple, el desenvolupament d'una matriu de variables que permet operacionalitzar els objectius i hipòtesis d'investigació en dimensions, variables i indicadors. D'aquesta manera, permet observar el recorregut que fa una variable, fins convertir-se en una pregunta del qüestionari. S'ha d'evitar la indagació per temes dispersos o no coberts en tot l'instrument que es genera.

Cada vegada és més freqüent utilitzar metodologia quantitativa i qualitativa conjuntament, de manera que la primera s'utilitza com a complement de la segona. Alvira (2011: 77-79) descriu les combinacions més freqüents:

a) Metodologia qualitativa abans de la quantitativa. S'utilitzen grups de discussió o entrevistes obertes abans d'iniciar el disseny del qüestionari i el camp amb l'objectiu d'utilitzar els discursos per elaborar adequadament les preguntes o per precisar-ne els objectius, preparar millor el camp o decidir quina és la metodologia més adequada.

b) Metodologia qualitativa i quantitativa barrejada. És el cas de les enquestes autoadministrades que necessiten un bon pretest perquè no hi ha enquestadors per resoldre'n els dubtes. El grup de discussió s'utilitza per millorar el qüestionari i forma part de la fase de l'enquesta, el pretest.

c) Metodologia qualitativa després de la quantitativa. Després de l'enquesta es realitzen entrevistes obertes amb els casos que representen tipologies obtingudes en l'anàlisi i que pot servir per aprofundir en la tipologia.

7.7.4 L'informe d'acompanyament

Els informes d'acompanyament són documents que consignen l'anàlisi de la pràctica investigada, les dades recollides i l'avaluació realitzada. Els informes han de ser una crònica, una exposició, descripció i avaluació de la informació que es transmet, sempre amb dades que puguen presentar un discurs compartit pel grup d'investigació. En definitiva, una descripció profunda de la realitat observada i la interpretació, a través de l'ús de les eines descrites en aquest apartat.

En el cas del mediador, l'investigador l'instarà a evitar presentar-los amb excessiva subjectivitat, amb més adornament que dades objectives que dificulten la discussió i l'anàlisi i amb un excés de protagonisme del mediador sense donar la paraula als veritables protagonistes.

El document ha de descriure l'acompanyament, és a dir, els elements clau, les fortaleses i febleses del procés, apuntant els assoliments i avaluant-los, reflexionant conceptualment, organitzativament i políticament. Ha de ser un document que es caracteritze perquè permet organitzar un coneixement útil per a la comunitat, des de la diversitat d'actors socials, territoris i cultures, construint un mapa de la comunitat per comprendre'n el funcionament. Ha d'incloure textos plurals, resultat de les diferents tècniques utilitzades: diaris, enquestes, entrevistes, fotografies o vídeos, i reportar dades diferents que en permeten l'anàlisi i l'avaluació. Es presenta com un informe complet, amb una redacció expositiva i un llenguatge objectiu, que sempre distingeix entre el que resulta innocu del que aporta.

Una variant de l'informe d'acompanyament és el diari de camp, el registre clau de l'etnografia. Vasilachis (2006: 136-142) el defineix com un recurs que permet explicitar per escrit les observacions alhora que dóna visibilitat a les emocions que apareixen i es transformen durant la investigació. És l'àmbit fonamental per organitzar l'experiència de la investigació, per exposar les intuïcions de l'investigador; alhora, és un espai propici per explicitar els canvis i les transformacions que acompanyen el treball. El diari de camp registra pas a pas les activitats de l'etnògraf, les activitats diàries, els interrogants, el registre d'entrevistes, els comentaris de lectures, les hipòtesis sorgides del desenvolupament del treball de camp, etc.

7.7.5 La història de vida

Les històries de vida són narracions escrites, orals o audiovisuals en primera persona d'aquells moments i realitats de la vida l'impacte dels quals es fa visible i necessari per comprendre les accions i la relació amb les lectures (i les escriptures) dels participants i avaluar l'impacte de la pràctica en les seues vides, tenint en compte els contextos familiars i socials. Mallimaci i Giménez (2009: 204) la defineixen com un relat que posa en paraules els records, a través de motlles narratius pels quals les institucions, els grups i els subjectes enquadren significativament les seues pràctiques: pertànyer a un grup, comprendre la pròpia existència en termes ètics, justificar posicions i compromisos polítics o personals són elements que donen forma al discurs i estableixen el punt des del qual l'entrevistat relatarà els esdeveniments de la seua vida. Pujadas (2002: 47) concep la història de vida com un relat autobiogràfic obtingut per l'investigador mitjançant entrevistes successives, amb l'objectiu de mostrar el testimoni d'una persona –tant els esdeveniments com les valoracions que fa sobre la pròpia trajectòria.

Poden plantejar-se com a mètode, com a enfocament, com a instrument d'investigació o com a estudi de cas. Mallimaci i Giménez (2009: 178) diferencien entre:

1. Estudi biogràfic: la història de vida d'una persona viva o morta, escrita per una altra i a partir de tot tipus de documents.
2. Autobiografia: la història de la vida de persones contada per elles.
3. Història de vida: basada en una mirada des de les ciències socials, l'investigador relaciona una vida individual o familiar amb el context social, cultural, polític, religiós i simbòlic on transcorre i analitza com el context influeix i alhora és transformat per aquesta vida. L'investigador obté dades primàries a partir d'entrevistes i converses amb l'individu. Pot diferenciar-se entre la història de vida, on destaca la interpretació de la vida del subjecte per part de l'investigador, del relat de vida on la transcripció del material recollit es realitza minimitzant la intervenció de l'investigador.
4. Història oral: un tipus d'investigació alimentada per la reflexió individual sobre fets específics de la història d'una societat, analitzant-ne les causes, conseqüències i efectes sobre la vida individual o familiar dels participants.

I Juan José Pujadas (2002: 14) les classifica en:

1. Documents personals: qualsevol tipus de registre no motivat o incentivat per l'investigador durant el desenvolupament del seu treball que tinga un valor afectiu o simbòlic per al subjecte analitzat. Poden ser: autobiografies, diaris personals, correspondència, fotografies, pel·lícules, vídeos o altres registres iconogràfics, objectes personals.

2. Registres biogràfics obtinguts per enquestes: històries de vida que poden ser de relat únic, de relats creuats o de relats paral·lels; relats de vida que se sotmeten a tractaments analítics diferents de la història de vida; o biogrames.

L'elaboració d'una història de vida té tres moments: la preparació, la recol·lecció de dades i l'anàlisi i sistematització de la informació. Per preparar-la cal elegir el subjecte, és a dir, aquella persona que és rellevant conceptualment per a la investigació. La tria dependrà de la pregunta de la investigació. Després, cal aprendre sobre el context del subjecte triat per preparar les entrevistes que ajudaran a construir la història de vida. Mallimaci i Giménez (2009: 191 i 194) afirmen que, tot i que la història de vida parteix d'un eix conceptual, les característiques que s'hi destaquen són l'èmfasi en l'eix diacrònic i la perspectiva holística perquè les dades que recollim són les interpretacions de l'entrevistat sobre el fets dels quals ha format part, que s'elaboren a partir del present de la persona, dels seus desitjos, projectes i perspectives en el moment que es realitza l'entrevista. L'entrevista oberta entesa com una llista de temes que volem desenvolupar és la millor guia per construir una història de vida.

Un dels problemes de l'anàlisi i sistematització de la informació té a veure amb la transcripció del material i amb l'ordenació, el processament i la interpretació de les dades. La interpretació que realitza l'investigador es realitza sobre la interpretació en forma de relat que el subjecte fa de la seua vivència recordada des del present; per tant, és necessari analitzar el material des d'una pluralitat de perspectives que ens permeta organitzar-lo a partir dels temes centrals.

Pujadas diferencia tres tipus d'explotació analítica (2002: 72-73), en primer lloc, el relat biogràfic com a estudi de cas únic, enfocament poc habitual en la investigació que realitzem sobre la lectura. En segon lloc, els relats biogràfics analitzats com a anàlisi del discurs per ser un registre de fenòmens socials que han de ser categoritzats i classificats, ço és, reduïts a categories analítiques abstractes que permeten tant descriure de forma ordenada com contrastar els fenòmens analitzats amb les hipòtesis de partida de la investigació. L'anàlisi de contingut és la tècnica formal més habitual d'anàlisi textual i és una descripció objectiva, sistemàtica i quantitativa dels continguts extrets del text i la finalitat és transformar els fenòmens socials en dades científiques que han d'atenir-se a quatre característiques: objectivitat i reproductivitat, susceptibilitat de medició i quantificació, significació per un teoria més sistemàtica i possibilitat de generalització. Pujadas (2002: 73) esquematitza les etapes del pla d'anàlisi d'un text així: Text → Dimensions (tipus de variables) → Variables → Categories → Registre, context i unitats d'anàlisi → Indicadors.

7.8 Les fases de la investigació

La investigació sobre les pràctiques de lectura té una traducció cronològica i es realitza abans, durant i després de l'execució per acomplir els objectius definits en la fase prèvia de la investigació, per construir protocols d'actuació útils per als mediadors i gestors culturals, per valorar els assoliments i formular indicadors per a l'avaluació. Si traduïm les qüestions tractades en els punts anteriors en una actuació cronològica el recorregut seria el següent.

7.8.1 Fase inicial

En la fase inicial, l'investigador ha d'elaborar el context conceptual i reportar la investigació documental de la qual parteix. Definirà els objectius de la investigació, descriurà la pràctica de lectura concreta i els estudis sobre el context i els actors que hi participen, com hem descrit en 7.1-5.

Com tota pràctica investigada, parteix d'un escenari previ on calen dades detallades d'aquest i de les maneres d'entendre la lectura en les pràctiques existents. Són dades imprescindible per contextualitzar la investigació i generar una radiografia de les pràctiques prèvies a la investigada, que informarà dels encerts i fracassos anteriors i ajudarà els mediadors a comptar amb la complicitat, la confiança i el suport dels agents i dels destinataris protagonistes.

El diagnòstic inicial es realitza amb les tècniques descrites anteriorment per aportar dades sobre els actors com, per exemple, la situació econòmica i cultural de la població, el nivell d'estudis, la població emigrada, el tipus d'oferta d'oci (cinema, teatre, biblioteques, centres excursionistes, bars, discoteques, botelló, etc.) i el consum cultural. El diagnòstic inicial també pot aportar dades similars sobre els mediadors per comparar amb el grup en el qual s'inscriuen i conèixer el lloc social i cultural que ocupen en la població (veg. § 7.3). I sobre els recursos, és a dir, el tipus de material que té el lloc on es portarà a terme abans d'iniciar-se el projecte, nombre de consultes de material i tipus de material que s'utilitzava: quina és la valoració qualitativa, és a dir, per què hi ha aquest material, quins usos en fa la comunitat, quina importància simbòlica té per a la població. I l'ús que fan dels formats, per exemple, si la pràctica es realitza en una biblioteca, quin lloc social ocupa la biblioteca en la vida del destinatari o en la de la població (accés a recursos que no tenen a casa, lloc on troba la pau que no hi ha a casa, lloc de socialització, etc.), per a què usen la lectura o l'escriptura, com la pràctica canvia la concepció i els processos per assolir-les.

En els casos que el mediador participa en la investigació, cal ampliar-ne les dades i analitzar també, per exemple, la relació afectiva que manté amb la població o sobre les formes de gestionar la pràctica per entendre i avaluar adequadament les dades que proporciona sobre el grup.

En aquesta fase de la investigació cal realitzar la pregunta que indica el que es vol saber o comprendre durant el treball i, a partir de la seua formulació, també quina és la direcció que prendrà la investigació (Vasilachis 2006: 83-86). Formular-la adequadament implica passar de la idea o el tema de la investigació a les preguntes preliminars, delimitades en el temps i en l'espai, rellevants, clares i amb capacitat de ser respostes a partir dels recursos materials i humans de la investigació i del cronograma dissenyat. Són interrogants construïts a partir de l'anàlisi dels possibles buits de coneixement de la investigació documental, de les experiències d'investigació, de les discussions de l'equip, de la necessitat de resoldre els problemes plantejats, d'avaluar i seleccionar els interrogants principals i de connectar-los amb les tècniques i els llocs on és possible trobar la resposta. Per exemple, en la investigació base d'aquest capítol (Martín-Barbero i Lluch 2011: 85-89) algunes de les preguntes que plantejava la investigació van ser:

– En quina mesura la participació dels adolescents en una revista, els ajuda a prendre consciència dels problemes socials del barri i fomentar el seu sentit de pertinença i identitat col·lectiva?

– Fins a quin punt investigar i escriure per a una publicació els ajuda a millorar la seua autoestima i a recuperar la confiança i una major seguretat en si mateixos?

– De quina manera la participació dels adolescents en la construcció de la pàgina web del museu de la ciutat, Museovivo, enforteix el seu sentit de pertinença i identitat col·lectiva?

– Quina relació existeix entre les pràctiques de lectura i escriptura en els *Diarios Ciutadanos* de Xile i la constitució de subjectes participatius en noves formes de concebre i practicar la democràcia?

– En quina mesura els protagonistes de l'experiència adquireixen una visibilitat diferent quan fan escoltar la seua veu a través dels *Diarios Ciutadanos*?

– De quina manera la lectura, l'escriptura i l'accés a la informació contribueixen a la inserció social i ciutadana dels reinserits a Colòmbia i les seues famílies?

– Fins a quin punt un programa de suport social centrat en la paraula escrita i parlada incideix en el desenvolupament social dels xiquets i joves llargament hospitalitzats?

– En quina mesura el projecte dóna una major visibilitat a la població protagonista de l'experiència?

– Quins indicis de cohesió social i participació ciutadana s'associen al desenvolupament de la lectura entesa com una iniciativa de tota la comunitat?

– Fins a quin punt l'experiència de lectura enforteix les relacions socials i la formació de ciutadans capaços de generar transformacions en el seu entorn?

– Fins a quin punt les noves maneres de lectures i escriptures construeixen també noves formes de sociabilitat juvenil?

– De quina manera les lectoescriptures es converteixen en un àmbit d'interacció cultural entre el món oral, escrit, audiovisual i digital dels joves?

Les reunions de l'equip investigador en aquesta fase tenen l'objectiu d'iniciar i conformar el grup coordinador, les tasques i el cronograma de treball, la creació del marc conceptual i la definició de l'esquema metodològic de la investigació.

7.8.2 Fase de seguiment

La investigació es realitza durant l'acompanyament i el seguiment de la pràctica que pot fer-se de manera presencial o no presencial i sobre el terreny o de forma virtual (veg. § 7.4 i 7.5). Les dades obtingudes seran fonamentals també per al mediador i el grup protagonista, perquè els ajudaran a l'autoreflexió que els subjectes realitzen del propi procés i a l'avaluació per obtenir-ne dades que permeten mostrar a través de l'anàlisi objectiva l'evolució de la pràctica per a la posterior reformulació.

Els resultats del seguiment són necessaris per a l'estímul, la maduració i l'avaluació de la pràctica, per donar-hi suport amb diversos tipus de recursos i avaluant-la periòdicament per a l'evolució, perquè transcendeix la simple formació de lectors i es transforma en un estímul de processos tangibles de participació i cohesió ciutadana en comunitats locals, per crear uns models susceptibles que funcionen en altres contextos, per formar el mediador capacitant-lo per detectar-les, fer-los el seguiment, avaluar-les i potenciar-les. Durant la fase de seguiment, entre les accions que l'investigador realitza destaquem les següents:

— Aportar dades i analitzar els components centrals de la pràctica per conèixer les motivacions de la lectura en els participants.

— Analitzar les relacions generades entorn de la participació i inclusió dels participants, els mecanismes de comunicació que utilitzen o com funciona i evoluciona l'autonomia individual i col·lectiva en el procés.

— Analitzar i descriure els processos de lectura desenvolupats i els subjectes que s'hi involucren.

— Analitzar i descriure com la proposta motiva l'acció col·lectiva encaminada a la construcció de subjectes creatius que actuen en comunitat i societat i el grau que els subjectes reconeixen la participació en el projecte.

— Analitzar i descriure l'organització (la presa de decisions, la construcció d'acords, la representació, la realització d'accions, etc.) i les accions realitzades.

— Analitzar, descriure i avaluar els aspectes importants per al funcionament de la pràctica com els aspectes que cal reforçar o els assoliments aconseguits.

— Analitzar, descriure i avaluar els impactes i els efectes.

Durant aquesta fase, l'equip d'investigació té com a objectiu l'aprovació i pràctica de les tècniques, el tipus de seguiment i les dades que es poden obtenir o les característiques de la comunicació entre els investigadors i els actors. Una vegada avançat el seguiment, l'equip ha de perfilar les estratègies d'acompanyament específiques de cada pràctica i la metodologia d'avaluació. En conclusió, aquesta és la fase essencial de la investigació en la qual hauria d'explicitar els aspectes que els agents implicats no veuen, aquells que necessiten enfortir-se i incorporar les dimensions que hi falten.

7.8.3 Fase final

En la fase final de la investigació s'ha de realitzar una avaluació que inclou les accions de les fases anteriors i algunes de les següents:

— Descripció de l'organització interna de la pràctica: presa de decisions, construcció d'acords, representació, realització d'accions.

— Descripció de les accions realitzades col·lectivament dintre i fora de la comunitat.

— Autoavaluació dels resultats obtinguts per compartir amb la resta de l'equip els assoliments i dubtes.

— Anàlisi amb l'equip responsable dels aspectes que cal reforçar de la pràctica des del punt de vista de la investigació.

Per a la consecució de l'avaluació, s'utilitzen les tècniques descrites anteriorment que aporten dades quantitatives i qualitatius suficients per a l'avaluació. En conclusió, la fase final té l'objectiu de fixar i analitzar l'avaluació, identificar els assoliments per a la discussió amb els actors i l'equip, configurar els indicadors i estructurar els informes finals per comunicar els resultats.

7.9 La comunicació de resultats

La comunicació de la investigació és imprescindible per donar a conèixer el marc conceptual, mostrar el protocol de treball, les dades i l'anàlisi o l'avaluació de la pràctica i els resultats de l'avaluació. El contingut serà diferent depenent del destinatari, que pot ser el mateix equip d'investigació, els mediadors i gestors, els responsables polítics o els mitjans de comunicació. La comunicació amb l'equip d'investigació es realitza a través dels instruments acordats en la fase prèvia de la investigació, com ara la intranet o les reunions presencials. La comunicació amb els mediadors i gestors, a través de la participació elegida per l'investigador, de les reunions que estableix amb ells, de les parts de la pàgina web que proposen una comunicació en obert amb eines com un bloc, un fòrum d'opinió, els informes elaborats, etc. La comunicació amb els responsables polítics o els mitjans de comunicació a través dels informes específics que contindran dades sobre els indicadors i els assoliments aconseguits en la pràctica.

La comunicació dels resultats s'estableix mitjançant les dades concretes redactades en forma d'assoliments i indicadors que informen sobre on es troben les polítiques i permeten avaluar allò que s'hi ha realitzat, a més d'ajudar a la presa de futures decisions.

8. L'estudi d'un cas «Municipi lector»

Aquest estudi de cas va formar part de la investigació global *Lectura, escritura y desarrollo en la sociedad de la informació* (Martín-Barbero i Lluch 2011a), que hem presentat en l'inici del capítol anterior. El projecte «Municipi Lector. Programa de Motivació a la lectura» (Martín-Barbero i Lluch 2011b) era un dels dos estudis de casos que es va realitzar a Espanya i un dels nou casos analitzats de tot Iberoamèrica. En aquest cas, la pregunta que ha guiat la investigació és «En quina mesura, la lectura i l'escriptura poden reforçar la cohesió social i la participació ciutadana?», i resumeix les dimensions que interessen de la pràctica i que ajuden a construir el mapa de la investigació junt a la resta de casos analitzats.

El projecte de promoció de lectura naix al Bruc, municipi de Catalunya, i era coordinat per la institució Consell Català del Llibre Infantil i Juvenil (ClijCAT), membre fundador de l'Organització Espanyola per al Llibre Infantil i Juvenil (OEPLI), secció espanyola de l'IBBY. La bibliotecària municipal del petit municipi, cansada de proposar diferents tipus d'activitats de promoció de la lectura que no acabaven de funcionar, demana ajuda al *Consell Català del Llibre per a Infants i Joves* (OEPLI-IIBY) per programar i coordinar un projecte conjunt amb organismes del municipi, un projecte de promoció de la lectura que donés unitat a les activitats que ja es realitzaven.

La finalitat de la investigació era analitzar l'evolució d'una pràctica pensada de manera conjunta per a tot el municipi, coordinada des de la biblioteca, pactada amb les autoritats municipals i que comptava amb la participació de pares, mestres, alumnes i, en algunes activitats, de tot el poble.

El programa es presenta com: «Programa de motivació de la lectura que involucra tota la població del municipi: des de l'escola bressol fins als comerços passant per l'escola de primària, la biblioteca, les llibreries i l'Ajuntament. Impulsat pel Consell Català del Llibre Infantil i Juvenil, amb la col·laboració dels ajuntaments». Els objectius específics que s'hi plantejaren eren:

1. Convertir el llibre i la lectura en protagonista d'accions i d'esdeveniments durant tot l'any i dins i fora dels àmbits lectors.
2. Crear un entorn favorable i una generació educada en el gust per la lectura.
3. Implicar els diversos sectors i agents relacionats amb la lectura i l'animació social i cultural dels municipis: ajuntament, biblioteques, escoles, entitats, formadors.
4. Crear una xarxa de municipis lectors que intercanvien experiències i bones pràctiques.

I es destinava a la població infantil i juvenil (de 0 a 14 anys) dels municipis participants i, per extensió, a les famílies, les entitats i els educadors.

8.1 Procés de la investigació

La investigadora coneix el projecte en una de les reunions de l'executiva del *CCLIJ* (on assistia com a representant de la Fundació Bromera per a la promoció de la lectura) on es va presentar la petició de la bibliotecària del municipi. Les dades generals que aporten els responsables del projecte abans i durant l'acompanyament s'han recollit en una fitxa inicial per identificar-lo a partir de les dades descriptives que figuren a la Taula 9.

Taula 9

Nom del projecte	Municipi Lector. Programa de Motivació a la lectura
Pàgina Web del projecte:	http://www.clijcat.cat/municipi/MunicipiLector.php
Entitat responsable:	Consell Català del Llibre Infantil i Juvenil (ClijCAT), membre fundador de l'Organización Española para el Libro Infantil y Juvenil (OEPLI), secció espanyola de l'IBBY.
Tipus d'entitat	Municipi, biblioteca, centre d'ensenyament, associacions de pares i mares, estudiants, altres
Pàgina Web de l'entitat	http://www.clijcat.cat/
Coordinador projecte	Joan Portell
Data d'inici	Setembre 2005
Tipus de projecte	Foment de la lectura, accés al llibre, biblioteques públiques, pràctiques de promoció lectora i altres espais.
Població beneficiària	- Edat: Adults, Joves, xiquets i tercera edat - Nivell d'escolaritat: Educació inicial o preescolar, Primària o bàsica i Secundària o batxillerat.
Context geogràfic	Rural: municipi amb 1800 habitants.
Principals raons que justifiquen l'elecció de la pràctica a la investigació	Els aspectes de la investigació són: - Transcendeix l'àmbit de l'escola i de la biblioteca. - Involucra l'administració municipal i les famílies en les tasques de fer llegir. - Considera els pares com a agents per fer llegir i com a lectors. - Planifica un pla per a 5 anys. - Dissenya un pla per a diferents poblacions.
Diagnòstic inicial	Sí

Instruments utilitzats i principals resultats	Entrevistes personals amb els responsables de l'escola, biblioteca, escola infantil, alcalde de la població. Llistes d'estratègies per desenvolupar la lectura. Fitxes de les activitats concretes que es realitzen. Seguiment de préstec de llibres de les biblioteques.
Fites del projecte	Una proposta per a la difusió de la lectura dels xiquets i joves de qualsevol municipi. Poden participar entitats de tot tipus, públiques i privades, familiars o extrafamiliars, etc.
Objectius generals	- Aconseguir un major nivell de lectura en els infants i joves del municipi. - Implicar totes les entitats del municipi i els ciutadans en la consecució de l'objectiu anterior. - Aconseguir un compromís ferm per part de la societat cap a la lectura i el seu desenvolupament. - Formar ciutadans compromesos i responsables.
Principals estratègies o línies d'acció	En el disseny de les activitats s'ha observat una cura especial a separar les que pertanyen al projecte Municipi Lector i les que tenen un sabor a treball escolar. El projecte no vol interferir en els treballs escolars, ja que considera la societat com a motor de la promoció lectora i la vinculació i responsabilitat d'una sola de les entitats educatives, que en la majoria dels casos és l'escola. Per això, les activitats del projecte es desenvolupen en tot l'àmbit del municipi.

Va ser seleccionada després de revisar les diferents pràctiques de promoció de la lectura a Espanya i els criteris per seleccionar-la se situen en la investigació global del projecte i en relació a la resta de casos seleccionats. Els criteris per destacar «Municipi lector» van ser que transcendia l'àmbit de l'escola i de la biblioteca, involucrava l'administració municipal i les famílies en les tasques de fer llegir, considerava els pares no només com mediadors familiars per fer llegir sinó també com a lectors, planificava unes accions a 5 anys vista i dissenyava un pla susceptible d'adaptar-se a contextos similars.

Els criteris de selecció de cadascun dels nou casos analitzats havien de conformar un mapa de la investigació de recursos, mitjans, receptors i contextos plural, com es mostra tot seguit (Martín-Barbero i Lluch 2011a: 88):

Recursos. Pàgina web d'un museu, revista local, experiències de vida, diari virtual, tallers de lectoescriptures, clubs, activitats diverses...
Mitjans. Escrits, digitals, orals, representats: art, teatre...
Receptors. Adolescents i infants, ciutadans de municipis o ciutats, família, hospitalitzats, reingressat.
Contextos. Hospital, municipi, assentament, virtuals, biblioteca i escola.

Municipi Lector estava conformada per activitats diferents, els mitjans van ser llibres, els receptors ciutadans de municipis i el context el poble.

8.2 El rol de l'investigador

Una vegada seleccionada la pràctica, el pas següent és contactar els gestors personalment. La primera comunicació es realitza amb Joan Portell a través de reunions, comunicació telefònica i correu electrònic. En els primers contactes s'hi fan suggeriments, com, per exemple, la incorporació de l'avaluació qualitativa, a més de la quantitativa que ja realitzava el projecte. Posteriorment, s'inicien les visites al municipi per realitzar reunions amb els responsables. Des del primer moment, el paper del coordinador i de la bibliotecària va ser fonamental perquè ambdós van escoltar les aportacions de l'investigador i quan ho van considerar adequat van introduir els canvis i suggeriments proposats.

L'orientació de la investigació, investigació acció, reclamava una anada i tornada permanent de la reflexió a l'acció i de l'acció a la reflexió, una anàlisi ancorada en el fer, en la iniciativa que desenvolupava la comunitat. En aquest context i amb aquesta orientació, el rol de l'investigador és observar, explorar, analitzar i interpretar. Bàsicament, les accions de l'investigador van ser a) l'observació, l'anàlisi i l'avaluació: tots els components del projecte accepten de bon grat les aportacions que s'hi fan, fins i tot, quan es tracta d'avaluacions negatives; b) l'escolta: a un investigador extern a la comunitat i al projecte resulta més fàcil comentar els aspectes que actors i mediadors consideren fracassos o encerts; c) la realització de propostes de canvi: el paper de l'investigador que exerceix l'observació externa sense lligam permet una visió sobre les activitats o les pautes de comportament susceptibles de ser canviades.

Durant l'acompanyament s'hi van realitzar accions concretes amb el projecte com per exemple: a) es va intentar introduir un canvi sobre la mirada instrumental-escolar de la lectura i de l'escriptura per una altra d'interacció social i d'interculturalitat; b) es van analitzar amb l'equip responsable del projecte els aspectes que calia reforçar de cada pràctica; c) s'avaluaren els diferents aspectes fent-los veure qüestions que el dia a dia no mostrava; d) es definiren els assoliments aconseguits perquè sovint la modèstia o la quotidianitat o la falta de paràmetres per comparar amb altres pràctiques no deixava veure els assoliments aconseguits.

Els instruments metodològics utilitzats per a la investigació van ser enquestes i mesuraments quantitatius, entrevistes en profunditat amb els responsables, històries de vida, observació no participant i *Focus Group*.

8.3 Les dades i l'avaluació del projecte

L'avaluació realitzada pels responsables ha consistit en una avaluació quantitativa a partir de les dades recollides per la bibliotecària sobre el nombre de visites, préstec total, préstec infantil, préstec juvenil, préstec a les entitats, usuaris per edat, nous carnets, etc. I una avaluació qualitativa a partir de reunions monogràfiques sobre el funcionament del projecte amb les diferents entitats representades en el programa, de les entrevistes, l'observació, etc.

La investigadora va realitzar diferents reunions i entrevistes a la ciutat del Bruc amb el responsable pel ClijCAT de coordinar la pràctica, la bibliotecària que coordina les diferents activitats, el director de l'escola de primària, el claustre de professors de l'escola d'educació infantil i primària del Bruc, les direccions de les escoles bressols, representants de les associacions de pares i mares, amb l'alcaldessa i el comitè executiu del *ClijCAT* per intercanviar informació amb els responsables de les diferents activitats i analitzar-ne el funcionament. Les entrevistes es van completar amb l'observació dels escenaris on s'executen les activitats: la biblioteca, l'escola, el jardí d'infància i el poble i les accions que s'hi realitzaven: els nens llegint, les eines que s'utilitzen per portar a terme la pràctica, etc.

Les històries de vida de representants dels diferents actors van ser una de les tècniques utilitzades: les reunions i les entrevistes prèvies es van completar amb un relat escrit on havien de construir una narració sobre la importància que té el programa Municipi Lector en la seua vida diària, si havia canviat la manera de divertir-se, de relacionar-se amb la resta, etc.

8.4 Les etapes de la investigació

> *La primera sensació ja va ser quan els alumnes més grans de l'escola pública, i sols amb la mirada, ens van demanar "ajuda" per saber seleccionar la seva lectura, i penso que també, i de rebot, aprendre a llegir, a comprendre, cosa que a les tardes i amb horari públic, les biblioteques no podem fer, ni l'escola en horari escolar* (Directora de la Biblioteca).

En el 2007 s'inicia el programa *Municipi Lector* gràcies a la iniciativa de l'escola, la biblioteca i l'Associació de Mares i Pares del municipi del Bruc. El germen apareix en el mes d'abril de 2005 durant la celebració de la setmana cultural amb motiu de l'any internacional del Llibre i la Lectura. A conseqüència de la bona acollida de les activitats de la biblioteca es plantegen que és necessari «enfocar la millora social a partir de la lectura». Immediatament, es busca l'assessorament del *ClijCAT* per portar a terme un projecte que «consensue i treballe conjuntament tots els àmbits que conformen o formen part de la vida dels nens i nenes del Bruc».

El projecte que es dissenya i s'engega vol que treballen conjuntament l'escola, les famílies, la biblioteca, les institucions i les entitats socials públiques i privades. Cada institució té una funció determinada. L'instrument central és el *Quadern Lector,* una carpeta que acompanya els nens des dels 0 anys fins als 12 i que funcionarà com un dietari lector. S'acompanya amb els consells per als pares i una bateria de 70 activitats que es realitzaran conjuntament per totes les parts implicades. A més del *Quadern Lector*, a la pàgina web del *ClijCAT* hi ha una finestra on es poden consultar algunes de les activitats que ja s'han portat a terme amb el projecte. Aquesta pàgina s'amplia per municipis a mesura que es sumen a la iniciativa i alhora crea un espai de diàleg i intercanvi d'idees entre els diferents participants en el projecte.

En el disseny de les activitats concretes s'ha observat una especial cura a separar les pràctiques pertanyents al projecte *Municipi Lector* i totes aquelles que tenen un sabor a treball escolar. El projecte no vol interferir en els treballs escolars, ja que té com a principi bàsic la societat com a motor de la promoció lectora i la vinculació i responsabilitat de l'escola i la biblioteca. És per això que les activitats del projecte es desenvolupen en tot l'àmbit del municipi i algunes de les activitats que es destaquen són:

1. La participació de tot el municipi, amb la col·laboració de més de 22 entitats distintes, en una macrogincana que se celebra anualment. Aquest joc per equips de pares i fills té lloc el dia del llibre a Catalunya (23 d'abril, Sant Jordi). Els equips han de superar més de vint proves relacionades amb el llibre i la lectura i per al desenvolupament de la prova es compta amb la participació de la Creu Roja, l'Ajuntament, la Biblioteca, les associacions de pares d'alumnes, les entitats culturals locals... És un dia en el qual el llibre i la lectura són els eixos vitals del municipi.

2. Al llarg del curs es programen conferències d'especialistes sobre lectura que tenen lloc a la biblioteca o en les reunions de pares d'alumnes. Poden versar sobre com desenvolupar la lectura a casa, com aprendre a explicar contes, consells per a l'elecció de lectures per als nens... Funcionen com a formació del mediador familiar (veg. § 7.1).

3. Algunes activitats van ser conseqüència de l'avaluació de la pràctica, que va mostrar la necessitat de canviar els horaris de la biblioteca per adequar-los a les necessitats i els usos dels nens i les famílies. Per exemple, un dia a la setmana tots els nens i nenes de l'escola, en horari escolar, visiten la biblioteca i en poden disposar dels materials. Com a conseqüència, entre altres resultats positius, s'ha aconseguit un augment molt considerable del servei de préstec de la biblioteca en l'últim trimestre del 2006, respecte al mateix trimestre del 2005.

Els gestors del projecte són conscients de la importància que té l'observació constant dels resultats que s'hi obtenen. Això ha permès en tot moment un procés d'autoavaluació per modificar les estratègies del projecte, amb la finalitat de millorar-ne el funcionament i aconseguir els objectius marcats. Per això, s'han desenvolupat dos tipus d'avaluació:

Avaluació quantitativa. La biblioteca del municipi disposa d'elements de control de servei de préstec i visites. Un control que permet comparar trimestralment el servei de préstec per fons, el nombre de visites, el préstec interbibliotecari i les activitats de difusió que es realitzen. Aquestes dades

permeten valorar que, per exemple, l'augment de préstec de la secció infantil entre l'últim trimestre de 2005 i l'últim trimestre de 2006 ha estat de 58%.
Avaluació qualitativa. El Consell de Lectura, format per un membre de cadascuna de les diferents entitats signants del conveni, es reuneix mensualment per preparar les activitats i avaluar el funcionament del projecte a partir de les opinions dels membres. S'hi dedica una reunió anual monogràfica, al final del curs escolar, per elaborar un informe avaluador del funcionament del projecte.

Després dels primers contactes amb el projecte la investigadora va proposar a) reforçar l'avaluació dels aspectes qualitatius: avaluar com la lectura reforça la unió entre les generacions familiars o la implicació dels pares en l'educació dels fills; b) incloure propostes d'escriptura; c) incloure propostes de lectura digital i d) unificar més les activitats amb els mitjans. L'aspecte a) va ser assumit igual que el c) i el d), però no així el b). Es va considerar que la lectura ja està concebuda com una activitat molt escolar i costava molt deslocalitzar-la de l'escola; si a més s'oferien activitats d'escriptura seria més difícil deslligar el projecte de l'escola.

8.5 L'avaluació de resultats: els assoliments

Els resultats de l'avaluació procedeix de la realitzada pels responsables de la pràctica durant els cursos 2006-2007 i 2007-2008, i del procés d'investigació. El resultat més important de l'avaluació quantitativa, òbviament, és l'augment de la lectura però, més enllà de les xifres, els assoliments destacats són:

Assoliment 1. Les visites augmenten a la biblioteca i es revaloritza el seu paper en la societat
L'avaluació quantitativa realitzada pels gestors del projecte obtenia un augment d'un 22'6 % en les visites a la biblioteca i d'un 12,3 % del préstec infantil en usuaris acumulats, mentre que s'ha perdut un 6,5 % el juvenil, però que es compensa amb el programa de préstec al centre escolar. A més d'un increment, el primer mes, dels nous carnets de biblioteca en un 38 %.

Però més enllà de la biblioteca com a contenidor i dispensari de llibres, l'espai ha participat de les pràctiques dels actors i s'ha transformat en un dinamitzador cultural i la bibliotecària en la coordinadora de les activitats relacionades amb la lectura. Els nens que la visiten fan seua la normativa, l'exigeixen als nous usuaris i com a conseqüència el paper del bibliotecari es revaloritza com veurem en els següents assoliments.

Assoliment 2. Canvia la concepció del llibre, de la lectura i del lector

Les pràctiques investigades a Martín-Barbero i Lluch (2011a) han situat el llibre en un nou paràmetre i li han atorgat nous valors. En el cas de *Municipi Lector*, el llibre per als participants es transforma en una pràctica vivencial: a mesura que els nens creixen i participen en el projecte, miren el llibre com a creador de pràctiques i la lectura com a part de la diversió:

> Els nens aprenen a divertir-se llegint, a veure que hi ha llibre per aprendre de tot i per a tots els moments. De seguida van començar a portar llibres a la classe sobre els temes que treballàvem a les diferents àrees. A més de veure el llibre com un regal. Una mare m'explicava sorpresa que el seu fill, un dia que la mare li va dir que podia escollir un premi per haver aprovat un control, va dubtar entre una joguina i un llibre, i va acabar enduent-se el llibre. I les famílies porten als fills a la biblioteca per petició del nen (Tutora de 3r de primària durant el curs 2007-2008).

A més, ha situat la lectura més enllà de l'escola, ha canviat la mirada instrumental que tenen del fet lector i el lloc comú que tradicionalment situa únicament el nen o l'adolescent com a únic destinatari de les polítiques lectores.

Assoliment 3. El llibre es valora com a objecte cultural

S'ha observat un canvi d'actitud per part dels nens cap a l'ús de la biblioteca del poble: ara cuiden els llibres, s'enfaden quan altres els maltracten i avisen la bibliotecària quan troben un llibre en mal estat. També han millorat els hàbits d'ús de la biblioteca pública fins al punt que la responsable ja no ha de recordar el comportament que cal seguir, són els mateixos nens els que saben com han de comportar-se: no entren menjant, respecten el silenci, etc.

> Ara, després de dos anys d'aplicació del projecte i per part de la biblioteca ja comencem a recollir fruits: els nens més petits ja han après que han d'anar

> a la biblioteca amb les mans netes i s'ha de parlar amb veu baixa, que no es pot córrer, que els llibres s'han de tractar molt bé, etc. Si en troben algun de trencat ja el donen al personal responsable de la biblioteca. No s'aboquen als prestatges per agafar qualsevol document, sinó que ja seleccionen. Els més menuts, quan passen per davant de la biblioteca a les tardes amb la família, volen entrar i/o estiren de la mà a la persona que els acompanya o entren sols. Fins i tot hi ha hagut algun comentari d'algun nen a l'escola, "que a la tarda a casa no em deixen anar a la biblioteca, perquè hem d'anar a comprar". Veuen la biblioteca molt propera a ells. Se la senten seva. Si fem lectura lliure i després un dibuix o expressar qualsevol sensació que els ha produït el llibre ho saben fer: 3, 4 i 5 anys. La tutora o jo veiem quin llibre és. Els més grans saben buscar-se la informació que cerquen per a qualsevol treball escolar. Els més grans tenen més respecte als llibres, els valoren més. Han descobert que els hi aporten coses que no sabien. La lectura ha entrat a formar part de les seves activitats lúdiques. Tenen molt més respecte a la biblioteca i al seu personal (Directora de la Biblioteca Verge de Montserrat. El Bruc).

Tots els responsables han destacat com abans del projecte era impossible imaginar el llibre en determinats escenaris. Per exemple, ara el llibre és al pati on se'n baixen unes maletes i els nens poden dedicar l'esplai a la consulta dels que més els agraden. Com a conseqüència, la presència del llibre ha possibilitat un nou espai que genera converses entre ells i amb el mestre a qui li demanen opinions sobre un llibre, li consulten sobre una temàtica o un autor, intercanvien gustos, etc.

Una pràctica que es realitza amb els més petits també ha donat resultats no programats: al principi del curs cada nen s'ha identificat amb un llibre que reconeix al penjarobes on deixa l'abric; així, els llibres s'integren en la seua vida.

> A partir del conte que cadascú va triar, de manera fluïda, vam connectar directament amb les personalitats dels 26 alumnes que ens vam trobar dins de l'espai de l'escola. Valoro positivament els moments que ens ha regalat aquesta iniciativa. Cada infant, durant els primers mesos de curs, gaudia d'un moment de protagonisme absolut: presento el meu conte, la mestra o jo, o els dos junts l'expliquem i comparteixo amb els meus companys emocions, per què m'agrada tant aquest conte? Altrament aquesta pràctica em va servir per conèixer les estratègies lectores dels meus infants, tot constatant quelcom que els anys d'experiència m'havien fet pensar "Els petits necessiten, gaudeixen i valoren els moments en què comparteixen amb les persones que estimen moments de lectura, o potser també aprenen

> a estimar les persones qui els porten amb les seves veus a mons màgics, els permeten fer la catarsi que sovint tant necessiten". En definitiva, un dels aspectes que fomenta i té cura del Projecte Bruc Lector, a la classe de 3 anys, és que ajuda a presentar les identitats que en un moment donat es troben en un espai concret, tot iniciant el vincle afectiu (C.E.I.P. El Bruc. Valoració Projecte Municipi Lector).

S'ha observat que els petits trien llibres de més qualitat que els pares. En el cas dels bebès, els pares són els responsables de la tria del llibre per identificar el fill i majoritàriament han triat personatges dels dibuixos animats o d'empreses d'oci, mentre que les eleccions dels petits eren personatges d'àlbum il·lustrat de qualitat, majoritàriament d'autors catalans i que mostren una diversitat temàtica i genèrica.

Tots han considerat que el projecte ha aconseguit donar més valor al llibre com a objecte i als usos que té, com ara donar informació, proporcionar plaer i moments d'intimitat, provocar diàlegs o ser una eina que cal preservar i mantenir en bon estat.

Assoliment 4. Els esforços s'han rendibilitzat

Un projecte conjunt com aquest ha permès integrar les activitats soltes que ja prèviament es realitzaven com, per exemple, els padrins de lectura, les visites d'autors i d'il·lustradors, les exposicions, el temps de lectura o les visites a la biblioteca. Ara formen part d'un projecte comú amb uns objectius compartits de manera que s'han rendibilitzat els resultats, s'han visualitzat i s'han conjugat en uns objectius conjunts.

> A la biblioteca, les activitats que organitzàvem eren com "bolets", que dic jo, feies l'activitat però al cap d'un temps ja ningú hi pensava. Ara, a l'anar totes coordinades tenen més ressò i se'n beneficien més persones (Directora de la Biblioteca Verge de Montserrat. El Bruc).

El projecte ha donat veu als actors i això ha permès adequar les activitats i les plataformes a les necessitats dels usuaris; per exemple, l'horari de la biblioteca es va ajustar al dels nens:

> El servei de biblioteca inclòs dins l'horari escolar obre un ventall de possibilitats i recursos molt enriquidor pels nens. Alhora, la biblioteca en surt

> beneficiada ja que es dóna a conèixer el funcionament, les possibilitats que ofereix, la bibliotecària... (Tutora de 3r de primària durant el curs 2007-2008).

Entendre les activitats com un tot i dins d'un projecte comú ha permès també que, per exemple, el programa de visites d'autors haja estat un èxit ja que s'ha preparat de manera més conscient i els nens valoren i coneixen molt més les obres. Amb tot, cal millorar algunes qüestions com conèixer amb molta antelació el nom dels autors que aniran per treballar-ne les obres amb més temps. També la biblioteca s'ha transformat i ara no és l'única que realitza les activitats sinó que les coordina i dinamitza. En coordinació amb els centres educatius, s'ha realitzat un servei de préstec amb llibres seleccionats segons les activitats, complementant els llibres informatius amb llibres de creació.

Assoliment 5. Els ciutadans participen al voltant de la lectura

La investigació ha mostrat una major cohesió de la gent entorn del llibre. El disseny d'una activitat on tots participen en una festa on el llibre i la lectura són el centre és la mostra més significativa perquè és on es materialitzen els esforços realitzats. La presència del llibre i la lectura en les festes majors del poble on intervenen comerços, pares i mares, xiquets i adolescents ha fet que formara part de la diversió de tota la comunitat.

> Vull destacar la macro ginkama que se celebra cada any entorn la festa de Sant Jordi, on el llibre (i la rosa) són els protagonistes. Primer sorprèn el fet de la participació i la implicació de famílies i entitats; i després de superar les proves (relacionades amb la lectura) i rebre el premi (llibres), sorprèn també la cara de satisfacció i alegria dels participants (Tutora de 3r de primària durant el curs 2007-2008).

Tots se sentien part d'un projecte que tenia com a centre la lectura i el llibre: els pares, els mestres, la bibliotecària, l'alcalde, en definitiva, tots els veïns.

> Considero el Projecte Bruc Lector com un vincle entre els elements més rellevants del poble (biblioteca, ajuntament, Llar d'infants i escola), tancant un cercle el qual imprimeix un caràcter especial i positiu que permet moments de trobada, de festa (gimcana), de reflexió, d'aprenentatge i creixement (Mestra CEIP El Bruc. Valoració Projecte Municipi Lector).
>
> L'any 2006, que van estar treballant a porta tancada les persones responsables de cada entitat en el projecte, va servir per establir una relació,

> una comprensió entre l'escola, l'escola bressol, la mare que en formava part, el Consell Català del Llibre per a Infants i Joves i la biblioteca, vibrant tots conjuntament en l'organització d'aquest projecte i aportant cada part, i des de la seva perspectiva, el seu gra de sorra (Directora de la Biblioteca Verge de Montserrat. El Bruc).
>
> Personalment em va deixar bocabadada com el Projecte Bruc Lector ha pogut canviar hàbits i concepcions. Hi ha moltes entitats del Bruc i moltes famílies implicades, totes promovent la lectura, fent servir les seves eines (Tutora de 3r de primària durant el curs 2007-2008).

Els actors entrevistats destaquen com el programa té en compte les persones: el fet de ser un poble petit permet observar com cada veí avança i canvia les pautes de conducta, alhora que poden suggerir canvis de les activitats concretes o modificar-les o adaptar-les a les noves necessitats per aconseguir resultats més positius. Aquest plantejament flexible del projecte possibilita que les activitats s'adapten als actors i no a l'inrevés.

Assoliment 6. El projecte de lectura ha millorat l'actitud en l'escola

Una de les activitats del projecte ha estat iniciar cada classe amb deu minuts de lectura. Els nens ja ho saben i només entrar a classe es posen a llegir. Els mestres han notat una gran millora en la capacitat d'atenció dels alumnes, perquè quan s'inicia la classe els nens estan calmats i concentrats. Encara que cal marcar clarament com funciona, sobretot per als nous mestres.

> Aquest vincle afectiu es va ampliant durant els 10 minuts de lectura en la qual, en el cas dels infants de 3 anys s'ha caracteritzat per trobades en petits grups de 2 o 3 infants compartint històries, rient, imaginant... Reforçant els vincles de grup i permetent que els infants es trobin sols al voltant d'un conte (C.E.I.P. El Bruc. Valoració Projecte Municipi Lector).
>
> El fet d'obrir l'aula cada matí i sense donar molts avisos veure com els alumnes tots sols van seient i treient el seu llibre per llegir deu minuts és molt gratificant. Això et permet començar la classe des del silenci i la concentració. A més, l'alumne està a gust perquè acaba de deixar de fer una cosa que li agrada, la lectura lliure comença a formar part dels hobbies d'aquests nens (Tutora de 3r de primària durant el curs 2007-2008).

Però, a més, el fet de fer-los intervenir en les activitats d'avaluació del projecte i d'animar-los a presentar propostes de millora ha fet que se senten més valorats i més participatius.

Assoliment 7. La lectura ha integrat els immigrants

El projecte s'ha convertit, en alguns casos, en una forma d'integrar els nens i les famílies immigrants del poble a través d'activitats com les visites a la biblioteca, la lectura d'imatges, la introducció de noves paraules, etc. Així, l'espai de la biblioteca i la tasca dels centres ha ajudat perquè els nens s'integren amb més facilitat en la cultura i la llengua del municipi.

> Cal destacar el cas d'un nen marroquí de l'aula, al qual un altre nen de la classe li explicava cada dia els contes, de manera que es van fer amics, es van necessitar l'un a l'altre (narrador i públic) per desenvolupar una dinàmica que, senzillament, fa goig (C.E.I.P. El Bruc. Valoració Projecte Municipi Lector).

Assoliment 8. El projecte millora el treball dels implicats

La relació amb la bibliotecària ha canviat en detalls petits com el fet que es dirigeixen a ella pel nom propi com si fóra una persona del seu entorn i la vida professional de la bibliotecària ha millorat notablement com ella indica:

> Una de les pràctiques positives que m'ha aportat a mi personalment el projecte ha sigut la de ser més diplomàtica i tolerant. El treballar amb equip i des de les diferents perspectives de les situacions enriqueix. La biblioteca, per dir-ho d'alguna manera, ha retrocedit en activitats, en rapidesa i en la manera de gestionar el fons, però és un retrocés a curt termini, ja que a la llarga invertim, per recollir millors resultats. També tenim més "abandonats" els usuaris adults per manca de temps i al pensar que ells mateixos són capaços d'organitzar les seves lectures (Directora de la Biblioteca Verge de Montserrat. El Bruc).

El mateix ha passat amb els mestres: ara estan contents perquè els estudiants mostren interès amb els llibres i pregunten sobre els aspectes que no entenen o el vocabulari desconegut amb major freqüència que abans de posar el programa en marxa.

> D'altra banda, com a professional de l'educació, la formació rebuda al voltant del món dels contes ha estat satisfactòria i interessant i m'ha permès assolir més criteris per valorar els contes. Com a cloenda m'agradaria transmetre la idea que ésser mestra en un Municipi Lector, dóna un sentit específic a la teva feina. Et fa recuperar i trobar-te més immersa que mai en

el món dels contes i de la imaginació, tots dos importants en la vida de les persones (C.E.I.P. El Bruc. Valoració Projecte Municipi Lector).

Assoliment 9. Els nens adquireixen protagonisme

Els mestres han detectat que els alumnes s'han sentit més valorats perquè, per exemple, l'avaluació també es feia a partir de les opinions dels alumnes com a lectors; per aquesta raó s'han sentit més valorats en donar-ne l'opinió sobre el funcionament i sobre com es podria millorar.

A més, els nens quan passen per la biblioteca animen els pares a entrar-hi: la bibliotecària observava com justament són els nens els que porten els pares a la biblioteca i de vegades es queixaven si aquests no volien anar-hi. En aquest sentit, han estat els guies dels pares i com a conseqüència protagonistes d'algunes pràctiques:

> Una molt bona idea és que els dies que han de venir a la biblioteca els nens/es de la llar d'infants, els pares els portin directament a la biblioteca. Això fa que la família entri a la biblioteca, molts per primera vegada, no creuen o els costa creure que és important també "la lectura" en aquesta edat, i vegi tots els serveis que els hi oferim a ells i també els que són per a l'edat del seu fill/a (Directora de la Biblioteca Verge de Montserrat. El Bruc).

Assoliment 10. El projecte ha cohesionat els membres de la societat

Els professors de l'escola i els de l'escola bressol han valorat que la pràctica els ha servit per conèixer més alguns pares. Els mediadors valoraven com han millorat les relacions entre els veïns; per una part, per la implicació de les entitats del poble i dels ciutadans en un projecte social com és la promoció de la lectura entre els nens i, per una altra, pel compromís adquirit per a la millora de les relacions en un valor comú com és la lectura.

Així, doncs, el projecte ha aconseguit involucrar tots els agents que hi participaven i ha cohesionat les relacions entre mestres, pares i bibliotecària, a més de crear una relació més personal i propera amb l'ajuntament. Una de les conseqüències ha estat la creació d'un equip entre els mestres i els estudiants.

> Quan vaig arribar nova a l'escola l'any passat, vaig quedar sorpresa de la implicació que hi havia, tant de mestres, com d'alumnes respecte el

Projecte Bruc Lector (5è curs 08/09).

I també amb els pares perquè les activitats dissenyades els tenien com a destinataris: s'hi han realitzat activitats per motivar-los i involucrar-los com un taller de lectura familiar per aconseguir una major implicació dels pares i una major comunicació amb els fills per ensenyar-los a llegir contes als més petits que ha millorat notablement la relació entre ells. També, s'han redactat una sèrie de «Recomanacions per a les famílies» sobre la lectura que es lliuraven als pares quan visitaven la biblioteca. Aquest dossier inclou consells i recomanacions perquè els pares ajuden els fills a esdevenir lectors.

> Les famílies també s'han involucrat força i revisen que l'hàbit lector del seu fill sigui veritable. Fins i tot molts comenten que ells també s'han engrescat a llegir, constituint un model i referent clau i necessari. D'altra banda les conferencies d'especialistes sobre la lectura també han ajudat. La participació de mestres i famílies ha estat notable, tots volíem saber com desenvolupar la lectura a casa, com guiar o com supervisar. També volíem aprendre a explicar contes (com fer-ho de la millor manera possible) i escoltar consells de com fer una bona tria de lectures infantils i juvenils (Tutora de 3r de primària durant el curs 2007-2008).

La implicació en la lectura ha dut a una major implicació en l'educació dels fills i en la dinàmica del centre i de la biblioteca. Un altre projecte iniciat és «La Maleta viatgera» gestionada directament per l'Associació de Pares i Mares i amb una bona acceptació.

III. LES POLÍTIQUES DE LECTURA

En la primera part d'aquest llibre hem vist com els documents legislatius que parlen de lectura ho fan majoritàriament en el sentit d'alfabetització: durant la segona meitat del segle xix els documents es refereixen a l'obligatorietat de l'ensenyament i més tard, a l'accés a la cultura. La legislació del segle xx trasllada ja la responsabilitat de l'educació dels fills de les famílies a l'estat, amb l'ajuda de l'Església (§ 3.1). En tots aquests documents, ensenyament significa saber de sumes i restes i aprendre a llegir i escriure, però una lectura amb la finalitat d'aprendre perquè la diversificació de les finalitats del verb *llegir* apareixerà molt més tard als documents legislatius.

Durant els anys de la Mancomunitat i amb la normalització del català com a llengua de cultura, les polítiques reivindiquen el paper de la biblioteca que es pensa i s'organitza com a espai obert a tots els públics, fins i tot als petits per als quals es creen seccions especials (§ 3.1.2). És una lectura que respon a les necessitats de l'escola, però alhora en diversifica els usos, ara té la finalitat de millorar la formació i la cultura del país. La Mancomunitat encomana a Eugeni d'Ors la creació d'un sistema de biblioteques públiques que va dissenyar a partir del model de les biblioteques públiques anglosaxones i, segons Mañà (2010: 45), va ser tan eficaç que ha estat la base de l'actual sistema bibliotecari del país.

La República va donar prioritat a l'educació, fins al punt que el document legislatiu de la Constitució aprovada el desembre de 1931, concretament l'article 48, va anar molt més enllà del que es podria esperar d'un text constitucional. El Govern va voler, i per a aquesta finalitat treballaren els grups parlamentaris afins, que les seves expectatives reformadores entorn de l'escola quedessin reflectides en la norma suprema republicana. Els conceptes clau d'aquest projecte van quedar anunciats i definits; entre aquests, la consideració de la cultura com a atribució essencial de l'Estat, l'escola unificada, la gratuïtat i l'obligació de l'ensenyament primari, el reconeixement de tots els professors com a funcionaris públics, l'ensenyament laic, la identificació del treball com a eix de tota activitat metodològica i l'apel·lació als ideals de solidaritat humana que havien de presidir tota la tasca escolar (Molero 2008: 18).

El segle XXI s'inaugura amb lleis que parlen ja de la lectura des d'una òptica diferent. La més important és la 2007, LEY 10/2007, de 22 de junio, de la lectura, del libro y de las bibliotecas, que introdueix un nou significat per a l'objecte llibre i per al concepte de lectura ja al preàmbul:

> Se inicia el siglo XXI con una nueva concepción y definición de la lectura y del libro. Durante siglos, el libro ha mantenido un formato singular y único, del mismo modo que se definía la lectura como el ejercicio lector realizado por los individuos sobre los contenidos del mismo. En la actualidad, se concibe la lectura como una herramienta básica para el desarrollo de la personalidad y también como instrumento para la socialización; es decir, como elemento esencial para la capacitación y la convivencia democrática, para desarrollarse en la «sociedad de la información». La ciudadanía, a través de numerosos medios y recursos, recibe abundancia de información; mas, en este contexto, es preciso disponer de la habilidad necesaria para transformar la información en conocimientos, y esta capacidad se logra gracias al hábito lector. Sólo de esta manera los ciudadanos pueden aspirar a participar y disfrutar en igualdad de las posibilidades que ofrece la «sociedad del conocimiento»: leer es elegir perspectivas desde las que situar nuestra mirada invitando a reflexionar, a pensar y a crear.

El preàmbul defineix els conceptes de lectura o, com diu el document, la pluralitat de matisos que té el concepte lectura i la defineix com a:

1. Procés de descodificació per comprendre el sentit dels signes.
2. Mitjà per obtenir informació i coneixement.
3. Dret que permet l'accés de tota la ciutadania al coneixement en igualtat de condicions.
4. Enriquiment i desenvolupament de la capacitat crítica de les persones.

5. Adquisició d'habilitats que les doten de recursos per al desenvolupament com a persones.

De manera similar, el document redefineix els conceptes lligats a la lectura a l'article 2 de la llei, que de fet titula «definiciones» i el dedica a definir l'abast de conceptes com llibre, publicació seriada, editor, llibreria, biblioteca, etc. Per exemple, defineix llibre com a: «obra científica, artística, literaria o de cualquier otra índole que constituye una publicación unitaria en uno o varios volúmenes y que puede aparecer impresa o en cualquier otro soporte susceptible de lectura. Se entienden incluidos en la definición de libro, a los efectos de esta Ley, los libros electrónicos y los libros que se publiquen o se difundan por Internet o en otro soporte que pueda aparecer en el futuro, los materiales complementarios de carácter impreso, visual, audiovisual o sonoro que sean editados conjuntamente con el libro y que participen del carácter unitario del mismo, así como cualquier otra manifestación editorial».

El capítol 2 es dedica al foment de la lectura i l'article 4, sobre els plans de lectura, defineix la lectura com «una herramienta básica para el ejercicio del derecho a la educación y a la cultura, en el marco de la sociedad de la información y subrayarán el interés general de la lectura en la vida cotidiana de la sociedad, mediante el fomento del hábito lector».

Per tant, a diferència dels documents legislatius que hem revisat en la primera part del llibre, aquest situa la lectura més enllà del marc escolar, en la societat; entén que la lectura va més enllà de l'educació i amplia el seu abast a la cultura i la situa tant en l'horari escolar com en la vida quotidiana. Alhora, dóna a les biblioteques un paper fonamental en aquesta tasca: «Las bibliotecas, muy especialmente las públicas, las escolares y las universitarias, desempeñan un papel insustituible en el desarrollo, mantenimiento y mejora de los hábitos de lectura, en la medida en que garantizan, en condiciones de igualdad de oportunidades, el acceso de todos los ciudadanos al pensamiento y la cultura».

Quan Mañà i Mayol (2008) analitzen la legislació sobre biblioteques, afirmen que, fins a mitjan 2007, la normativa estatal es limitava a unes lleis generals, en l'articulat de les quals n'hi havia referències. Però aquesta llei marca una fita perquè és la primera d'àmbit estatal que reconeix la Biblioteca

Pública com un servei que possibilita l'exercici dels drets fonamentals dels ciutadans i regula que les administracions públiques han de garantir l'accés a les biblioteques en igualtat de condicions. A més, destaca el paper que tenen en el manteniment i la millora dels hàbits de lectura i les inclou com a promotores fonamentals d'aquest hàbit. De manera que els plans de foment de la lectura que començaren a funcionar el 2001 amb aquesta llei quedaven dotats de continuïtat i institucionalitzats.

Com comentàvem en la introducció, aquesta tercera part del llibre s'ocupa del futur i ho fa a partir de l'anàlisi dels documents legislatius que regulen la presència de la lectura en la vida dels ciutadans i en la dels docents i escolars i, des d'aplicació de les metodologies d'investigació descrites en la segona part d'aquest llibre, dediquem el darrer capítol a la descripció d'un protocol per al disseny d'un pla lector per als centres educatius i a una proposta d'actuació política per al cas concret del País Valencià.

9. La lectura en la documentació legislativa

A partir de la promulgació de la Ley Orgánica de Educación (2006) les comunitats autònomes posen en marxa plans de lectura de Centre que, en alguns casos, regulen també el funcionament de les biblioteques escolars com a responsables de coordinar-los i gestionar-los. García Guerrero (2009) els avalua com a excessivament estructurats en la seua formulació i amb recursos insuficients per a l'execució. La finalitat de la llei és l'extensió i la democratització de pràctiques de lectura, l'increment de la freqüència lectora i la formació de lectors competents perquè ha de contribuir a l'assoliment acadèmic i, en aquest marc, l'escola té una paper rellevant.

A continuació, analitzarem els documents normatius sobre la lectura i partirem de lleis aprovades en les diferents comunitats autònomes. La finalitat de l'anàlisi és esbrinar l'ús que la documentació legislativa fa del mot *lectura*, les finalitats o destinataris de les accions que s'adjunten al mot, els valors associats, els sinònims o els significats. L'anàlisi s'ha realitzat sobre les lleis publicades en onze comunitats autònomes durant el període del 2005 al 2010. Són el Plan de Lectura y Bibliotecas (2005-2010) de la Comunitat Autònoma d'Andalusia [CAA], el Plan de Lectura, Escritura e investigación de centro (editat el 2007) de la Comunitat Autònoma del

Principat d'Astúries [CAPA], el Plan de Lectura y Bibliotecas Escolares. Crece Leyendo de la Comunitat Autònoma de Canàries [CAC], el Plan de lectura (2005-2010) de la Comunitat Autònoma de Castella-La Manxa [CACLM], el Plan de Lectura (2006-2010) de la Comunitat Autònoma de Castella i Lleó [CACL], el Plan Fomento Lectura (2006-2012) de la Comunitat Autònoma de Madrid [CAM], el Plan de Fomento de la Lectura de la Comunitat Autònoma d'Extremadura [CAE], el Plan de Lectura (2008) de la Comunitat Autònoma de Navarra [CAN], El Pla del Libro y de la Lectura de Galícia [CAG], el Pla integral de Foment de la Lectura (2008-2010) de la Comunitat Autònoma de les Illes Balears [CIB] i el Pla de Foment de la Lectura Llegir ens fa grans (2008-2012) de la Comunitat Autònoma de Catalunya [CACT]. Usarem les sigles que posem entre claudàtors per referir-nos-hi.

9.1 La lectura en cultura

Durant el període analitzat, poques autonomies han desenvolupat plans de lectura no lligats als departaments d'educació. Majoritàriament, són aquests els responsables de dissenyar-los, dotar-los de pressupost i gestionar-los, ja que tradicionalment la lectura ha quedat adscrita al centre escolar. Tot i que en la primera part hem pogut analitzar com no sempre ha estat així i la promoció lectora, encara que en la forma de l'alfabetització, ha estat una tasca freqüent de l'estat, l'Església o els sindicats, sovint a través de les biblioteques o les associacions ciutadanes. Però des que l'ensenyament ja és universal, les polítiques i accions per incentivar l'acte lector cada vegada més han quedat arraconades al centre educatiu, pensades només per als petits i joves, sempre en qualitat d'escolar i no com a ciutadà o consumidor cultural i habitualment enteses com a lectura de textos de creació literària.

El canvi de segle va portar un canvi d'orientació, que ha tingut una major transcendència en els documents legislatius, sobretot perquè aquests regulen les possibles conductes dels destinataris de les lleis. Per això, volem dedicar aquest apartat a l'anàlisi dels textos que legislen sobre la lectura, perquè les dades ens permetran comparar amb el que hem vist en els capítols de la primera part del llibre sobre els moments clau de la història de la lectura en català.

9.1.1 Anàlisi comparativa dels documents legislatius

Les comunitats autònomes que han publicat lleis des dels departaments de cultura o turisme han promogut accions diferents però sovint amb unes finalitats compartides. Per exemple, la de CAM és aconseguir que «la sociedad madrileña se instale en una "cultura de la lectura", en la que el acceso a la letra impresa, en busca de información o por el placer de la lectura, se convierta, en definitiva, en una necesidad más, pero no cualquiera, dentro de la sociedad actual».

Bona part de les comunitats han creat el que anomenen «observatoris de la lectura», que tenen la funció d'actuar com una mena d'ens avaluador de l'evolució de la lectura en la comunitat. Un exemple il·lustratiu de les funcions que les comunitats que els posen en marxa atorguen a l'ens és l'Observatorio del Libro y la Lectura creat per la CAE, que planteja quatre aspectes:

> 1. En primer lugar, el OLL será la herramienta de análisis y seguimiento de la evolución de los hábitos de lectura de nuestra Comunidad Autónoma, poniendo para ello en marcha toda la maquinaria pertinente que facilite ese seguimiento: Bases de datos, Banco de Recursos, instrumentos de análisis (encuestas de uso bibliotecas, de incremento de ediciones, de compra de libros, etc.).
> 2. En segundo lugar, el OLL será punto de encuentro donde converjan todos los programas que las distintas instituciones y entidades de nuestro territorio tienen puestos en marcha de cara al Fomento de la Lectura, intentando unificar, de esta forma, la difusión de estas iniciativas, facilitando el acceso de los ciudadanos y dotando de carácter regional al Plan de Fomento de la Lectura.
> 3. En tercer lugar, el OLL velará por el compromiso adquirido por las instituciones que suscribieron en su día el Pacto Extremeño por la Lectura, con la intención de que ese compromiso no se quede en el entusiasmo fundacional, sino que llegue a ser una labor continuada para hacer que el Fomento de la Lectura sea, entre las mencionadas instituciones, más que una obligación, un hábito.
> 4. Por último, el OLL podrá elevar propuestas legislativas que procuren el Fomento de la Lectura y del Libro en Extremadura.

Les funcions de l'observatori, igual que el nom, assimilen lectura i llibre de fet, en l'aspecte més important com és el de l'avaluació; quan exemplifica els instruments que usarà per mesurar els hàbits lectors cita l'ús de les biblioteques, edicions i compra de llibres.

Aquest ús sinònim dels dos termes es manté en altres parts dels documents; per exemple, la majoria de les accions que els documents legislatius prescriuen estan destinades a vitalitzar la producció de llibres, és a dir, proposen ajudes com ara beques per a la creació de llibres literaris o partides per a la compra i en totes es dóna suport als autors de les respectives comunitats. Un exemple és la Dirección General de Promoción Cultural de la Consejería de Cultura, Turismo y Artesanía de la CCLM, entre les competències de la qual tres són sobre el llibre: «m) La coordinación de las publicaciones de la Junta de Comunidades. n) El fomento de la creación literaria y el impulso de las Ferias del Libro, especialmente la Feria del Libro y la Lectura de Castilla-La Mancha. ñ) El apoyo a las industrias culturales relacionadas con el sector del libro y la edición, así como su promoción dentro y fuera de la Región».

La legislació de CAG marca que «el libro es también un bien económico que ha de ser reglamentado y apoyado, debiendo garantizarse que su producción, difusión y disfrute se realice con arreglo a su condición de derecho cultural de todos los gallegos y gallegas y a las exigencias de pluralismo y diversidad propios de una sociedad libre». O, com el Plan de Fomento del Libro y la Lectura de la CAM, també dependent de Cultura, que «dirige acciones específicas hacia cada uno de los eslabones de la "cadena del libro": autors, editorials, llibreries i lectors, i proposa sis accions executives: «1. La lectura en la escuela, 2. Plan Estratégico de Bibliotecas, 3. Servicios que acercan la lectura al ciudadano, 4. Acciones para la imbricación de la lectura en la realidad social, 5. Apoyo al sector del libro, 6. Acciones de comunicación».

Poques normes parlen d'altres tipus de lectura, com ara la de premsa, prevista en la legislació de la CACT.

Tot i que les autonomies que desenvolupen programes de lectura des dels departaments de cultura també tenen plans similars en educació, i per tant destinats a la població fins als 18 anys, algunes mantenen com a destinatari de les polítiques lectores la mateixa franja d'edat. Per exemple, la CAA, al Pacto Andaluz por el Libro, diu: «Es imprescindible que nuestros niños y jóvenes adquieran y mantengan el hábito lector, ya que la pereza intelectual en que tiende a sumergirnos el predominio del medio audiovisual, ante el que estos sectores de población se encuentran particularmente indefensos, ha llevado a algunos sociólogos a hablar de preocupantes fenómenos de neoanalfabetismo». Amb tot, són majoria les que amplien el destinatari i es dirigeixen a: «las distintas comunidades de ciudadanos, que se constituyen en objetivos específicos de actuación: niños y adolescentes, mayores, inmigrantes, profesionales o amas de casa», com el de la CAM.

Una altra característica comuna a les normes escrits dels departaments de cultura és el lligam establert entre lectura i cultura en un sentit ampli del terme i sense entrar a especificar què s'entén políticament, quan en parlen. Per exemple, l'objectiu principal del pla de lectura de la CAE és «fomentar la lectura en el ámbito territorial de la Comunidad Autónoma de Extremadura para elevar el nivel cultural de los extremeños». L'ambigüitat del terme fa que, com a indicador del nivell cultural, el document cite, entre d'altres, «Una parte esencial del plan es el Pacto por la Lectura, firmado inicialmente por un buen número de instituciones públicas y privadas [...] y que no ha dejado de recibir adhesiones de firmantes que se comprometen a establecer líneas y programas que posibiliten el Fomento de la Lectura entre los ciudadanos extremeños. Y esta abundancia de firmantes es una muestra de la vitalidad cultural extremeña y de la inquietud por la lectura que tanto tiene que ver con los índices regionales de lectura». De manera similar, la CAM legisla que «el objetivo final del desarrollo del Plan Regional de Fomento de la Lectura es conseguir que la sociedad madrileña se instale en una "cultura de la lectura", en la que el acceso a la letra impresa, en busca de información o por el placer de la lectura, se convierta, en definitiva, en una necesidad más, pero no cualquiera, dentro de la sociedad actual».

Els exemples mostren les principals conclusions que podem extreure de l'anàlisi comparativa de la legislació emesa pels departaments de cultura en matèria de lectura i que són:

1. El llibre s'utilitza habitualment com a sinònim de lectura. De fet, alguns plans es titulen de "lectura i llibre" i d'altres usen com a sinònims al llarg de la documentació els dos termes, fins i tot aquells que parlen en el desenvolupament de la llei d'altres tipus de lectura. Per exemple, la CAG diu «No cabe duda del valor del libro como poderoso vehículo de comunicación

de nuestro tiempo. En la época de la sociedad de la información, el libro y la lectura siguen siendo instrumentos fundamentales para la difusión del saber, por convivir y complementarse con las tecnologías audiovisuales y los sistemas multimedia que han dado lugar a nuevos soportes. La defensa y el apoyo del libro y de la lectura, entendida ésta en su dimensión individual, fuente de formación y ocio, y colectiva, garante de una sociedad libre y democrática, constituyen un deber de las administraciones públicas, en virtud del mandato constitucional de promover un acceso igualitario de todos y todas a la cultura». De fet, l'article 2 de les disposicions generals reconeix el llibre com a element identificador de Galícia: «La Xunta de Galicia reconocerá el carácter estratégico y prioritario del sector del libro por su importancia cultural, social y económica, como instrumento para la expresión del derecho a la creación, promoción y divulgación de la cultura, la historia y la lengua de Galicia», i dóna a l'objecte el valor d'allò que transmet: cultura, història i llengua.

2. La lectura com a part de l'entitat nacional. La CAG mostra el suport institucional al llibre i la lectura perquè els considera «instrumentos indispensables para la transmisión de la cultura y el desarrollo de nuestra propia identidad, así como a su importancia en el proceso de normalización de los usos sociales y públicos de la lengua propia de Galicia», que es tradueix en accions com ara la promoció dels creadors i creadores gallecs o la traducció al gallec. Però aquesta finalitat no és exclusiva de les comunitats autònomes amb llengua pròpia; per exemple, el Pla de Lectura de CACL d'Educació inclou un text similar.

3. Les funcions de la lectura. Habitualment es parla de la lectura com a sinònim de cultura i, com el document de la CAE que ja hem comentat, no hi ha cap apartat del document que inclogui la definició del terme cultura.

9.1.2 La lectura a *Llegir ens fa grans*

El Departament de Cultura i Mitjans de Comunicació de la Generalitat de Catalunya, entre 2008 i 2012, posà en marxa el Pla de Foment de la Lectura sota el nom que n'era l'eslògan, *Llegir ens fa grans*, referit a un nosaltres que a més del ciutadans particulars aglutina la societat catalana i en català. La finalitat era millorar l'hàbit i la competència lectora entre la població. De forma paral·lela, el Pla posava l'accent en la promoció de la lectura en llengua catalana, amb el convenciment que la lectura «és una eina de progrés nacional i cohesió social». En el context de partida, el document deia: «Disposar d'una bona competència lectora resulta fonamental per a les nacions que vulguin excel·lir en la societat del coneixement». El pla es dirigia a la població en general i comptava amb el màxim d'actors possibles, com la Generalitat i altres administracions, entitats i empreses dels sectors vinculats a la lectura o d'altres sectors. Els objectius generals eren:

— Impulsar la lectura com a via fonamental d'accés al coneixement per part de la ciutadania.
— Assolir una millora dels índexs de població lectora, de l'hàbit de lectura i la seua intensitat en qualsevol tipus de suport.
— Implementar mesures que faciliten l'accés a la lectura al públic en general.
— Assolir una millora de l'hàbit i la competència lectora en llengua catalana.
— Conscienciar la societat catalana de la importància de la lectura com a eina de progrés nacional i de cohesió social.

La innovació que introdueix en el cos legislatiu sobre lectura és la separació dels termes lectura i llibre, amb la incorporació de formats i tipus diferents. De fet, la diversitat no només apareix a la introducció de la llei sinó en la part més important, la de l'avaluació. El pla incorpora indicadors per a la medició de resultats (veg. § 7.3), que anomena «Indicadors de monitoratge del pla» i que mesuren l'evolució dels hàbits següents de lectura:

Lectura de premsa diària. 1. Índex de lectura de premsa diària: percentatge de persones que van llegir o fullejar el diari el dia anterior a l'entrevista.
Lectura de revistes. 2. Índex de lectura de revistes: percentatge de persones que van llegir revistes la darrera setmana, el darrer mes o el darrer trimestre.
Lectura de llibres. 3. Índex de lectura de llibres: índex de lectura de llibres en els últims dotze mesos sense tenir en compte els llegits per necessitat educativa o professional. Percentatge dels que han llegit almenys un llibre.

Lectura de premsa per Internet. 4. Índex de lectura de premsa per Internet: índex de lectura de premsa per Internet els últims 30 dies.

És el pla més ambiciós i plural de tots els analitzats i alhora el més coherent en el qual el terme lectura és entès com a lectura de tot tipus de textos i formats. La millor mostra és la part del document que parla dels indicadors per a la medició de resultats i per a monitoritzar-los amb l'objectiu de mesurar l'evolució dels hàbits següents de lectura: hi parla de premsa, revista i llibres; de lectures personals, més enllà dels usos privats i professionals; de llegir i de fullejar; de paper i d'Internet. I les accions desenvolupades mostren aquesta diversificació, quan el document les classifica en «Treball en entorns lectors» com ara Portal web Què Llegeixes?, Itineraris de Lectura En Veu Alta, Municipi Lector, Certamen Nacional Infantil i Juvenil de Lectura en Veu Alta, Premi Sambori Òmnium, Ficcions, Portal Cataclic!, Xim i Xesca, Picalletres i SOS! Lectura Obligatòria, i «Treball amb el públic en general» com els programes i accions Nascuts per llegir, Subscripcions a diaris i revistes per a joves de 18 anys, Tasta'm, Lletres, al camp! o la Guia per a fills lectors.

9.2 La lectura en educació

En el cas dels plans de lectura lligats a les conselleries d'educació les finalitats que els documents expliciten són compartides. Per exemplificar-les referim el document de la CAN que en la introducció parla de

> la preocupación por la falta de comprensión lectora está presente en la escuela y en las familias, pero también la siente la sociedad en general que asume la imagen de los adolescentes enganchados a lo visual y poco motivados por encontrar sentido y gusto a la lectura, aunque sea por placer. A pesar de que la afición por la lectura tiene un valor personal incuestionable, la primera responsabilidad de la escuela es formar lectores competentes, es decir, que cuenten con los mecanismos mentales necesarios para entender y para expresar lo que se lee, se escucha y lo que se escribe en el aula.

O el de la CAPA, que concep la lectura en una triple dimensió: com a competència lectora, escriptora i investigadora i parla de lectura lligada a l'escriptura.

Però són molts els que encara repeteixen el lloc comú que identifica lectura amb plaer. Per exemple, el document legislatiu de la CAC s'inicia amb una citació del llibre *La historia interminable* com a referència a la lectura com a evasió i imatge romàntica d'un estat de somni. O el de CACLM, el títol del qual ja funciona com a clau de lectura del document: «El placer por leer, el placer por conocer. La cultura de leer».

L'inici del primer funciona com a justificació on diu que «El placer de la lectura también se enseña», s'acompanya de la citació d'autoritat següent: «Cuando Giner de los Ríos, apostando por una escuela más rica y dinámica, escribía», i la lectura l'entén com a part del patrimoni cultural: «Hoy, es hecho universalmente aceptado que la lectura constituye uno de los bienes "culturales" más relevantes con los que las personas cuentan a lo largo de la vida. Existe unanimidad, por tanto, en la sociedad a la hora de considerar la lectura como un bien cultural aunque la práctica diaria y las estadísticas desmientan la prioridad de este valor». Aquesta comunitat planteja una doble accepció del terme lectura perquè el document legislatiu diferencia entre la lectura escolar i la privada. La primera l'entén com «El uso de la lectura comprensiva y expresiva como herramienta de aprendizaje en cualquier tipo de textos» i la segona com «un medio para satisfacer los intereses personales en el ocio y en la relación con otras personas».

En un altre nivell, la CACL dota el terme lectura de significats especials que justifiquen el pla perquè «el conocimiento de Occidente se basa en la palabra escrita y sólo se puede conseguir a través de la lectura, entendida como actividad transversal que permite descifrar los textos escritos con independencia del contenido o del soporte en que se hayan materializado».

A la presentació del Pla de la CAIB, es parla de «la convicció que la lectura és una eina fonamental en el desenvolupament de la personalitat i de la socialització, com a element essencial per conviure en democràcia»; en aquesta línia «concep la promoció de la lectura com una tasca comuna de tota la societat, fruit de la col·laboració entre els responsables de polítiques culturals, socials, educatives i de comunicació».

9.2.1 Finalitat de la lectura

La totalitat dels plans analitzats lliguen lectura i rendiment escolar i la majoria destaquen aquesta finalitat sobre la resta. Com ara, el document de la CAA que declara que «la consecución de óptimos niveles lectores incidirá en la mejora de los rendimientos escolares, en las aficiones lectoras del alumnado y en la lectura como práctica continuada»; el de CAN, «la lectura y la escritura como medio para el aprendizaje», o el de la CACL, que entén la finalitat de la lectura com l'activitat bàsica per a l'aprenentatge: «Se trata de desarrollar en los niños las competencias lectoras necesarias para la interpretación de los textos en los que se va a fundamentar su actividad escolar. El éxito escolar en todas las materias depende de un adecuado dominio de la lectura comprensiva».

En el cas de la CAC, a més de lligar lectura i rendiment escolar, afegeix altres finalitats, com per exemple: «Lograr lectores competentes que sean capaces de vivir y desenvolverse en la sociedad de la información y del conocimiento. Para el desarrollo y avance social y para seguir aprendiendo en el futuro». Aquesta finalitat de la lectura com a accés al coneixement apareix també al pla de la CACL, on es declara que la lectura «nos permite de esta forma acceder democráticamente a la información y ser más libres».

Tradicionalment, des que disposem de documents sobre la lectura, la finalitat en queda lligada a l'enriquiment personal, com ja hem analitzat, i aquesta finalitat es manté en molts dels documents analitzats. Per exemple, la documentació de la CAN descriu la lectura com a «enriquecimiento personal desde el punto de vista estético, de experiencias ajenas y vía de conocimiento y enriquecimiento personal. La lectura como medio del desarrollo personal, afectivo y de conductas ajustadas». De manera similar s'expressa el document de la CAM:

> No es necesario insistir en la importancia crucial que la lectura tiene sobre el desarrollo individual y, por tanto, sobre su repercusión sobre el desarrollo económico y social. Ni tampoco en la importancia que tiene para la maduración intelectual de las personas el desarrollo de una adecuada comprensión lectora. No es necesario insistir sobre ello, pero no debemos olvidarlo porque la asunción de estas dos premisas básicas es la base fundamental de la política sobre el libro y la lectura.

Alhora, molts documents també mantenen la finalitat basada en el plaer, com el de la CACL, que diu que el pla té la finalitat de desenvolupar «los hábitos lectores y de la capacidad de disfrutar del placer de la lectura».

I en alguns, com en els emesos pels departaments de cultura, el terme lectura s'identifica amb lectura de la tradició pròpia i, per tant, una de les finalitats del pla, com del de la CAIB, és incrementar el coneixement de la llengua catalana entre la població immigrada i crear-hi hàbits lectors en català. Però no ocorre sols amb els elaborats per les comunitats amb llengua pròpia, distinta de la castellana. El document de la CACL fa referència a la promoció dels llibres escrits pels autors d'aquell territori.

9.2.2 Objecte de la lectura

La centralitat del llibre com a instrument o format de lectura encara està present i pràcticament és omnipresent en tots els plans de lectura analitzats. És habitual parlar de formats diferents, com, per exemple, al document de la CAA, que parla de lectura en diferents formats i d'accés a suports i gèneres d'una col·lecció variada, o al de la CAPA que es refereix a tot tipus de text escrit en el qual entren també documents, o al de la CAC, que considera els textos literaris i informatius amb tot tipus de format.

Però aquesta diversitat desapareix quan analitzem els textos que descriuen les accions concretes o els apartats que parlen de les avaluacions. El document de la CACLM servirà d'exemple: diu que la finalitat de la lectura és llegir diferents materials escolars i en cita els següents:

> El Plan incluye la lectura de distintos tipos de textos continuos (descripción, narración, exposición, argumentación, mandato...) y discontinuos (impresos, anuncios, gráficos, cuadros, tablas, mapas, diagramas, etc.); el uso de códigos diversos e interrelacionados (verbales, icónicos, sonoros, multimedia); de textos literarios, técnicos, funcionales, etc.; y la lectura con intencionalidades diversas (intereses privados, relaciones, aprendizaje, etc.) en contextos comunicativos diferentes (privado, público, de medios de comunicación...).

Tanmateix, quan analitzem els textos que descriuen les accions concretes del pla, parla majoritàriament de la lectura literària i de la literatura infantil.

9.2.3 El mediador o el gestor

La responsabilitat de la lectura ha passat a mans de l'administració, és a dir, dels gestors culturals, i hi ha pocs documents que destaquen la responsabilitat del mediador familiar i la majoria destaquen la responsabilitat de l'administració. L'exemple és el de la CACL quan parla de la responsabilitat de la lectura en els nens:

> Los recursos, la biblioteca escolar y las actividades de los centros escolares tienen un importante papel en esta tarea, pero el mayor esfuerzo ha de llevarse a cabo en el seno de la familia y a través de una adecuada red de bibliotecas públicas, con la colaboración de todos los agentes relacionados con el libro. Los hijos de padres lectores y con hábitos de compra de libros tendrán muchas más posibilidades de consolidar también sus hábitos de lectura. [...] La responsabilidad de la consolidación de los hábitos lectores tiene un notable componente institucional. El papel crucial en este cometido de la escuela y de la biblioteca pública para convertir los niños lectores en jóvenes y adultos lectores, es suficiente para recordar a las Administraciones Públicas las obligaciones que tienen para una actividad tan crucial en la sociedad actual como es la lectura.

En el cas del document de la CAN recorda la responsabilitat de totes les àrees i com tradicionalment es creu que

> la lectura comprensiva es objetivo y tarea única y exclusiva de las humanidades. En todas las áreas se precisa dicha habilidad y ningún profesor puede eludir la responsabilidad de desarrollar en el alumnado la capacidad de comprender los textos mediante los cuales transmite gran cantidad de conocimientos. En definitiva, el desarrollo de la competencia textual debe ser un objetivo común a todo el profesorado para garantizar que sus alumnos y alumnas comprendan lo que leen y sean capaces de expresarlo, tanto de forma oral como escrita.

9.3 La lectura en la documentació del País Valencià

En el cas del País Valencià, la normativa que regula la promoció de la lectura als centres és molt tardana, es va publicar el 2012 i regula, com els documents analitzats en els apartats anteriors, que els centres han de desenvolupar pràctiques destinades a la promoció de la lectura que s'articularan a través del Pla de Foment de la Lectura del Centre (PLC).

Prèviament, els decrets que regulen l'ensenyament en les diferents etapes ja parlaven de la lectura, però, com en la resta de normatives curriculars, sempre lligada als aprenentatges reglats en cada assignatura.

9.3.1 Els continguts del currículum

Hem elegit revisar com els documents legislatius recullen el terme 'lectura' en l'Ensenyament Secundari Obligatori (ESO), pel fet que es tracta de l'etapa final de l'ensenyament obligatori. El primer document que cal citar és el document marc: el Real Decreto 1631/2006 de 29 de desembre que estableix els ensenyaments mínims. Principalment cal destacar-hi l'article 7 sobre les competències bàsiques, on diu: «4. La lectura constituïx un factor primordial per al desenrotllament de les competències bàsiques. Els centres hauran de garantir en la pràctica docent de totes les matèries un temps dedicat a la lectura en tots els cursos de l'etapa».

A partir d'aquest decret es redacten els de les diferents comunitats autònomes, entre els quals el Decret 112/2007, de 20 de juliol, del Consell de la Generalitat Valenciana, pel qual s'estableix el currículum de l'Educació Secundària Obligatòria a la Comunitat Valenciana. El document que regula l'ensenyament de llengües, quan usa el terme lectura l'interpreta com a comprensió de textos, mitjà per a l'adquisició de coneixements i cerca d'interacció en l'activitat laboral; diferencia els tipus de discursos per exercitar la lectura: discursos en contextos socials i culturals diferents, usa el terme com a sinònim de comunicació amb les institucions públiques, privades i de la vida laboral; parla de lectura com a reconeixement de tipologies o de lectura com a comprensió de textos literaris.

En els apartats que el document dedica als continguts, centrem l'anàlisi en els del bloc 4, dedicat a l'educació literària en els quatre cursos de l'ESO. Una vegada analitzats, hem classificat els fragments que descriuen continguts sobre la lectura per temàtiques i cursos, i el resultat és el següent:

En tots els cursos es repeteixen continguts que descriuen la lectura com a font de plaer i com a coneixement del món i del patrimoni cultural:

— Desenrotllament de l'autonomia lectora i valoració de la literatura com a font de plaer i de coneixement del món i del patrimoni cultural valencià i d'altres cultures. [1r i 2n curs]

— Desenrotllament de l'autonomia lectora i valoració de la literatura com a font de plaer i de coneixement d'altres temps i cultures. [3r curs]
— Desenrotllament de l'autonomia lectora i valoració per la literatura com a font de plaer i de coneixement d'altres mons, temps i cultures. [4rt curs]

Quan els documents refereixen el tipus de lectura acoten el camp en referir-se a les obres adequades a l'edat, tot i que cap apartat descriu el significat que té o dóna criteris sobre quines poden ser o sobre l'abast del terme. El binomi lectura i literatura només s'incorpora en els apartats de tercer i quart curs.

— Lectura de diverses obres adequades a l'edat. [1r i 2n curs]
— Lectura d'obres o fragments adequats a l'edat i relacionades amb els períodes estudiats. [3r curs]
— Lectura de textos de les literatures de les llengües constitucionals i de la literatura occidental. [3r i 4rt curs]
— Lectura comentada dels diferents gèneres, comparant el tractament de certs temes recurrents en distints períodes literaris; valorant la funció dels elements simbòlics i estructurals dels gèneres i reconeixent algunes característiques temàtiques i formals. [3r curs]
— Lectura comentada i recitació de poemes contemporanis, amb especial atenció a les aportacions del simbolisme i les avantguardes al llenguatge poètic; valoració de la funció dels elements simbòlics i dels recursos retòrics i mètrics en el poema. [4rt curs]
— Lectura comentada de novel·les i relats escrits des del segle XIX fins a l'actualitat, que oferisquen distintes estructures i veus narratives. [4rt curs]
— Lectura comentada i dramatitzada de peces teatrals breus contemporànies o de fragments, de caràcter divers; constatació d'algunes innovacions en els temes i en les formes. [4rt curs]

En tots els cursos hi ha dos paràgrafs que redacten continguts sobre els productors dels textos en els termes següents:
— Contacte, a través de la lectura, amb les autores i els autors de literatura juvenil i general més rellevants de la pròpia cultura i de la cultura universal, tant clàssica com moderna. [1r, 2n, 3r i 4rt curs]

— Foment de la lectura per mitjà del contacte amb autores i autors en visites al centre, la lectura de ressenyes i la participació en altres actuacions d'animació lectora (presentacions de llibres, sessions de llibrefòrum, etc.) per a consolidar l'hàbit lector, formar amb sentit crític les preferències personals en la selecció de llibres, i gust per compartir sentiments i emocions suscitats per l'experiència lectora. [1r, 2n, 3r i 4rt curs]

9.3.2 El pla de lectura de centre

En l'apartat 9.1 i 9.2 hem analitzat els documents que regulen els plans de lectura en les diferents comunitats autònomes. En el cas del País Valencià, el document principal és l'*ORDRE 44/2011, de 7 de juny, de la Conselleria d'Educació, per la qual es regulen els plans per al foment de la lectura en els centres educatius* que diu:

> Els centres docents concretaran les pautes generals per a l'elaboració del pla que s'establixen en esta orde, per mitjà de l'exercici d'activitats de promoció i pràctica de la lectura en els centres educatius, a fi de garantir un tractament integral i sistemàtic de les activitats dirigides a promoure la lectura i a millorar l'expressió i la comprensió oral i escrita.

Bàsicament, tot el document és de caràcter operatiu amb l'objectiu d'establir les línies que han de seguir els centres a l'hora de construir una PLC que permeta unificar i coordinar les activitats que es realitzen al centre. L'únic apartat que parla de lectura conceptualment i no com a accions relacionades és el dedicat als objectius, on s'usa la paraula com a sinònim de «activitat d'oci i de gaudi», mentre que no parla de la lectura en documents digitals sinó que cal «Reforçar la figura dels mitjans audiovisuals i digitals com a mitjans de suport a la lectura».

9.4 Una nova concepció legislativa de la lectura

En l'apartat 5.1 analitzàvem el discurs amb el qual Artur Martorell inaugurava la *I Semana del Libro Infantil y Juvenil* el 1960 a Barcelona i on reivindicava (Martorell 1987: 7):

el valor educatiu de la lectura en ella mateixa, com a coneixement instrumental indispensable per al desenvolupament de les facultats del llenguatge i de judici del nen i per tal d'obrir la seva ment al coneixement i a l'amor del món que el volta en tots els seus aspectes –formal, humà i fenomenològic; i, d'una altra part, el valor importantíssim del llibre, també en ell mateix, com a mitjà objectiu d'una alta influència educativa en la formació del caràcter, del llenguatge, de l'esperit cívic, de l'ètica personal, del gust estètic i de l'espiritualitat.

L'anàlisi dels documents que legislen sobre la lectura, escrits des dels departaments de cultura i educació, mostra que més de cinquanta any després una part important mantenen per a la paraula lectura els mateixos significats i lligams. Ho hem vist en les funcions que donen als observatoris i que assimilen lectura i llibre sobretot en els paràgrafs dedicats a l'avaluació, quan, en exemplificar els instruments que usen per mesurar els hàbits lectors, parlen fonamentalment de l'ús de les biblioteques, d'edicions i de compra de llibres; o en l'apartat de les accions dels documents legislatius dels departaments de cultura, quan pràcticament la majoria d'ells prescriuen la vitalització dels productors dels llibres.

Amb tot, la majoria ja introdueixen el terme lectures en plural i inclouen referències clares als diferents formats que pot tenir la lectura, als tipus i finalitats cada vegada més diversificats. Però, la identificació entre la lectura i el llibre encara és molt estreta i, paradoxalment, l'anàlisi de les diferents parts del document mostra que la definició del concepte llibre no manté la que la LEY 10/2007 havia prescrit, com hem dit adés.

Els documents ja situen la lectura en diferents indrets, entre els quals destaca el paper que la biblioteca pública i escolar tenen en el manteniment i la millora dels hàbits de lectura i, a més, tots els document analitzats les considera com a promotores fonamentals d'aquest hàbit.

Els que parlen de lectura i centre escolar ja la situen fora de la classe de llengua i literatura, perquè legislen que la responsabilitat és de totes les àrees del currículum des de les matemàtiques a les socials o l'educació física i en conseqüència la ubicació espacial va de les aules de llengua del centre escolar al conjunt del centre, fonamentalment, a les biblioteques escolars. Aquests documents transformen el conjunt de l'escola en un centre global de foment de la lectura o de les lectures i legisla la necessitat de dissenyar plans de lectura que expliciten què, com, on, qui i per a què treballarà la lectura el conjunt de la comunitat educativa.

Tant en els documents dels departaments d'educació com en els dels de cultura, la lectura apareix com a part de l'entitat nacional, fins i tot en les comunitats sense llengua pròpia com CACL: «El Plan se aproxima también a distintos elementos componentes de la identidad cultural de Castilla y León relacionados con la lectura. De esta forma se tratará de acercar los autores de la Comunidad Autónoma y sus obras a los lectores; se difundirá decididamente la actividad de las editoriales de Castilla y León».

10. Les polítiques escolars i públiques

Durant el període de 2007 a 2009, analitzàrem les accions que es duen a terme al País Valencià a partir de la documentació que biblioteques públiques i escolars presentaven per a la concessió d'ajudes a la Direcció General del Llibre de la Conselleria de Cultura de la Generalitat Valenciana, les conclusions són les següents (Lluch 2009):

— La majoria de les pràctiques que es realitzen des de les biblioteques públiques o escolars són generalistes, és a dir, no plantegen un objectiu concret ni es dirigeixen a un destinatari específic; per això, la incidència que tenen no és sobre el nombre de lectors o de lectures sinó que augmenta el valor de la lectura.
— Es projecten per a un període curt de temps, que varia entre un dia i una setmana, però no tenen continuïtat per poder avaluar-les o per aconseguir alguns resultats.
— Són commemoratives, és a dir, estan pensades per a la celebració d'una festa, l'aniversari del naixement o mort d'un autor, el llançament d'un llibre, etc. Més que activitats de promoció de la lectura són panegírics.
— Depenen de la voluntat i disposició d'un mediador, però no d'un equip que n'assegure la continuïtat, ja que en el moment de l'anàlisi encara no hi havia una llei que regulara les pràctiques de lectura al centre.
— Majoritàriament s'oferten per col·lectius, professionals o empreses lligades a editorials o que treballen en el món de la indústria cultural i que sense adaptacions es posen en marxa en els diferents contextos.

Cal destacar també que va ser difícil analitzar la totalitat de les accions que es realitzen als centres escolars perquè majoritàriament són accions promogudes pel col·lectiu de pares o el de mestres i es queden al si de la societat formada per estudiants, professors i familiars o, en molts pocs casos, veïns. Recentment l'ús de plataformes virtuals possibilita aconseguir dades per analitzar amb més deteniment aquestes accions. Però, l'anàlisi deixava clara la necessitat d'unes polítiques que regularen el disseny, la promoció i l'avaluació de les accions que poden realitzar-se des del centre escolar fins al total del País Valencià. Justament, per això proposem en aquest apartat com dissenyar un Pla de Lectura de Centre i un Pla de Lectura Pública per al País Valencià.

10.1 El Pla de Lectura de Centre

En la segona part del llibre, hem descrit com un dels objectius de la investigació és la creació de protocols per dissenyar pràctiques de promoció de la lectura. En aquesta part, proposem el protocol per dissenyar un Pla de Lectura de Centre (PLC) a partir de la legislació analitzada al capítol 9 i de la investigació sobre la lectura desenvolupada a l'epígraf 7.9. Per a la construcció d'aquest document, hem partit del treball d'Isaza i Sánchez (2007). El protocol per poder elaborar aquest pla lector parteix d'un triple marc: el conceptual, el contextual i l'operatiu, i es completa amb l'avaluació.

10.1.1 Marc conceptual

Definir el marc conceptual del pla de lectura és el primer pas per dissenyar, construir i compartir amb els diferents actors el conjunt d'idees o conceptes que donaran forma al projecte, és a dir, delimitar la representació mental del tipus de projecte que volem crear, idear, dissenyar i posar en marxa. Principalment, té a veure amb dues qüestions, la primera amb el projecte com a concepte i la segona amb el concepte de lectura que té l'equip que actua i treballa conjuntament.

És a dir, abans de posar en marxa un pla de promoció de la lectura cal tenir una idea mental sobre com serà aquest, compartir-la amb els responsables i pensar-la. Com a idea mental és una abstracció prèvia i respon a preguntes com: quin tipus de pla volem posar en marxa, quines característiques l'identifiquen, etc. En aquest nivell, encara no es particularitzen les dades que tindrà el pla en una escola concreta, sinó que definim les línies generals. Com a recomanació general, un pla de lectura per a un centre educatiu és convenient que tinga les característiques següents. Un equip que el duga a terme, format per tots els col·lectius implicats: docents, famílies i estudiants. Si el pla vol tenir una major repercussió es pot invitar també representacions de l'ajuntament, de l'associació de comerciants, etc., que poden aportar ajudes i activitats que deslocalitzen la lectura de l'escola i l'amplien a carrers i llocs fora del centre escolar.

S'ha de pensar un pla flexible perquè el resultat de l'avaluació permeta canviar, eliminar o transformar les activitats dissenyades a l'inici per millorar-lo. Cal pensar-lo a llarg termini, perquè l'adquisició de l'hàbit lector no és una activitat d'una setmana cultural o d'un dia dedicat al llibre. Ha de ser participatiu en tots els apartats del projecte, és a dir, en les persones que el dissenyen i el posen en marxa i en els grups als quals s'adreça, però cal deixar participar els infants i joves no només en el gaudi de les activitats sinó també amb les seues opinions i accions per pensar-les, dissenyar-les, executar-les i avaluar-les.

Tot projecte està format per pràctiques diferents que formen un conjunt en què es complementen, són com peces que formen un mural, adreçades a perfils diferents, no només d'edats sinó també de gustos i necessitats, amb activitats pensades per a un dia i d'altres per a un trimestre. En una societat actual, on les xarxes socials conviden a la lectura i l'escriptura públiques, és important dissenyar un pla de lectura en el qual l'escriptura estiga present. Però no parlem d'escriptura escolar, sinó d'escriptura creativa, informativa, per donar a conèixer les pràctiques o els resultats, etc.

I, finalment, tot pla ha de tenir en compte, en totes les fases, l'avaluació. Cal pensar i dissenyar-lo amb i des de l'avaluació, entesa com la possibilitat de revisar el que fem per poder millorar-ho.

Però, com hem analitzat en el capítol 9, el concepte de lectura té accepcions diferents en els documents legislatius. Fins i tot hem analitzat en la primera part del llibre com ha canviat al llarg de la història. En l'actualitat, diferents grups socials poden omplir el mot amb significats distints; per això és necessari consensuar el significat de la paraula, la finalitat de la lectura i el tipus de format. És a dir, en la societat del segle XXI, el concepte de lectura ja es conjuga en plural i encara més en el cas d'un pla de lectura d'un centre educatiu, adreçat a lectors infantils i adolescents. Tradicionalment, el verb *llegir* s'ha associat a la lectura de ficció i literària, és a dir, de novel·les; però el concepte de lectura en un centre escolar és molt més ampli i cal diferenciar entre l'objectiu i el lloc. Per exemple, si parlem de lectura per a l'educació literària parlem d'una lectura guiada pel professor, lligada a les hores de classe i per a treballar uns objectius determinats. Però si parlem de llegir per plaer, ens referim a una lectura autònoma, amb el suport de la classe o d'altres grups amb els quals es connecta per plataformes virtuals i amb el guiatge més lax del professor.

La legislació més recent encara introdueix una nova finalitat per al concepte lectura, com hem vist a l'apartat 9: la lectura com a mitjà per a l'aprenentatge. En aquest cas, partim del que diu el *Programa per a l'Avaluació Internacional d'Alumnes* (PISA), que diferencia les situacions de lectura segons la finalitat (Zayas 2010). Així, la lectura pot tenir una finalitat privada, aleshores es tracta de llegir per satisfer els interessos pràctics i intel·lectuals, iniciar o conservar relacions o com a activitat recreativa d'oci. Si la lectura té una finalitat pública, parlem de participar en activitats socials o comunitàries i de relacionar-se com a ciutadà amb l'administració. Si la lectura té una finalitat educativa, es tracta d'aprendre i comunicar coneixement.

10.1.2 Marc contextual

De manera similar a com hem descrit les fases de la investigació (§ 7.5), en el marc contextual cal analitzar i definir les circumstàncies passades i presents que hem de tenir en compte com a suport de la proposta que volem formular; bàsicament, el context legislatiu, els antecedents del pla de lectura i el diagnòstic de la situació de lectura.

Els documents marcs poden ser els analitzats en 7.5.1 i ampliar-los amb el Pla de Centre, el Pla d'actuació de l'AMPA o tota aquella documentació legislativa que reguli el funcionament del Pla al centre educatiu. Els antecedents són les accions o les converses que la lectura hi ha generat, perquè abans de començar a pensar-lo és fonamental conèixer i avaluar les pràctiques realitzades amb anterioritat com, per exemple, els programes culturals del centre realitzats tant en les assignatures com a la biblioteca, les activitats de l'AMPA, les programades pel municipi a través de la biblioteca o des d'altres organismes públics, etc. El coneixement d'aquestes pràctiques, i l'avaluació, ens permetran decidir quines en mantenim i continuem amb millores, amb quin equip humà comptem, quines han estat les reaccions dels estudiants enfront de les diferents pràctiques, amb quines s'han vinculat més els professors o les famílies, quines dificultats han sortejat i quines les han fetes inviables o, per contra, els han atorgat l'èxit suficient perquè continuen.

A partir del diagnòstic de la situació de lectura i de l'avaluació, podem conèixer les fortaleses i les febleses de la lectura en el centre i en les famílies, és a dir, quina és la situació socioeconòmica, quina relació tenen amb la lectura, quin lloc ocupa a les seues vides, quin tipus de lectura fan i amb quina freqüència, amb quin format, etc. Aquestes dades informen dels elements amb què podem comptar i ens ajuden a definir prioritats, plantejar objectius i accions ajustades a les necessitats veritables de l'entorn i no a aquelles que nosaltres pensem o, pitjor encara, desitjaríem que fossen i que ens allunyen de la realitat dissenyant el pla per a una realitat que només existeix en la nostra ment.

10.1.3 Marc operatiu

La fase final de disseny del PLC ha de definir com es desplega: quines entitats es poden convocar, com fer-ho, com organitzar el guió encarregat de coordinar el pla, quin tipus d'accions es posaran en marxa, com aconseguim recursos, com avaluarem el pla, etc.

Les primeres preguntes que cal resoldre tenen a veure amb les entitats que participaran i amb l'estructura organitzativa que tindrà el PLC. Però més enllà de la responsabilitat que òbviament recau en els actors més vinculats al centre com ara docents i famílies, també és important demanar la participació d'entitats públiques, les privades i cíviques, etc. És important que en el document sobre el Pla Lector de Centre queden recollides les entitats participatives i les seues responsabilitats amb la persona de contacte.

Més enllà del que els documents legislatius poden regular, cada centre ha d'adequar aquests objectius al context propi. Cal formular-los de manera concreta, clara, precisa, coherent, curta i real. I sempre acarar-los amb els recursos que tenim, el temps, les capacitats, etc. Les línies elaborades en el marc conceptual i les dades aportades del marc contextual seran fonamentals per concretar els objectius per a uns destinataris concrets, els del nostre centre, amb unes activitats descrites i un cronograma que ajuste els objectius.

Les dades del marc contextual són necessàries per definir clarament els grups per als quals dissenyem el pla lector perquè les polítiques, siguen nacionals o d'un centre concret, han de dissenyar-se per a persones concretes amb unes necessitats específiques (§ 8). Per això, és important l'anàlisi prèvia del grup destinatari de les activitats: les necessitats, el context familiar i social, les activitats prèvies amb les quals ha participat, les perspectives que té, la disponibilitat de treball, etc. En l'apartat 7.3 d'aquest llibre, hem definit les dades que necessitem de la població o dels mediadors i que poden adaptar-se per al context del Pla de Lectura de centre.

Els objectius es concreten en accions o pràctiques relacionades amb el marc conceptual i pensades per a un marc contextual concret. Com ho hem fet en la fase anterior, cal diferenciar entre la lectura pensada per a una educació literària que segueix els objectius associats a les assignatures de literatura i demana un tipus de lectura concret i diferenciar la lectura associada al «plaer, com a forma d'enriquiment i de conèixer el món», en aquest cas, les activitats que dissenyem seran coordinades i proposades des de la biblioteca escolar amb les directrius marcades pel pla de lectura i amb el suport de les plataformes virtuals i dels llocs d'interacció i relació social que proporciona la 2.0.

La planificació d'estratègies per a la consecució i l'administració de recursos financers, humans i materials és necessària per crear l'escenari adient que ajude a acomplir els objectius i les activitats planificades. De fet, quan més concret és el pla, més fàcil serà desenvolupar-lo tant per les persones que l'han dissenyat com per aquelles que continuen el treball realitzat i que són garantia de continuïtat. Però, la concreció ha d'anar unida a la flexibilitat per adequar-lo a les necessitats que poden aparèixer quan es posa en marxa o als imprevistos. Les concrecions tenen a veure amb la descripció de les diferents etapes de cada activitat que durem a terme, les persones que participaran en el desenvolupament de l'activitat, la distribució de les tasques que cal realitzar, etc.

Finalment, cal fer un seguiment i avaluació del PLC que entenga l'avaluació com un dispositiu dinàmic, flexible i continu. Una recollida de dades sobre els encerts i els errors, les fortaleses i febleses de la posada en marxa i el seguiment del pla de foment de la lectura del centre. L'avaluació és necessària per redirigir, eliminar o generar noves accions.

10.2 Les polítiques de lectura

Com a conclusió natural de l'anàlisi desenvolupada en aquest estudi, proposem un marc conceptual per dissenyar unes polítiques de lectura per al País Valencià. Com hem comentat a la primera part, la investigació realitzada a Martín-Barbero i Lluch (2011a) demostra que l'èmfasi de les polítiques públiques no s'ha de posar en la consecució de noves accions o el disseny de pràctiques dubtosament innovadores, diferents, exclusives o grans sinó a adaptar aquelles pràctiques que funcionen als contextos concrets prèvia anàlisi dels destinataris, els antecedents, etc. i gestionar-les adequadament amb el disseny d'una avaluació necessària per marcar els assoliments i les possibles millores. Per tant, les polítiques públiques en lectures han de tenir cura principalment de la programació, la gestió, l'acompanyament, l'avaluació i la investigació perquè canvien les persones que hi participen i per generar models «de bones pràctiques» susceptibles de ser exportades.

El treball teòric base d'aquest apartat es va gestar en els documents elaborats per a la intervenció en la *II Acta Internacional de la Lengua Española. Desafíos de la industria editorial* organitzada pel Ministerio de Cultura d'Espanya i celebrat a Bogotà el 2007, amb la ponència invitada sobre una anàlisi FAO dels programes de foment de la lectura, formació de lectors, biblioteques públiques i programes de promoció; en la intervenció com a consultora de Cerlalc-Unesco en el *Foro Iberoamericano sobre el libro, la lectura y las bibliotecas en la sociedad del conocimiento* (Xile, 2008), en el *Tercer Encuentro de Responsables de Políticas y Planes Nacionales del Libro y la Lectura* organitzat per Cerlalc Unesco a Xile el 2009 i en el document «Pla lector en el context valencià 2007-2010», de la Fundació Bromera per al Foment de la Lectura.

10.2.1 Ideari de les polítiques públiques de lectura

Abans de proposar les línies concretes d'actuació, cal explicitar quin és l'ideari que les alimenta, quines són les línies teòriques que funcionen com a base i columna vertebral de les polítiques. Aquest ideari ha de ser conseqüència directa del passat i present de la lectura en un espai concret social, polític i econòmic (veg. primera part d'aquest estudi) i partir d'una investigació realitzada sobre les pràctiques que en el moment de pensar les polítiques funcionen (veg. segona part). Així doncs, les bases teòriques de les accions polítiques proposades són les següents:

1. La lectura s'ha d'entendre d'una manera global, és a dir, la promoció de la lectura des de les administracions ha de pensar tant la lectura de llibres de literatura i de coneixements, com la de l'audiovisual o de diaris. Una política de la lectura no es pot plantejar contra la televisió o els videojocs sinó com a complement d'altres formes d'oci i de cultura i ha de considerar tant la lectura de textos com la d'imatges.

2. Parlar de promoció de la lectura no és parlar exclusivament de la promoció de l'alta literatura, sinó de la lectura en un sentit ampli que permeta als ciutadans de qualsevol franja d'edat accedir amb més facilitat al consum crític dels béns de consum.

3. Per això, les polítiques de lectura han d'adreçar-se als ciutadans en general, cal tenir en compte totes les edats i les classes culturals en un pla a quatre anys vista i fer que involucre totes les àrees administratives i empreses públiques.

4. En aquest sentit, la radiotelevisió pública ha de ser un vehicle d'aquesta política cultural esdevenint una eina imprescindible tant en la difusió dels continguts, de la realització i dels resultats a través de diferents programes i alhora ha de crear espais que incorporen els objectius anteriors.

5. En l'actualitat, la finalitat de la lectura es diversifica i va més enllà de l'àmbit de l'ensenyament (és a dir, del conjunt programàtic dels processos de l'aprenentatge regulats per l'administració i realitzats per les escoles) perquè involucra l'educació (és a dir, la realització completa de la persona) i la cultura de totes les franges d'edat i tots els estaments econòmics i culturals.

6. A partir dels punts anteriors, la promoció de la lectura és necessària perquè és una via que permet:
— Revertir el procés d'exclusió del sistema educatiu en qualsevol franja d'edat.
— Acostar-se a altres pràctiques culturals com l'art, el cinema i relats audiovisuals i la cançó.
— Dominar les tecnologies de qualsevol mena.
— Entendre i accedir al món del coneixement virtual.
— Ajudar el consum crític de la informació periodística i de l'oferta cultural.

7. Aquestes polítiques varien la funció de les Biblioteques que a curt termini han de transformar-se en un centre cultural del barri i la ciutat on sense obviar altres tipus d'accions han de ser un lloc de:
— Préstec, consulta i lectura de llibres de literatura, de llibres de coneixements, audiovisuals i de documents i llibres, via Internet.
— Formació cultural adreçada a les persones del barri de totes les edats amb especial atenció a la tercera edat com a substitució de l'actual universitat popular.
— Animació a la lectura crítica de llibres i imatges per a totes les edats.
— Realització d'activitats culturals del barri o la ciutat a qualsevol hora del dia, qualsevol dia de la setmana i qualsevol dia de l'any.

8. Per dibuixar aquest mapa, les polítiques de lectura han de considerar els centres docents perquè puguen articular-se amb la resta de mediadors o, almenys, mantenir-los informats de les accions futures i les avaluacions de les ja realitzades.

9. I, per concloure, tota política pública de lectura ha de pensar i assegurar la creació d'espais d'encontre i intercanvi entre els diferents sectors involucrats en la lectura i els docents.

10.2.2 Entitats responsables

Les polítiques públiques s'adrecen als ciutadans en general i tenen en compte totes les edats i les classes culturals en un període de quatre anys; per això, necessàriament ha d'involucrar totes les àrees administratives i empreses públiques. Entre elles, les fonamentals són:

— Conselleria de Cultura i Educació de la Generalitat Valenciana, des d'on es coordinen les accions en tot el territori.
— Regidories de Cultura dels ajuntaments valencians, que coordinen les accions dutes a terme als municipis.
— Radiotelevisió pública i qualsevol mitjà de comunicació que reba ajudes de l'administració, per donar a conèixer tant el Pla en general com les diferents accions dutes a terme i proposar les accions que es realitzen des dels mitjans.

Però a més del sector públic, un disseny ambiciós també ha d'involucrar altres sectors com, per exemple:

— Sectors de la cultura: associacions d'editors, llibreters, escriptors, il·lustradors i artistes en general, etc.
— Empreses públiques de la cultura: museus, Palau de les Arts, Palau de la Música, Teatres de la Generalitat, etc.
— Sectors socials: Empreses Municipals de Transports, Xarxa de Rodalies de Renfe, Ferrocarrils de la Generalitat Valenciana, Federació d'hostalers de València, etc.
— Sector privat: hotels, comerç i altres empreses privades.

Entre els diferents centres que promocionen la lectura, el fonamental és l'administració. Diferenciem entre biblioteques generals, de barri, escolars i sales de lectura. Cadascuna d'elles ha de respondre a unes finalitats diferents segons les necessitats de l'usuari a qui s'adreça i que possibilita un fons determinat, que en alguns casos ha de ser un fons viu, un tipus de bibliotecari diferent, etc. En aquest sentit, les accions prioritàries que cal promocionar són les següents:

— Creació de sales d'estudi de barri que faciliten un lloc als estudiants de qualsevol edat per accedir mitjançant Internet, llibres de consulta, material audiovisual a la informació i instruments necessaris per completar la seua formació i acomplir satisfactòriament les tasques que el centre de Primària, de Secundària o la Universitat haja encomanat. D'aquesta manera es pot reservar la biblioteca per a altres usos i no omplir-la amb xiquets que fan els deures escolars o joves que preparen exàmens.

— Les sales d'estudi allunyades de les biblioteques també han d'incorporar una sala de lectura de premsa, revistes i documents electrònics perquè les persones del barri que ho desitgen tinguen accés gratuït a la lectura dels documents informatius. Caldria elaborar un protocol sobre la limitació d'accés a determinats usos d'Internet.

— Creació a les biblioteques d'espais per als petits i per a les famílies amb nens fins als 6 anys que desenvolupen programes específics per involucrar la família en la lectura i adapte programes ja desenvolupats com ara *Bookstart*, *Acces*, *Leer en familia* (Anglaterra, França, Colòmbia) o *Nati per leggere*, *Nascuts per llegir* (Itàlia, Catalunya).

— Sales de préstec de llibres als hospitals amb un funcionari encarregat de la catalogació, el préstec i la circulació de llibres i un altre de l'animació de la lectura a les sales en totes les franges d'edat, tant de malalts i acompanyants com de treballadors del centre. El fons d'aquestes biblioteques serà viu, és a dir, circularà entre els diferents centres hospitalaris creant una intraxarxa que permeta el préstec interhospital i l'obertura d'una comunitat de les persones del ram per a l'intercanvi de pràctiques.

També és necessària la participació d'entitats publiques i privades perquè, a més dels llocs habituals de lectura i promoció de la lectura, es cree un protocol de col·laboració amb diferents entitats públiques i privades o sectors de la cultura com les associacions d'editors, de llibreters, d'escriptors, il·lustradors i artistes en general; sectors socials com ara les empreses municipals de transports, la xarxa de rodalies de Renfe, Ferrocarrils de la Generalitat Valenciana o Federació d'hostalers de València perquè cadascuna s'encarregue de diferents accions. Algunes d'aquestes accions cal posar-les en marxa per primera vegada (tot i que ja funcionen en altres contextos), o bé ampliar-les o millorar-les:

— Transport públic municipal: ajudes econòmiques (en forma de descomptes o d'ajuda a la realització de l'anunci) a les editorials, llibreries, associacions d'editors, d'autors, de llibreters o bibliotecaris, fundacions privades, per promocionar les activitats que realitzen o vulguen promoure a través dels televisors instal·lats als autobusos.

— Autobús turístic: incorporar a la informació de l'autobús turístic dades sobre llibres i autors valencians i les principals biblioteques i les accions que proposen per atraure els turistes al pla de foment de la lectura.

— Un pla amb el Gremi d'hostalers per ajudar a promocionar un prestatge de llibres per als infants als restaurants habituals de consum familiar.

— Un pla amb les cadenes d'hotels perquè incorporen un servei de llibres de préstec per als clients i una biblioteca a les sales d'estar per a la consulta i lectura dels xiquets. Aquesta acció, algunes cadenes ja l'han incorporada amb activitats com ara deixar a les habitacions dels hotels llibres de poesia, de viatges, de tradicions, etc.

— Elaboració de guies de lectura específiques per repartir en llocs amb activitats concretes: llibres sobre esports per repartir en els temps morts dels partits de bàsquet, de futbol, etc.; guies de lectura sobre la moto i temes relacionats per repartir al circuit de Xest: guies de lectura sobre les festes per repartir a les Falles, la Magdalena, les Fogueres, etc.

— Acords amb la federació de futbol infantil i juvenil per a l'elaboració de guies de lectura de llibre informatiu i literari per repartir entre els pares i els nens associats.

En tots aquests casos, cal instal·lar controls que asseguren el bon funcionament del programa, com ara fitxes de lectura emplenades pels pares, visites d'inspecció, enquestes als usuaris sobre satisfacció del servei, etc.

La Radiotelevisió Valenciana i qualsevol mitjà de comunicació que rep ajudes de l'administració seran l'eina informativa primordial per difondre el calendari, el contingut de les accions, el desenvolupament i els resultats.

10.2.3 Accions d'interès prioritari

Per establir un protocol d'accions prioritàries, cal activar programes per a la participació ciutadana en els diferents plans de lectura. Alguns que poden posar-se en marxa o ampliar-se són:

— Creació d'un portal d'Internet valencià de promoció de la lectura, que contribuesca tant al coneixement dels autors i la producció literària i audiovisual valenciana com a les pràctiques que les polítiques generen.

— Formació del personal encarregat de les biblioteques que els permeta ser guies de promoció lectora, de l'accés a la informació virtual, d'adaptació dels programes generals de lectura a les àrees concretes de l'àrea de la biblioteca.

— Formació dels docents sobre la lectura de l'audiovisual i dels documents virtuals.

— Anàlisi dels recursos informàtics i audiovisuals en funcionament en diferents països a les biblioteques públiques i escolars per al foment de la lectura i adaptats al context valencià.

— Disseny d'un programa coordinat des de les biblioteques i adreçat als pares i els avis o familiars directes relacionats amb nens, sobre temes de narració oral, literatura infantil, els valors de la lectura, la mirada crítica sobre els audiovisuals, etc. El programa presencial es durà a terme des de les biblioteques, tindrà un reforçament a les ràdios i televisions i llibreries i informació i accés gratuït a eines de suport des d'un portal a Internet que connectarà amb d'altres d'àmbit estatal.

— Programa d'ajuda al llibre de qualitat i minoritari, mitjançant campanyes de promoció, amb especial atenció al llibre valencià.

— Realització d'un Saló del Llibre Infantil i Juvenil que siga la culminació dels programes anuals de lectura i en el qual s'involucren des dels mitjans de comunicació públics i aquells que reben subvencions, ajuntaments, escoles, hospitals i les empreses públiques i privades. Cal que s'aprofite per reunir els bibliotecaris i docents per avaluar els resultats de les campanyes anuals de lectura.

10.2.4 Avaluació i instruments

Dissenyar una avaluació anual dels resultats de cadascuna de les accions dutes a terme en el pla de lectura, tant de les especials com de les habituals, per corregir resultats no desitjats. Alguns dels instruments per a l'avaluació de les diferents accions programades són (veg. cap. 7):

1. Dades de diverses fonts: estadístiques sobre índexs lectors, consultes en biblioteques, participació i resultats en els diferents programes del pla,

avaluació de la producció i distribució de llibres, consultes sobre els hàbits de consum cultural, etc.

2. Enquestes per obtenir dades qualitatives sobre els no lectors de llibres, de premsa, d'Internet, per poder dissenyar accions específiques des dels diferents àmbits.

3. Encontres i jornades (inter)professionals per compartir, reflexionar i discutir sobre les activitats realitzades pels diferents estaments.

4. Creació d'una intraxarxa que cree un espai de comunicació per compartir i avaluar les pràctiques entre els mediadors culturals.

5. Avaluacions del comportament lector en les diferents franges d'edat que permeten conèixer índexs de lectura, hàbits lectors, hàbits de consum cultural, assistència a biblioteques, etc.

6. Avaluacions qualitatives amb treball de camp, històries de vida o entrevistes que permeta conèixer les reaccions dels consumidors a les campanyes proposades.

Referències bibliogràfiques

Associació d'Editors del País Valencià (2009) Simposi sobre el llibre, la lectura i les biblioteques. Prospectiva per al disseny de polítiques públiques de lectura, València, AEPV, http://www.aepv.net/Sobre-la-lectura/Simposi-2009_va_16_54.thml.

Alvira Martín, F. (2011) *La encuesta: una perspectiva general metodológica*, Madrid, CIS [1a ed. 2004].

Amicis, E. de (1986) Cuore. http://liberliber.it/mediateca/libri/d/de_amicis/cuore/pdf/cuore_p.pdf.

Armiño, M. (1989) «Apéndice», dins Dumas, A. *Los tres mosqueteros*, Madrid, Anaya, pp. 597-609.

Aymard, M. (1989) «Amistad y convivencia», dins *Historia de la vida privada*, vol. 3, Madrid, Taurus, pp. 455-500.

Baró, M. (2002) «Les biblioteques per a infants», dins Colomer, T. (ed.) *La literatura infantil i juvenil catalana: un segle de canvis*, Barcelona, UAB.

— (2006) *Les edicions infantils i juvenils de l'Editorial Joventut (1923-1969)*, Barcelona, Universitat de Barcelona. Tesi doctoral, http://tdx.cat/handle/10803/761.

Baró, M. *et al.* (coor.) (2007) *El patrimoni de la imaginació: Llibres d'ahir per a lectors d'avui*, Palma de Mallorca, Institut d'Estudis Baleàrics.

Bartra, A. (2004) «La llengua de Folch i Torres: alguns tasts», dins Castellanos, J. (edició i cura) *En Patufet, cent anys. La revista i el seu impacte*, Barcelona, Publicacions de l'Abadia de Montserrat, pp. 117-145.

Bassa, R. (1990) *El català a l'escola (1936/39-1985)*, Barcelona, La Llar del Llibre.

— (1994) *Literatura infantil catalana i educació (1939-1985)*, Palma de Mallorca, Moll.

BELTRAN, A. (1993) *Vicent Ventura. Converses amb un ciutadà*, València, Tàndem.

BERGANZA CONDE, R. M i RUIZ ROMÁN, J. A. (2005) *Investigar en Comunicación. Guía práctica de métodos y técnicas de investigación social en Comunicación*, Madrid, McGrawHill.

BERNANDINIS, A. M.(1990) «La naissance de la littérature pour la jeunesse», Paris, *Argos* 5 (novembre).

BLAXTER, L. et al. (2008) *Cómo se investiga*, Barcelona, Graó.

BOURDIEU, P. (1972) *Esquisse d'une théorie de la pratique*, Paris, Droz.

BORTOLUSSI, M. (1985) *Análisis teórico del cuento infantil*, Madrid, Alhambra.

BRAVO VILLASANTE, C. (1971) *Historia de la literatura infantil universal*, Madrid, Doncel.

— (1987) «Prólogo», dins HOFFMANN, H. *Pedro Melenas: Historias muy divertidas y estampas aún más graciosas*, Palma de Mallorca, José J. de Olañeta.

CAMPILLO, M. (2007) «Lola Anglada: *El més petit de* tots», dins BARÓ, M. *et al.* (coord.) *El patrimoni de la imaginació: Llibres d'ahir per a lectors d'avui*, Palma, Institut d'Estudis Baleàrics, pp. 157-161.

CARBÓ, J. (2011) *Viure amb els ulls*, València, Perifèric.

CARPENTER, M. (1984) *The Oxford Companion to Children's Literature*, London, Oxford University Press.

CARRASCO ARROYO, S. i ESCUDER VALLES, R. (2007) «El análisis entre dos realidades en cultura», *Investigaciones de la Comunicación (Anuario ININCO)*, V 18, 2, Caracas.

CARRASCO ARROYO, S. (2009) «Una aproximación a la creación de indicadores para la estrategia de Cultura y Desarrollo: metodología», dins *Cómo evaluar proyectos de cultura para el desarrollo: Una aproximación metodológica a la construcción de indicadores*, Madrid, Agencia Española de Cooperación Internacional para el Desarrollo.

CASSANY, E. (1999) «Apèndix: Els tres mosqueters», dins DUMAS, A. *Els tres mosqueters*, Barcelona, Edebé, pp. 647-655.

— (2007) «Josep M. Folch i Torres: *les aventures extraordinàries d'en Massagran*», dins BARÓ, M. *et al.* (coord.) *El patrimoni de la imaginació: Llibres d'ahir per a lectors d'avui*, Palma de Mallorca, Institut d'Estudis Baleàrics, pp. 47-51.
CASTELLANOS, J. (1986) «La novel·la modernista», dins *Història de la literatura catalana* 8, Barcelona, Ariel.
— (2004) «Josep Maria Folch i Torres i el mercat literari», dins CASTELLANOS, J. (edició i cura) *En Patufet, cent anys. La revista i el seu impacte*, Barcelona, Publicacions de l'Abadia de Montserrat, pp. 7-19.
CASTILLO, M. (1997) *Grans il·lustradors catalans*, Barcelona, Barcanova.
CENDAN PAZOS, F. (1986) *Medio siglo de libros infantiles y juveniles en España (1935-1985)*, Salamanca, Fundación Sánchez Ruipérez.
COLLER, X. (2005) *Estudio de casos*, Madrid, CIS.
COLOMER, T. (ed.) (2002) *La literatura infantil i juvenil catalana: un segle de canvis*, Barcelona, Universitat Autònoma de Barcelona.
COMAS I GÜELL, M. (2001) *Lectura i biblioteques populars a Catalunya (1793-1914)*, Barcelona, Publicacions de l'Abadia de Montserrat.
CERLALC (2004) *Agenda de políticas públicas del lectura*, Bogotá http://www.cerlalc.org/redplanes/Documentos/Agenda_Politicas.pdf.
CERLALC (2005) *Una región de lectores: análisis comparado de planes nacionales de lectura en Iberoamérica*, Bogotá http://www.cerlalc.org/redplanes/Documentos/Region_Lectores.pdf
CERLALC (2007) *Guía para el diseño de planes nacionales de lectura*. Bogotá: http://www.cerlalc.org/redplanes/Documentos/Guia_Planes.pdf.
CHARTIER, M (1993) *Libros, lecturas y lectores en la Edad Moderna*, Madrid, Alianza Editorial.
CHILLÓN, A. (1993) *Literatura i periodisme*, València, Universitat de València.
— (1999) *Literatura y periodismo. Una tradición de relaciones promiscuas*, València, Universitat de València.
COHEN, L. i MANION, L. (2002) *Métodos de investigación educativa*, Madrid, La Muralla.
COLLER, X. (2005) *Estudio de casos*, Madrid, CIS [1a ed. 2000].
COLLODI, C. (1983) *Las aventuras de Pinocho*, Madrid, Anaya.
CORBIN, A. i M. PERROT (1987) «Entre bastidores», dins *Historia de la vida privada*, 4, Madrid, Taurus, pp. 419-618.

Duran, T. (2007) *Àlbums i altres lectures. Anàlisi dels llibres per a infants*, Barcelona, Rosa Sensat.
Eco, U. (1981) *Lector in fabula*, Barcelona, Lumen, 1979.
Escarpit, D. (1986) *La literatura infantil y juvenil en Europa*, México, Fondo de Cultura Económica.
Escarpit, R. (1968) *La revolución del libro*, Madrid, Alianza Editorial.
— (1971) *Sociología de la literatura*, Barcelona, Oikos-Tau.
Escolar, H. (1988) *Historia del libro*, Madrid, Fundación Germán Sánchez Ruipérez.
Escuela Activa de Padres (1964) *¿Qué libros han de leer los niños?*, Barcelona, Rosa Sensat.
Ferrando Francés, A. i M. Nicolás Amorós (2005) *Història de la llengua catalana*, Barcelona, Pòrtic.
Fuster, J. (1978) *Literatura catalana contemporània*, Barcelona, Curial.
— (1992) *L'aventura del llibre català*, Barcelona, Empúries.
Galindo Cáceres, J. (1998) *Técnicas de investigación en sociedad, cultura y comunicación*, México, Pearson Educación.
Gamarra, P. (1989) *Llegir. Per què?*, Barcelona, Empúries.
García Guerrero, J. (2009) «Planes de Lectura», *Webc Cast de Formación. Leer.es*, Madrid, Ministerio de Educación [http://www.leer.es/wp-content/uploads/webcast/pagina04.html].
García Padrino, J. (1992) *Libros y literatura para niños en la España contemporánea (1885-1985)*, Madrid, Fundación Sánchez Ruipérez-Pirámide.
Gélis, J. (1985) «La individualización del niño», *Historia de la vida privada*, 3, Madrid, Taurus, pp. 311-770.
Genette, G (1982) *Palimpsestes. La littérature au second degré*, Paris, Seuil.
— (1987) *Seuils*, Paris, Seuil.
González Davies, M. (2002) «La relació entre cultures. el cas de les traduccions», dins Colomer, T. (ed.) *La literatura infantil i juvenil catalana: un segle de canvis*, Barcelona, Universitat Autònoma de Barcelona.
— (2007) «Traduir per transformar: les traduccions de literatura infantil i juvenil al català a començament del segle xx», dins Baró, M., T. Colomer

i T. Mañà (coord.) *El patrimoni de la imaginació: Llibres d'ahir per a lectors d'avui*, Palma de Mallorca, Institut d'Estudis Baleàrics.

Guber, R. (2001) *La etnografía, método, campo y reflexividad*, Bogotá, Norma.

Guillamon, J. (2010) *L'estil Quaderns Crema. Trenta anys d'edició independent 1979-2009*, Barcelona, Quaderns Crema.

Hammersley, M. i Atkinson, P. (1994) *Etnografía. Métodos de investigación*, Buenos Aires, Paidós [1a ed. 1983].

Hine, C. (2004) *Etnografia virtual*, Barcelona, Universitat Oberta de Catalunya [1a ed. 2000].

Hürlimann, B. (1982) *Tres siglos de la literatura infantil*, Barcelona, Juventud.

Iborra, J. (1982) «L'ensenyament de la llengua al País Valencià», dins *Actes de les 5enes Jornades d'Història de l'Educació als Països Catalans*, Vic, Eumo, pp. 74-81.

— (1995) *La trinxera literària (1974-1990)*, Barcelona-València, Institut Interuniversitari de Filologia Valenciana-Publicacions de l'Abadia de Montserrat.

Ionescu, A. (1987) *Literatura infantil*, Madrid, Universidad Nacional de Educación a Distancia.

Isaza Mejía, B.H. i Peña, L. B. (2005) *Análisis comparado de planes nacionales de lectura en Iberoamérica*, Bogotá, Cerlalc.

Isaza Mejía, B.H. i Sánchez Lozano, C. (2007): *Guía para el diseño de planes nacionales de lectura*, Bogotá, Cerlalc.

La Galera (1988) *25è aniversari 1963-1988*, Barcelona, La Galera.

Lanuza, E de. i Pérez Moragon, F. (1982) «Literatura infantil al País Valencià (1930-1982)», *L'Espill* 16, Hivern, pp. 45-56.

Larreula, E. (1985) *Les revistes infantils catalanes del 1939 ençà*, Barcelona, Edicions 62.

— (1983) «Les revistes infantils catalanes», *Guix* 74.

Lázaro, L. (1989) *La escuela moderna*, València, Generalitat Valenciana.

Lluch, G. (1995) «El món editorial al País Valencià», *Escola Catalana* 323 (octubre), pp. 25-26.

— (2003) *Análisis de narrativas infantiles y juveniles*, Cuenca, Ediciones de la Universidad de Castilla-La Mancha.

— (2007) «La literatura juvenil y otras narrativas periféricas», dins CERRILLO, P. et al. (coord.) *Literatura infantil: nuevas lecturas, nuevos lectores*, Cuenca, Ediciones de la Universidad de Castilla-La Mancha.

— (2008) «Des de l'escola a la família», *Escola de pares i mestres. Centre Virtual de Recursos per al Foment de la lectura*, Associació d'Editors del País Valencià. http://www.aepv.net/Escola-de-pares-i-mestres-per-a-la-lectura/Des-de-lescola-a-la-familia_va_15_81_0_0_86.html.

— (2009) «Anàlisi i formulació de recomanacions per al desenvolupament de polítiques públiques que ajuden a la producció, la difusió i l'accés al llibre: centrades preferentment en el món de la promoció de la lectura», *Simposi sobre el llibre, la lectura i les biblioteques. Prospectiva per al disseny de polítiques públiques de lectura*, València, AEPV, http://www.aepv.net/Sobre-la-lectura/Simposi-2009_va_16_54.html.

— (2010) «Las nuevas lecturas deslocalizadas de la escuela», dins LLUCH, G. (ed.) *Las lecturas de los jóvenes. Un nuevo lector para un nuevo siglo*, Barcelona, Anthropos, pp. 105-128.

— (2012) *La lectura al Centre. Llegir (i escriure) llibres, pantalles, documents al Pla de Lectura de Centre*, Alzira, Bromera.

LLUCH, G. i ACOSTA, M. (2012) «Conversaciones sobre lecturas en la Web 2.0: el caso de Laura Gallego. Análisis discursivo de conversaciones virtuales entre adolescentes», dins DÍAZ ARMAS, J. (ed.) *Lecturas para el nuevo siglo: formación receptora y lector hipertextual*, La Laguna, Servicio de Publicaciones de la Universidad de La Laguna.

MALLIMACI, F. i V. GIMÉNEZ BÉLIVEAU (2009) «Historia de vida y métodos biográficos», dins VASILACHIS, I. (2009) *Estrategias de investigación cualitativa*, Barcelona, Gedisa, pp. 175-212.

MAÑÀ TERRÉ, T. (1989) «Els llibres de nens es fan grans. La literatura infantil en català des de 1939 fins a l'actualitat», *Lletra de Canvi* (juliol-agost), pp. 21-26.

— (2007) «Els llibres infantils a les biblioteques populars dels anys vint», dins BARÓ, M., T. COLOMER i T. MAÑÀ (coord.) *El patrimoni de la imaginació: Llibres d'ahir per a lectors d'avui*, Palma de Mallorca, Institut d'Estudis Baleàrics, pp. 195-200.

MAÑÀ TERRÉ, T. i MAYOL, C. (2008) «El marco normativo», dins HERNÁNDEZ, H. (dir.) *Las bibliotecas públicas en España. Dinámicas 2001-*

2005, Madrid, Fundación Germán Sánchez Ruipérez i Ministerio de Educación, Cultura y Deporte.
MAÑÀ TERRÉ, T. (2010) «Les biblioteques populars de la Mancomunitat. Un projecte polític i un projecte bibliotecari», *Cercles. Revista d'història cultural* 13, (gener), pp. 44-60.
MARFANY, J. Ll. (1984) *Aspectes del modernisme*, Barcelona, Curial.
MARTÍN-BARBERO, J. i LLUCH, G. (2011a) *Lectura, escritura y desarrollo en la sociedad de la información*, Bogotá, Cerlalc–Unesco, http://www.cerlalc.org/Informe_Final_Lectura_Desarrollo.pdf.
MARTÍN BARBERO, J. i G. LLUCH (2011b) *Proyecto: Lectura, escritura y desarrollo en la sociedad de la información. Informes finales por países de las experiencias (2008 y 2010)*, Bogotá, Cerlalc-Unesco, http://www.cerlalc.org/Informe_Lectoescritura.pdf.
MARTÍNEZ, A. (1985) «Ensenyament secundari i formació de la burgesia al País Valencià», dins *Actes de les 7enes Jornades d'Història de l'Educació als Països Catalans*, Vic, Eumo, pp. 165-177.
MARTORELL, A. (1987) «El llibre infantil», *Faristol* 5 (desembre), pp. 6-21.
MCKERNAN, J. (2008) *Investigación-acción y currículum*, Madrid, Morata [1a ed. 1999].
MESEGUER, Ll. i S. CORTÉS (2001) *Enric Soler i Godes: l'escola i la cultura. Antologia de textos*, Castelló de la Plana, Universitat Jaume I.
MIRET, I. *et alii* (2010) *Bibliotecas escolares. Estudio de casos: buenas prácticas en la integración de la biblioteca en los centros educativos*, Madrid, Ministerio de Educación.
MOLERO PINTADO, A.(2008) «El pensament educatiu republicà, utopia o realitat?», *Educació i Història. Revista d'Història de l'Educació* 11 (gener-juny), p. 12-31.
MOLINER, V. *et alii* (1976) *Escola i llengua al País Valencià*, València, Eliseu Climent.
MONÉS, J. i PUJOL-BUSQUETS, J. (1984) *La llengua a l'escola (1714-1939)*, Barcelona, Barcanova.
MONÉS, J. i PUJOL-BUSQUETS, J. (1982) «La llengua a l'escola, els canvis del període 1916-1923», *Actes de les 5enes Jornades d'Història de l'Educació als Països Catalans*, Vic, Eumo, pp. 270-289.

Moret, X. (2002) *Tiempo de editores. Historia de la edición en España, 1939-1975*, Barcelona, Destino.
Mut i Carbasa, R. i T. Martí i Armengol (1981) *La resistència escolar catalana en llibres (1716-1939). Bibliografia*, Barcelona, Edicions 62.
Nicolàs, F. (1994) *Converses amb un cardenal valencià. V. Enrique i Tarancón*, València, Tàndem.
Nobile, A. (1992) *Literatura infantil y juvenil*, Madrid, Morata.
Olaz Capitán, Á. (2008) *La entrevista en profundidad*, Oviedo, Septem.
Ong, W. (1987) *Oralidad y escritura. Tecnologías de la palabra*, México, Fondo de Cultura Económica.
Pascual Tirado, J. (1988) *Tombatossals*, València, Tres i Quatre.
Pellicer, J. E. (2006) *Història d'un desig insatisfet. L'ensenyament del valencià fins a 1939*, València, Perifèric.
Pérez Moragón, F. (1993) «Qui era Joaquim Reig?», dins Reig, J. (1993) *Contes de la tradició nòrdica*, València, Tàndem, p. 93.
Pfenniger, M. (2004) «Indicadores y estadísticas culturales: un breve repaso conceptual», dins *Boletín GC: Gestión Cultural 7: Indicadores y Estadísticas Culturales*, abril, Portal Iberoamericano de Gestión Cultural.
Perspectiva Escolar (1983) «El llibre per a infants i adolescents a Catalunya: la represa dels anys 60. Taula Redona», *Perspectiva escolar* 73 (març).
Petrini, E. (1981) *Estudio crítico de la literatura juvenil*, Madrid, Rialp.
Prost, A. (1987) «Frontera y espacios de lo privado», dins *Historia de la vida privada*, vol. 4, Madrid, Taurus, pp. 13-155.
Puig i Reixach, M. (1982) «Algunes dades sobre l'ús del català a les escoles del segle xviii», dins *Actes de les 5enes Jornades d'Història de l'Educació als Països Catalans*, Vic, Eumo, pp. 134-151.
Pujadas Muñoz, J. J. (2002) *El método biográfico. El uso de las historias de vida en ciencias sociales*, Madrid, Centro de Investigaciones Sociológicas, (1a ed. 1992)
Quintana, Ll. (2007) «Carles Riba: *Les aventures d'en Perot Marrasquí*», dins Baró, M. *et al.* (coord.) *El patrimoni de la imaginació. Llibres d'ahir per a lectors d'avui*, Palma de Mallorca, Institut d'Estudis Baleàrics, p. 75-80.
Reig, J. (1993) *Contes de la tradició nòrdica*, València, Tàndem [1a ed. 1930].

Rodríguez Campos, I. (2006) *Técnicas de investigación documental*, Sevilla, Trillas.

Rovira, T. i M. C. Ribé (1972) *Bibliografía histórica del libro infantil en catalán*, Madrid, Asociación Nacional de Bibliotecarios, Archiveros y Arqueólogos.

Rovira, T. (1976) *Noucentisme i llibre infantil*. Tesina de Llicenciatura. Facultat de Lletres, Bellaterra.

— (1988) «La literatura infantil i juvenil», dins Riquer, M. de, Comas, A., Molas, J. (dirs.) *Història de la literatura catalana*, vol. 11, Barcelona, Ariel, pp. 421-471.

Santandreu Brunet, P. (1996) «La influència de la narrativa tradicional a l'obra infantil i juvenil de Josep Carner (1884-1970) i Carles Riba (1893-1959) una aproximació», *Seminari de Literatura Infantil i Juvenil*, 9, Palma de Mallorca, Fundació Barceló.

Senabre, R. (1987) *Literatura y público*, Madrid, Paraninfo.

Simbor, V. (1982) «Carles Salvador i l'ensenyança del català al País Valencià», dins *Actes de les 5enes Jornades d'Història de l'Educació als Països Catalans*, Vic, Eumo, pp. 293-307.

Solà, J. (1982) «L'ensenyament del castellà a Catalunya al segle xix», dins *Actes de les 5enes Jornades d'Història de l'Educació als Països Catalans*, Vic, Eumo, pp. 175-191.

Sullà, E. (1987) «Carles Riba», dins *Història de la literatura catalana*, vol. 9, Barcelona, Ariel.

Tucker, N. (1981) *Los niños y los libros*, México, Fondo de Cultura Económica.

Triadú, J. (1962) «Una edat sense llibres o una literatura sense futur», *Serra d'Or* 8-9 (agost-setembre), pp. 34-35.

Valriu i Llinàs, C. (1994) *Història de la literatura infantil i juvenil catalana*, Barcelona, Pirene.

— (2010) *Imaginari compartit. Estudis sobre literatura infantil i juvenil*, Barcelona / Palma, Universitat de les Illes Balears / Publicacions de l'Abadia de Montserrat.

Vallverdú, F. (1987) «L'edició en català i l'experiència d'Edicions 62», dins *Edicions 62, vint-i-cinc anys (1962-1987)*, Barcelona, Edicions 62.

VALLÉS, S. (2000) *Josep Lluís Bausset. Converses amb l'home subterrani*, València, Tàndem.

VASILACHIS, I. (2009) *Estrategias de investigación cualitativa*, Barcelona, Gedisa.

VENTURA, N. (1970) *Bibliografía histórica del libro infantil en catalán (1939-1970)*. Tesi de llicenciatura, Barcelona, Escola Universitària de Biblioteconomia i Documentació.

VILÀ, N. (2007) «Carles Riba: *Gillot, bandoler*», dins BARÓ, M., T. COLOMER i T. MAÑÀ (coord.) *El patrimoni de la imaginació. Llibres d'ahir per a lectors d'avui*, Palma de Mallorca, Institut d'Estudis Baleàrics, pp. 64-69.

VILA-SANJUÁN, S. (2003) *Pasando página. Autores y editores en la España democrática*, Barcelona, Destino.

YATES, A. (1975) *Una generació sense novel·la?*, Barcelona, Edicions 62.

ZAYAS, F. (2010) «Leer en la red», *Con Firma. Leer.es*, Ministerio de Educación http://docentes.leer.es/leer-en-la-era-digital/?tipo=254.

Índex d'autors, obres i matèries

A Little Pretty Pocket Book 46
Activitat de lectura 210
Adele et Théodore ou lettres sur l'education 45
àlbum il·lustrat veg. Il·lustració
Àlbums de Babar 132
Àlbums du Père Castor 173, 176
Alcover, Antoni Maria 89, 104, 107, 108, 127, 134
Alice's Adventures in Wonderland 25, 74, 85-87
Alícia en terra de meravelles 87, 115, 116, 121
Almacén y Biblioteca completa de los niños 46
Amadís de Gaula 31
Amigos de la Instrucción 54
Andersen, Hans Christian 108, 117, 126, 132, 136,
Anglada, Lola 87, 100, 120, 121, 122, 125, 126, 130, 132, 133, 152-160
Associació Protectora de l'Ensenyança Catalana 95, 99, 111, 125, 189
Associació Protectora de l'Ensenyança Valenciana 99, 100, 189
assoliment 250-258, 286
Auca del noi català antifeixista i humà 100, 126, 130
Aulnoy, Madame d' 37
autobiografia 235
Aventures extraordinàries d'en Massagran 123, 139, 144, 147-151
Balades i contes japonesos 107
Bartolo, el as de los vagos 190
Basile, Giambattista 37, 38
Bausset, Josep Lluís 25, 94, 101, 190, 191
Beecher, Harriet 82
Beüt, Emili 99, 189
biblioteca 43, 45, 46, 54, 97, 138, 167, 168, 205, 209, 216, 218, 224, 226, 228, 238, 243, 245, 249, 250, 253, 257, 258, 261, 263, 267, 279, 283, 285, 289, 291
Biblioteca Catalana 112, 120, 121
biblioteca escolar 53, 54, 165, 224, 243, 264, 274, 279, 285
Biblioteca Infantil 194-195
Biblioteca Literària 112, 117, 120
Biblioteca Patufet 104, 109, 111, 123, 129, 132, 137
Biblioteca Popular 107
Blyton, Enid 177, 184
Boix, Manuel 192-194
Bolavà, detectiu 144-151
book of non-sense 86
Bori i Fontestà, Antoni 89, 106
Brönte, Emily 57
Calila e Dimma 31
Camarasa, Manuel 111
Campe, J. H. 44, 46
cançó 26, 30, 41, 50, 86, 106, 114, 124, 126, 287
Capmany, Aureli 104, 108, 110
Carbó, Joaquim 100, 165, 166, 174, 179, 180
Carner, Josep 26, 87, 90, 91, 102, 103, 104, 106, 112, 114, 115, 116, 118, 119, 120, 121, 122, 123, 127, 128, 129, 134, 140,
Carrol, Lewis 25, 86, 116
Cavall Fort 27, 162, 164-165, 166, 167, 168, 174, 175
ciència ficció 48, 57, 63, 144,
Cinq semaines en ballon 64, 65
Col·lecció Joventut 109
Col·lecció Patufet 90, 107, 109, 124, 129
Colla 179, 182, 183, 184-186
Comenius, Johann Amos 36
Comissariat de Propaganda de la Generalitat de Catalunya 100, 126, 130, 154
Compendi de la Gramàtica Valenciana 101
competència cultural 144, 151
Contes de feés 37

Contes del Paradís 121, 130
Contes per a infants 129, 189
Cooper, Fenimore 59, 60, 128, 143, 144, 152, 176
Cuentos infantiles (rondallas) en Cataluña 88
Cuore 25, 54, 74, 79-81, 83
David Cooperfield 82
De la Terre à la Lune 65
De quan les bèsties parlaven 109
Defoe, Daniel 44, 46, 60, 116, 121, 144
Deu rondalles de Jesús infant 104, 106
Diaz Plaja, Aurora 168, 178
Dickens, Charles 57, 80, 82, 117, 144
Diputació de València 193
Disney, Walt 87, 126, 178
Dràcula 57
Dumas, Alexandre 53, 56, 61, 62, 64, 144
Edicions 62 27, 169, 176
Edicions Proa 91, 114, 116, 117, 118, 121, 122, 127
editor 34, 124,
Editorial Baguñà 90, 91, 106, 107, 109-111, 113, 114, 116, 118, 122, 124, 132, 161
Editorial Catalana 112, 116, 120, 122, 135
Editorial Joventut 91, 117, 128, 126, 129, 177
Editorial L'Avenç 102, 107, 108, 109, 112, 118
Editorial Lumen 169, 176, 177
Editorial Mentora 116, 121,
El camarada 88
El Club dels 7 secrets 177
El company del camí 108
El conde Lucanor 31
El Guerrero del Antifaz 190
El libro de las niñas 88
El llibre de les bèsties 31, 133
El més petit de tots 100, 126, 130, 133, 152-160
El museo de la juventud 88
El nuevo Robinson 45
El pardalet sabut i el rei descregut 193
El Poble Català 111

El Poble Valencià 98
El rossinyol del pou d'avall 194
El savi rei boig 192
El Trapezi 27, 176
El zoo d'en Pitus 174, 178, 179, 180-187
Els Grumets de La Galera 161, 174, 178, 180-187
Emili i els detectius 126, 128, 129
En Llagosta i el rei Golafre 120
En Patufet 104, 109-112, 122, 123, 124, 130, 134, 136, 137, 165
En Perot l'Escabellat 74-79, 141
ensenyament 33, 35, 36, 39-43, 49-52, 79, 92-101, 112, 114, 131, 134, 160, 162, 164, 168, 172, 174, 188, 192, 193, 195, 261, 265, 275, 276, 287
entrevista 202, 225, 230-231, 236
escola 8, 33, 34, 40, 42, 47, 49, 50, 56, 73, 80, 86, 88, 90, 94, 95, 98, 101, 104, 112, 122, 125, 138, 142, 161, 164, 165, 166, 169, 172, 176, 178, 182, 192, 203, 204, 208, 218, 245, 248, 251, 261, 264, 272, 279, 280, 282
escolarització escolaritat 216
escola activa 162, 164, 168, 176, 178
Escola Blanquerna 97
Escola Costa i Llobera 162, 172,
Escola de Bibliotecàries 97
Escola de Mestres 97
Escola Normal per a Ensenyants 98
Escola Sant Jordi 95
Escola Talitha 162, 167, 168, 169, 172, 183
Escola d'Estiu 97
Escola de Mestres Rosa Sensat 101, 162, 165, 166, 167, 168, 171, 172, 173, 175,
Escuela de Valencia 95
Escuela Moderna 95
estudi biogràfic 235
estudi de casos 211, 221, 222-224
etnografia 221, 225-226, 234
etnografia virtual 226
exempla 31
experiència de lectura 204, 210, 239
Fables 31, 35

faula 31, 86, 177
Federació d'Entitats Culturals del País Valencià 192
Fénelon, François 36, 37
Ferrer i Guàrdia, Francesc 95
Festival al barri d'en Pitus 179, 180-187
Fidel Delfí 148
Folch i Torres, Josep Maria 26, 72, 91, 93, 94, 104, 107, 109, 111, 114, 118, 122, 123, 124, 127, 129, 132-152
Folch i Torres, Manuel 111, 113
folklore 86, 89, 114, 127, 129, 165
Frankenstein 57, 64
fulletó 34, 38, 48, 61, 63, 104, 111, 120, 124, 134
Fuster, Joan 132, 190, 195
Galí, Alexandre 90, 95, 97, 98, 101, 117, 122, 127, 183
Genlis, Madame 45
gestor 205, 208-210, 214, 217, 237, 242, 246, 274-275
Giornale per i bambini 85
Grimm, Jacob i William 38, 49, 108, 114, 115, 126, 127,
Guillot Bandoler 120, 136, 143
història de vida 234-237
història oral 235
Històries per a nois 100
Hoffmann, Heinrich 74-79, 106, 107, 141
Hugo, Victor 61
I tu que hi fas aquí? 174
Il Corsaro nero 60
il·lustració 31, 36, 38, 54, 109, 120, 136, 143, 169, 176, 177, 178, 253
indicador 213, 215, 217-219, 233, 237, 241, 270
informe d'acompanyament 233-234
Institució Alfons el Magnànim 193
Institut d'Estudis Catalans 99
Instruccions per la ensenyança de minyons 41
investigació inductiva 228
investigació quantitativa 220, 222, 223, 233

investigació qualitativa 201, 206, 220, 223, 233
Isopet 48
Ivanhoe 61, 116, 118
Joan Endal 93, 94, 123
Joan Triadú 162, 163
La bella història d'en Tupinet 93, 145, 146-151
La colla dels deu 180-187
La eloqüència catalana 88
La Galera 161, 162, 165-187, 191
La Guineu i el llop 120
La Rondalla del Dijous 108
La serp i el riu 194
La Veu de Catalunya 106, 112
La volta al món en vuitanta dies 145
Lagerlöff, Selma 136, 143
Lau o les aventures d'un aprenent de pilot 129
Le avventure di Pinocchio 53, 74, 84-85, 126
Le Magasin illustré d'education et de récréation 59
Le Prince de Beaumont, Madame 45, 46
Le Tour du Monde en quatre-vingts jours 65-73
Lear, Edwar 85
Les aventures de Télémaque 36, 37
Les aventures d'en Massagran 111, 123, 132-152
Les aventures d'en Perot Marrasquí 120, 121, 132-152
Les contes nouveaux ou les feés a la mode 37
Les Enfants du capitaine Grant 85
Les formidables aventures d'en Pere Fi 129, 132-152
Les presoneres de Tabriz 180-187
Les Trois Mousquetaires 56, 61, 64
Ley de Instrucción Pública 50
Ley Orgánica de Educación 264
Little Women 74, 81-82
Llaverias, Josep 120, 136
Llei d'Ús i Ensenyament del Valencià 188, 193,
Llei Jules Ferry

Llibre Blanc de l'Ensenyament 101
Llibre de Fades 126, 129
Llibre de Pau 192
Llibre dels Àngels 89
Llibre dels bons amonestaments 48
llibre il·lustrat veg. Il·lustració
llibreria 46, 54, 263
Llombart, Constantí 51
Llull, Ramon 31, 132, 133, 191
Lo cunto de li cunti 38
Lo llibre de la infantesa 88
Lo llibre dels Noys 88, 89
Lo Rat Penat 51, 101
Locke, John 28, 31, 32, 40
Los cuentos de Calleja 111, 125, 126
Louisa May Alcott 65
Mancomunitat de Catalunya 97, 99, 112, 114
Manent, Marià 90, 115, 116, 118, 122, 126, 128, 129
Maragall, Joan 87, 106, 112, 114, 191
Margarida 152, 153
Marinel·lo, Manuel 91, 106, 109, 111, 122
Martorell, Artur 90, 101, 102, 113, 118, 119, 122, 137, 152, 161, 162, 163, 174, 181, 183, 278
Maspons i Anglasell, Francesc 50
Maspons i Labrós, Francesc 88, 89, 108
Mata, Marta 165-169
May, Karl 59
Mecanoscrit del segon origen 27
mediador 75, 160, 166, 169, 170-175, 181, 183, 205, 206, 208-210, 216, 222, 232, 234, 237, 238, 240, 242, 257, 274-275, 280, 293
Melville, Herman 26
Mestres, Apel·les 105, 106, 107, 134
mètode d'investigació 220-227
Milà i Fontanals, Manuel 88
Moby Dick 64
municipi Lector 242-258
Narcís 130, 152, 153
Newbry, John 46
Nils Holgerson 143
Nogués, Xavier 120, 122

Nou Fra Anselm. Llibre de Bons consells 89
Novell, Maria 165, 168, 174, 178, 179, 180
Obiols, Josep 100, 120, 122, 125, 126, 130
observació (no) participant 227, 247
Observatorio del Libro y la Lectura 266
Oliver Twist 64, 74, 82-83, 117
Ollé, Àngels 167, 168
Orbis Pictus 36
Pedrolo, Manuel de 18, 27
Perrault, Charles 37, 38, 47, 49, 107, 108, 114, 115, 136
Peter Pan i Wendy 126, 128
poesia 32, 50, 92, 106, 108, 114, 126, 173, 196, 291
pràctica de lectura 202, 208, 210, 217, 227, 232
Premi de literatura infantil Tirant lo Blanch 193
Premi Folch i Torres 162, 174, 178, 181, 192
Primera Setmana Cultural Valenciana 99
projecte de lectura 203, 255
promoció de la lectura 205, 208, 210, 211, 269, 272, 275, 280, 281, 287, 290
Quaderns d'Estudi 112
Rackham, Arthur 126, 128, 129
realisme crític 48, 82
Reig, Joaquim 129, 189
Reixac, Baldiri 41
relat d'aventures 34, 36, 45, 48, 53, 57, 60, 63, 64, 109, 134, 137, 143, 152, 179, 184
relat històric 57, 116, 169, 178, 179, 184
Revest, Lluís 101
Riba, Carles 26, 90, 91, 102, 114, 115, 120, 121, 122, 123, 126, 132-152, 163, 167, 170
Roberto Alcázar y Pedrín 190
Robinson Crusoe 44, 58, 60, 116, 121
Rodari, Gianni 177
Roman du Renart 136, 143
romanç 30, 38, 48, 128
Romeva, Pau 100, 116, 117, 118
Romiatge del venturós pelegrí 48
rondalla 88, 89, 107, 108, 112, 114, 117, 127, 132, 134, 146, 185

Rondalles d'Andersen 126
rondalles mallorquines 104, 125, 127,
Rondalles per a nois 104
Rondalles populars 100, 120
Rousseau, Jean-Jacques 28, 37, 40, 44
Rovelló 174, 180-187
Rubió i Ors, Joaquim 88,
Salgari, Emilio 60, 131, 176
Salvador, Carles 98, 99, 101, 133, 189, 191
Sanchis Guarner, Manuel 101
Scott, Walter 57, 60, 61, 116, 117, 118
Serra d'Or 162, 163, 179
Serra i Boldú, Valeri 100, 118, 127
Shelley, Mary 64
Sherlock Holmes 144, 183
Sil·labari Català 100
Sis Joans 120, 121, 132-152
Soldevila, Carles 121, 122, 129, 134
Soler i Godes, Enric 99, 189, 190
Some Thoughts Concerning Education 40
Sorribas, Sebastià 174, 178, 179, 180, 186
Stevenson, Robert L. 26, 57, 62, 64, 83, 116, 121, 144, 167
Stoker, Bram 57
Strange Case of Dr Jekyll and Mr Hyde 64
Struwwelpeter 74-79, 141
Swift, Jonathan 45, 46, 58, 108, 121
teatre 26, 50, 59, 92, 105, 108, 113, 124, 126, 196, 238, 245, 289
The Adventures of Tom Sawyer 64, 116, 117, 184
The Black Arrow: A tale of two roses 62
The Happy Prince and Other Tales 55
The Invisible Man 64
The Last of the Mohicans 59
The Life and Strange Surprising Adventures of Robinson Crusoe 44, 58, 60, 116, 121
The Master of Ballantrae 62
The Prince and the Pauper 62, 64
The Time Machine 63
Tintín 169
Tombatossals 127, 188

Travels into Remote Nations of the World 45, 58
Treasure Island 64, 67, 74, 83-84
Turmeda, Anselm 48, 89
Un Capitaine de quinze ans 85
Un estiu a la Marina Alta 191
Un món per a infants 132, 190
Un rètol per a Curtó 168, 180-188
Uncle Tom's Cabin 82
Vallverdú, Josep 132, 165, 168, 174, 175, 180
Valor, Enric 99, 132, 133, 189, 191, 195
Veles i vents 192
Ventura, Vicent 94
Verne, Jules 53, 57, 59, 62, 65-73, 85, 116, 121, 132, 143, 144, 145, 152, 176
Viatge al país dels lacets 179, 180, 185
Viatges de Gulliver a diverses nacions del món 108, 121
Vila, Pau 90, 95, 101, 102
Vocabulari ortogràfic valencià 101
Voyage au centre de la Terre 64
Waverley 61
Wilde, Oscar 55
Winnetou 59